YVON GATTAZ

LES PATRONS REVIENNENT

ÉDITIONS ROBERT LAFFONT
PARIS

*Cet ouvrage est publié
sous la direction de Bernard Oudin*

ISBN 2-221-05636-1

SOMMAIRE

DEUXIÈME PARTIE

... A LA NOUVELLE ENTREPRISE PERFORMANTE

AVANT-PROPOS

Ce livre raconte, dans sa première partie, l'histoire des entreprises de 1981 à 1986, période où elles se trouvèrent dans une situation tout à fait inhabituelle face à un gouvernement socialo-communiste d'abord, socialiste ensuite.

J'ai refusé d'écrire immédiatement après la fin de mon mandat de président du C.N.P.F., fin 1986, pour éviter d'être impressionné même inconsciemment par des événements trop proches et de rédiger ainsi un livre d'humeur.

J'ai attendu un an avant de prendre la plume en espérant ainsi avoir acquis une vue plus détachée des événements qui ont pu me toucher et plus largement ouverte sur des faits parfois historiques. Par ailleurs, je n'ai pas voulu commenter ici les événements postérieurs à 86.

Mais la première partie, qui cherche à être une vue objective d'un passé assez récent, doit servir pour prévoir l'avenir des entreprises et de l'économie française. Le seul intérêt du passé est de constituer une leçon pour l'avenir.

Ma fonction m'a permis de côtoyer les meilleurs chefs d'entreprise français de toutes tailles et de leur demander les facteurs clés de leur réussite.

Ces « secrets » des entreprises performantes sont le « secret » de la deuxième partie de ce livre.

Ils serviront, j'espère, à tous les responsables toujours à l'affût des meilleures méthodes de gestion, pour obtenir les meilleures performances, à l'époque où seuls les meilleurs survivront.

PREMIÈRE PARTIE

1981 à 1986 : DE L'ENTREPRISE RÉHABILITÉE...

CHAPITRE I

LE PARCOURS DU COMBATTANT

NOUS SOMMES TOUS DES AUTODIDACTES DE LA CRÉATION

L'économie, les économistes la racontent,
les politiques tentent de l'infléchir,
mais les chefs d'entreprise, avec leurs équipes, la font.

En retraçant mon combat permanent pour les entreprises, je tenterai donc de parler économie, en espérant que le lecteur ne prendra pas l'éventuelle légèreté du style pour de la futilité de la pensée.

Je ne suis pas sûr que ce combat ait commencé lorsque je suis entré pour la première fois dans l'entreprise, une entreprise de vente de matériel industriel dans les « colonies ». Eh oui ! c'était le nom à l'époque.

C'était en 1948, à ma sortie fraîche et joyeuse de l'Ecole centrale que certains appellent encore des Arts et Manufactures, bien qu'aucun d'entre nous ne se sente vraiment ni artiste ni manufacturier. Même un peu avant ma sortie, puisque mon impatience de gagner ma vie me fit sécher les quinze derniers jours d'école.

Ce ne fut pas vraiment un combat, mais plutôt les classes inévitables du nouvel appelé.

A l'époque, l'entreprise, pour moi, c'était plutôt celle des autres. Cadre et fier de l'être, je ne propageais pas encore ma théorie suivant laquelle l'entreprise n'est qu'un vélo, car, comme lui, elle ne doit son équilibre qu'au mouvement et, par ailleurs, elle ne doit sa solidité qu'aux cadres. Formule qui, plus tard, m'a toujours valu un petit succès de rattrapage lorsque j'étais attaqué trop violemment par la C.G.C.

Mon combat pour l'entreprise s'est affirmé peu à peu, lorsque j'ai pris mes responsabilités et que j'ai eu le sentiment que mon travail et mes décisions avaient quelque importance sur le résultat du compte d'exploitation. Par exemple aux Aciéries du Nord, déjà fragiles lorsque j'y entrai, et dont on ne saura jamais si mon action personnelle énergique, bien que brève, a précipité la chute.

Quoi qu'il en soit, c'est une épreuve pour un jeune ingénieur d'assister au naufrage de son navire, même s'il a enfilé sa bouée à temps. Certains prétendent qu'on apprend ainsi à nager, d'autres qu'on risque de rester paralysé dans l'action. Pour moi, je pense y avoir amélioré ma brasse et ma résistance à l'immersion.

Rapidement donc mon combat se livra chez Citroën où je me trouvais, avant d'avoir vingt-sept ans, chef d'une division d'achats, *cursus* paraît-il très *honorum* permettant d'envisager sans vanité excessive la conquête des sommets.

C'est ici que la mentalité du combattant de l'entreprise devient insondable. Ayant pris quelques galons à droite et à gauche, je me trouvais chez Citroën avec une situation stable, intéressante, responsable, très correctement rémunérée, dans une ambiance sympathique et confiante, avec vue sur la Seine (imprenable). Les galons devaient normalement s'aligner avec un beau parallélisme jusqu'à la tombée des feuilles de chêne. En somme, la réalisation du cadre B.C.B.G., dynamique, ambitieux, attaché-case gravé d'initiales, ski en station, tennis au Pré-Catelan.

Par quel dérèglement ce ne fut pas ma *cup of tea,* pour parler pincé? Je crois simplement que, lorsqu'on veut vraiment être général, on n'attend pas les galons. On les prend. Ambition démesurée? Attrait de l'argent? Impatience déraisonnable? Désir de commander? ou simplement goût de l'autonomie, de la responsabilité, de la réalisation de soi-même.

Combien de jeunes navigateurs préfèrent aujourd'hui la traversée solitaire de l'Atlantique à la chaise longue du pont supérieur d'un paquebot?

C'est là qu'avec mon frère nous avons changé de corps

y a quelques années, souhaitaient simultanément le succès de l'entreprise et la disparition de l'entrepreneur !

Dans ce combat pour la création *ex nihilo*, un autre préjugé bien français se trouve englouti : le diplôme. Nous sommes le dernier pays du monde, puisque la Chine semble l'avoir abandonné depuis longtemps, à caractériser un homme de soixante ans au passé glorieux par son diplôme d'école acquis à vingt-trois ans et en réalité gagné par la seule note de mathématiques qu'il a remportée à dix-neuf ans. Une note de maths dont on parle pendant plus de cinquante ans ! Pourquoi ne pas indiquer cette note sur les cartes de visite, avec l'adresse et le numéro de téléphone, du genre :

Jean-François DURAND-DUPONT

Ingénieur

Maths 17,5/20

375, rue de Sèvres - 75015 Paris — Tél. 52.78.53.15

Dans les responsabilités nationales que j'ai assumées pendant cinq ans, combien de fois ne m'a-t-on présenté des personnalités non par leurs carrières prestigieuses, leurs réalisations insignes, leurs créations originales, mais par l'école qu'elles ont fréquentée trois ans, il y a bien, bien longtemps, et qui les avait parées de toutes les vertus pour une carrière définitivement tracée.

La vérité est plus affligeante car quelques super-diplômés n'ont que des qualités de réception. Ils comprennent tout et ils n'en font rien. C'est le trou noir, absorbeur total, de l'astronomie moderne.

Une question lancinante se pose : y a-t-il incompatibilité entre qualités de réception et qualités d'émission ?

En effet, on constate que les plus remarquables émetteurs, les décideurs, les entraîneurs d'hommes consacrent toute leur énergie à l'émission et ferment peu à peu leur réception. Le patron n'écoute pas, se plaignent ses collaborateurs.

Par contre, ceux qui reçoivent tout et assimilent tout n'auraient plus le temps ni la faculté d'émettre.

On prétend parfois que la nature n'a pas doté les mêmes

hommes de tous les dons et que les super-intelligents ou surdoués, comme on les a appelés longtemps à cause de leur facilité à conquérir les diplômes, ne pouvaient avoir reçu en même temps les qualités de caractère. Une sorte d'incompatibilité génétique. Par bonheur, il existe de brillantes exceptions d'hommes émetteurs-récepteurs, nous les avons rencontrés.

A l'inverse, ceux qui émettent à très forte puissance semblent limiter volontairement leur capacité de réception. Ils prétendent même que trop d'informations gênent plus la décision qu'elles ne la favorisent. Cette autolimitation devient vite de la surdité psychologique. Votre interlocuteur-décideur vous écoute quelques minutes et son esprit s'égare vite vers les décisions qu'il doit prendre en fonction de cette courte information reçue.

Curieusement, cette surdité psychologique semble parfois se transformer en vraie surdité physiologique.

On cite le cas du meilleur chef d'entreprise français, parti financièrement de zéro et arrivé au sommet, Francis Bouygues, dont l'ouïe commence à dire non. On cite aussi l'excellent Antoine Riboud et quelques autres condottieri. Coïncidence prétentieuse, ma famille prétend méchamment que mon audition s'épaissit...

RADIALL, L'ENTREPRISE FRUIT DE MA PASSION

La société Radiall devint donc, après mon départ de Citroën, le but essentiel de mon existence.

L'aventure fut passionnante. Un local miteux en juin 1952. Puis un second en 53, un autre en 54 et ainsi de suite jusqu'à 1960, date à laquelle nous avions une dizaine de locaux achetés ou loués, répartis en cinq adresses dans les XIe et XXe arrondissements de Paris. Une belle partie de cache-cache, avec de jeunes coursiers qui transportaient dans des remorques de vélo les pièces, heureusement légères, d'un atelier à l'autre.

Charme supplémentaire de nos locaux: nous entendions les lions rugir au Cirque d'Hiver tout proche. Les jeunes embauchés disaient volontiers: « Radiall, quel cirque ! » Mais les acteurs jouaient leur rôle avec entrain sur la piste entrepreneuriale. La croissance du chiffre d'affaires l'a prouvé.

D'abord spécialisée dans la production de fiches coaxiales « grand public » pour postes de télévision, Radiall avait vite attaqué le marché « professionnel » des connecteurs coaxiaux pour radars, télécommunications, instrumentation et y avait acquis rapidement un large succès. Le marché était porteur et la qualité, l'innovation et le dynamisme commercial de Radiall s'imposèrent en France et en Europe.

En 1962, il fallut se décentraliser et regrouper nos établissements sous peine d'asphyxie. Les ministères de l'Industrie et de l'Aménagement du Territoire nous imposèrent la Bretagne, nouvelle terre désignée pour l'électronique. Nous irons en Isère. Tant pis pour les prêts et les subventions.

Une grande banque exige une montagne de dossiers pour un crédit revolving. Qu'elle le garde.

— Mais, monsieur, ça ne s'est jamais fait !

— Tant pis, il faut bien des précurseurs dans la contestation financière.

Heureusement que nous pratiquions déjà ce que j'ai appelé plus tard « le radinisme industriel », appellation aujourd'hui normalisée. C'est ce radinisme industriel qui nous a permis toute notre vie de courir simultanément de hauts risques techniques, commerciaux et humains, mais en évitant soigneusement les risques financiers. De plus, l'imagination créatrice des dirigeants se développe toujours mieux sans souci financier.

Le projet d'installation de notre siège social à Rosny-sous-Bois me donna l'occasion, dès 1966, de créer ma première association avec d'autres chefs d'entreprise : le G.E.C.I.R., Groupement des entreprises commerciales et industrielles de Rosny, qui réalisa un centre inter-entreprises avec restaurant collectif, aujourd'hui « Centre Yvon Gattaz ». Merci à mes collègues et à Gérard Desauty, mon successeur à la présidence du G.E.C.I.R., qui me firent cet hommage lorsque je les ai abandonnés en décembre 1981 pour entrer en religion au C.N.P.F.

En 1968, malgré les événements de Mai, malgré les grèves des corps de métiers, et malgré le drapeau rouge avec fer de lance et étamine à marteau et faucille d'origine garantie soviétique, qui orna la terrasse de notre nouveau siège social, nous avons emménagé au mois de juillet.

Nous avions créé notre entreprise depuis seize ans et, pendant toute cette période, nous nous étions consacrés de façon exclusive au succès de l'affaire. Seize ans d'obsession indispensable et enthousiaste.

Une entreprise, quelle qu'elle soit, et même dans un marché porteur, ne se développe pas rapidement et régulièrement sur une telle période, sans qu'on lui consacre l'essentiel de sa vie.

Les feux d'artifice existent mais ils retombent vite sur le sol. Le talent, voire le génie, ne suffit pas. L'entreprise exige du travail, de la sueur et parfois des larmes.

Un accident de l'œil décida de ma conversion vers l'extérieur de l'entreprise. Condamné au noir pendant quelques semaines, je crus y voir plus clair sur quelques sujets. Je n'avais d'autres possibilités d'activité que de dicter au magnétophone. Ce fut le livre *Les Hommes en gris,* premier cri d'alarme sur la dénatalité industrielle de notre pays, et tout premier appel à la création d'entreprise, publié chez Robert Laffont en janvier 1970.

Profitant de l'expérience de mon métier de chef d'entreprise, je pus faire de nombreuses conférences aux jeunes sur la création, déclenchant ainsi en France un mouvement qui allait par bonheur se poursuivre pendant des années. Les journalistes m'affublèrent de ce surnom incompréhensible de « père de la natalité des entreprises ».

Fin 1973, création, avec mes amis Michel Drancourt, Octave Gélinier et Jacques Plassard, de la lettre socio-économique *Les Quatre Vérités,* publication totalement libérale, à une époque où le libéralisme était loin d'être reconnu, et moins encore adopté. Avec recul et sans complaisance excessive, on peut juger l'œuvre importante de cette lettre mensuelle (seul modèle à direction totalement auto-gestionnaire) sur l'évolution des esprits de nos concitoyens.

Fin 1975, fondation du mouvement E.T.H.I.C. (Entreprises de taille humaine, industrielles et commerciales) avec vingt-cinq chefs d'entreprise de taille moyenne, souvent performantes. Le sigle fut difficile à trouver, car nous tenions beaucoup à y inclure « Taille Humaine » en ayant même prévu que le « H » de humain serait une lettre plus importante que les autres tant nous attachions une importance considérable aux problèmes des hommes.

Nous avons beaucoup cherché dans des séances de brainstorming avec mes amis fondateurs, et nous tournions autour d'« Humain », de « Taille Humaine », de principes et de systèmes de valeurs sans trouver un nom qui soit un phonème prononçable. C'est au cours d'une conversation dans le bureau de Jean-Paul Ballerin, remarquable animateur d'hommes prématurément disparu, que Jacques Baudoux eut l'idée de ce nom E.T.H.I.C., surprenant pour certains, génial pour d'autres.

Les gens qui m'entouraient étaient avant tout des créateurs non conformistes, et la façon dont nous interpellions les chefs d'entreprise afin qu'ils se rallient à notre mouvement montrait bien que notre conception de la défense de l'entreprise n'était pas poujadiste. Elle n'en était pas moins contestée par plus d'un. En effet, lorsqu'en février 1976 nous avons lancé notre appel courageux intitulé « Entrepreneurs, vous êtes coupables[1] », nous nous sommes attiré quelques réactions sévères de la part de ceux qui prétendaient qu'« on n'attrape pas les mouches avec du vinaigre ».

C'est à E.T.H.I.C. que j'ai lancé l'expression « décitemps », c'est-à-dire le dixième du temps de travail, soit une demi-journée par semaine que je demande à tous les chefs d'entreprise français de bien vouloir consacrer à la communauté, hors de l'entreprise, sans que cela n'altère en rien les résultats du compte d'exploitation, au contraire.

Dès son origine E.T.H.I.C. organisa des groupes de travail, nouveaux pour l'époque :

— Stratégie humaine dans l'entreprise
— Création d'entreprises nouvelles
— Perennité de l'entreprise et succession de l'entrepreneur
— Entreprises en difficulté
— Fiscalité et Fonds Propres, etc.

Le mouvement publia également, dès sa création, une « charte de l'entrepreneur[2] », aussi originale que contraignante, qui marqua sans doute un tournant dans le comportement et dans la réputation des chefs d'entreprise.

---

1. Voir Annexe I.
2. Voir Annexe II.

Je commis alors mon second livre sur la troisième race de patrons, celle des animateurs : *La Fin des patrons*, publié chez Robert Laffont, en janvier 1980, exactement dix ans après le premier. Coïncidence qui faisait pronostiquer à mes amis les moins imaginatifs (ils sont peu nombreux de cette catégorie) que mon troisième livre ne pourrait sortir qu'en janvier 1990 ! Comme vous le voyez, ils se sont trompés, même si le présent livre n'a pu être écrit, compte tenu de mes occupations, que peu à la fois et souvent, de manière prostatique comme disent les médecins.

Car vous avez remarqué que dans ces activités extra-entreprises je n'abandonnais aucunement notre société qui restait le fruit de ma passion. Je tentais d'ailleurs de rédiger mes textes dans mon bureau même de Radiall pour garder une grande disponibilité pour mes collaborateurs. Point qui me semble essentiel pour un capitaine dont l'atout principal est sa présence permanente sur la dunette, comme le prétendent abusivement ceux qui n'ont pas fait leur service dans la marine.

Patrons-propriétaires et patrons-locataires

Jusqu'à fin 1981, c'est-à-dire pendant vingt-neuf ans et demi, je me suis donc consacré à la direction de la société Radiall.

Nous avons été, pendant cette longue période, des patrons-propriétaires, catégorie différente des patrons-locataires, même si ceux-ci peuvent avoir d'immenses qualités.

En effet, la conjonction de la direction et de la propriété donne des avantages et des inconvénients.

Le patron-propriétaire est assuré de la durée de son mandat et peut donc prévoir des actions à plus long terme. Il pratique souvent un « radinisme industriel » plus aigu ; certaines mauvaises langues prétendent qu'il lui arrive de confondre les fonds propres de l'entreprise avec ses propres fonds. Mais la vigilance du fisc lui interdit toute assimilation hâtive de ce genre, de même que la décentralisation des responsabilités financières et comptables exigée par la croissance même de l'entreprise.

Par contre, certains observateurs prétendent que les

patrons-propriétaires sont souvent plus timorés dans leurs investissements que des patrons-locataires qui utilisent de façon plus alerte les fonds ne leur appartenant pas et qui, en cas d'échec grave, peuvent éventuellement changer de domicile avec un nouveau bail.

Le plus grave pour les patrons-propriétaires, c'est le problème de la transmission de l'entreprise à des héritiers aux compétences parfois douteuses. En effet, ces patrons se partagent toujours en deux catégories :

— ceux qui croient que le génie est héréditaire,
— et ceux qui n'ont pas d'enfants.

Ce fut la fin de ma période vraiment Radiall puisqu'en décembre 1981 j'entrai au C.N.P.F. pour y travailler à temps complet et même un peu plus d'après ma famille qui comptabilisa mesquinement mes quatre-vingts heures de travail hebdomadaire, soit pratiquement deux équipes de quarante heures à moi tout seul (car on était encore à quarante heures fin 81).

Bien entendu, ce travail considérable effectué dans l'enthousiasme n'était nullement une épreuve. A ceux qui me demandaient comment je pouvais travailler, sans fatigue apparente, sept jours sur sept, je rappelais que Johnny Hallyday, questionné par des journalistes sur son travail exténuant de la semaine, répondait :

— Heureusement, je me repose le dimanche... en chantant pour moi.

J'avais dit à l'assemblée générale de décembre 1981 que je rentrais en religion. Sans bure (c'est sûr) ni tonsure (ça commence). Et dans mes vœux, j'abandonnais mes préoccupations terrestres de premier fabricant européen de connecteurs coaxiaux pour devenir le « premier » des chefs d'entreprise français, le pseudo-« patron des patrons », expression que je n'ai jamais comprise.

En effet, patron depuis vingt-neuf ans, je n'avais jamais considéré le président du C.N.P.F. comme mon patron. Il devait s'agir d'une erreur de terminologie journalistique.

Quant à ma femme, malgré l'ascendant qu'elle pouvait avoir sur moi, elle acceptait encore plus mal qu'on l'appelle familièrement « la patronne du patron des patrons ».

Cette prise de bure s'accompagna de l'abandon de mes prérogatives civiles : conseils d'administration du Centre français du commerce extérieur et du Centre national de la recherche scientifique, présidence du mouvement E.T.H.I.C. auquel j'étais très attaché. Enfin je dus renoncer à l'animation quotidienne de la société Radiall, même si je conservais le titre de P.-D.G. me permettant de garder un contact bi-hebdomadaire avec la gestion pratique d'une entreprise. Ce point se révéla essentiel pour jouer mon rôle de président du C.N.P.F. et conserver auprès de mes collègues la réputation de celui qui agit et qui risque.

UNE SECOUSSE TELLURIQUE: MON ÉLECTION À LA TÊTE DU C.N.P.F. EN 1981

C'est fin 75 qu'avait commencé pour moi l'aventure C.N.P.F. Je venais tout juste de créer E.T.H.I.C. lorsque François Ceyrac me demanda d'entrer au Conseil exécutif parmi les cinq personnes désignées par le président. Je me posai alors la question de savoir s'il m'était possible d'accepter et de cumuler deux fonctions en apparence fort différentes. Je demandai conseil à un ami membre depuis fort longtemps des différentes instances du C.N.P.F. et de l'U.I.M.M., l'Union des industries métallurgiques et minières.

Je me rappelle sa réponse aussi plaisante que catégorique:

— Il y a, me dit-il, dans Paris, une trentaine de personnes qui se feraient crever un œil pour obtenir cet honneur.

Le nombre infime de borgnes au Conseil exécutif me conduit à penser que mon ami avait lui-même une vue basse bien que certainement binoculaire.

Entré au Conseil exécutif le 1er janvier 1976, je ne m'imaginais pas à l'époque qu'un jour j'aurais l'audace de me présenter à la présidence du C.N.P.F., institution qu'à ce moment-là je connaissais mal.

Seul un visionnaire, Pierre Lajoye, membre du mouvement E.T.H.I.C. devenu président de l'Union patronale de Lorraine, m'avait un jour dit en toute simplicité:

— Vous devriez plus tard devenir président du C.N.P.F.

Je lui avais répondu par un immense éclat de rire.

Je ne me doutais pas alors qu'en 1981 certains de mes amis

allaient me pousser à en prendre la tête, surtout après les élections présidentielles de mai. Ils pensaient que le C.N.P.F. qui n'avait plus de dialogue réel avec le gouvernement devait retrouver son rôle de pression pour faire avancer les problèmes économiques et la défense des entreprises françaises.

Devant ces « affectueuses sollicitations », je décidai, pendant les vacances du mois d'août, de poser ma candidature. J'avais auparavant demandé conseil à mes amis des *Quatre Vérités* avec lesquels je menais un combat commun depuis des années, et également à mes amis d'E.T.H.I.C. dont le bureau s'était réuni spécialement à cette occasion pour me confier la mission, si j'ose dire, de défendre les couleurs du mouvement en essayant de conquérir le fauteuil de la présidence du C.N.P.F.

C'est donc un peu en outsider audacieux que j'envoyai le 4 septembre une lettre de trois lignes au secrétaire général du C.N.P.F. Patrice Leroy-Jay pour lui confirmer tout simplement que « je présentais ma candidature ».

Celle-ci étant retenue, je devais d'abord passer l'épreuve du vote du Conseil exécutif qui était déterminant.

Ce Conseil s'est tenu le 26 octobre 1981. Un vote préliminaire eut lieu pour savoir si on pouvait encore une fois modifier les statuts et maintenir l'équipe en place pour trois ans supplémentaires.

Après un plaidoyer sévèrement négatif d'Ambroise Roux, la majorité de l'assemblée se prononça contre cette modification : 20 voix contre, 11 pour et 2 bulletins blancs.

Restaient donc les deux candidatures d'Yvon Chotard et d'Yvon Gattaz.

Il fut décidé que nous serions départagés par le prochain vote du Conseil et que le moins bien placé des deux se désisterait au profit du mieux placé.

C'est le Conseil du 16 novembre 1981 qui fut décisif et qui me désigna comme candidat unique pour la présidence, avec 18 voix contre 16. Je battais donc mon concurrent par deux voix, à la grande surprise de ceux qui le considéraient comme imbattable, car le seul qui connaissait réellement les arcanes du système puisqu'il était vice-président du C.N.P.F. et président de la Commission sociale depuis 1972.

Il est certain que ce vote créa des regrets chez ses supporters. Ils m'en gardèrent une certaine rancune qui se manifesta rapidement par la création d'une sorte de Comité de surveillance vigilante de Gattaz, le Cosuviga.

Le score fut d'ailleurs largement confirmé par l'assemblée générale du 15 décembre où j'avais peu de chances d'échouer puisque, conformément à nos accords, mon concurrent s'était retiré.

Les résultats m'accordaient 89,56 % des voix, score le plus élevé jamais remporté par un président du C.N.P.F., ce qui me donnait une légitimité indispensable pour les actions non conformistes que je voulais entreprendre dès que je serais désigné.

J'avais d'ailleurs été élu sur un programme de réforme des institutions du C.N.P.F. C'était mon seul programme et je l'avais intitulé avec modestie « Introduction à l'avant-programme de réforme du C.N.P.F. ». Un dossier assez important que j'étais allé présenter individuellement, tel un candidat académicien, aux trente-cinq membres du Conseil qui m'avaient tous réservé un accueil fort sympathique. Chaque interlocuteur semblait reconnaître honnêtement que des réformes de structure profondes étaient nécessaires après quarante ans de fonctionnement. Un système qui avait d'ailleurs bien marché, mais qui nécessitait une mise à jour en fonction des conditions nouvelles.

Bien entendu, dès que je fus élu, j'essayai de mettre en pratique les réformes que j'avais proposées avant mon élection, et je décidai même de créer une grande Commission de la réforme dont j'aurais souhaité qu'elle devînt aussi importante que la Commission économique ou la Commission sociale ou plus tard la Commission de l'action territoriale.

Malheureusement, un certain nombre de barons, inquiets de cette initiative qui risquait, leur semblait-il, de porter atteinte à leurs propres prérogatives, ont décidé de saboter ce plan de réformes que j'avais confié au président de la Fédération du bâtiment. Celui-ci, poussé par quelques-uns de ses collègues, n'eut qu'un souci, enterrer la réforme, comme Louis XV, la nuit et sans musique. Il ne resta de mes propositions que la création de la Commission d'action territoriale (que j'avais exigée et que j'ai confiée à Michel Maury-Laribière dont la compétence dans ce domaine était incontestée) et l'augmentation du nombre de représentants territoriaux au Conseil exécutif, à l'assemblée permanente et à l'assemblée générale. Réforme importante il est vrai, mais que j'ai arrachée de haute lutte et que les membres de la Commission m'ont sans doute accordée pour mieux enterrer le reste.

Quoi qu'il en soit, le stock d'idées que j'avais accumulées dans mes réflexions sur les entreprises et sur leur organisation ne demandait qu'à se concrétiser.

Mais un stock d'idées, si important soit-il, n'est pas inépuisable et on sait que, comme le dit souvent l'un de mes amis, celui qui arrive à promouvoir dans son existence deux à trois idées importantes a fait œuvre particulièrement utile. Il cite toujours Einstein qui a eu son idée magistrale à l'âge de vingt-cinq ans et n'a pas pu en retrouver une aussi importante dans les années suivantes.

J'ai donc pensé qu'il fallait promouvoir ces idées dès le début de mon mandat. Par la suite, on est condamné, comme disait Léon Blum, ou à se répéter ou à se contredire. Bien entendu dans cette alternative, il vaut mieux se répéter, ce que je fis avec une insistance, paraît-il, un peu lassante.

Les coups de pied un peu brusques que j'ai pu donner dans la fourmilière patronale ont fait dire à certains avec nostalgie :

— On était bien tranquilles avant Gattaz.

CHAPITRE II

JE DEVIENS BERNARD-L'ERMITE

C.N.P.F. : CE N'EST PAS FACILE

En sollicitant ce mandat de président du C.N.P.F., j'étais passé outre les recommandations de ma famille. Celle-ci était en effet hostile à ma candidature car elle pensait que j'avais déjà énormément de travail à Radiall et que notre société avait besoin de moi pour son développement.

Mon élection fut donc reçue non comme un triomphe familial, mais dans une résignation à un civisme obligatoire.

A la vérité, c'était pour moi un immense honneur de me retrouver président de la plus importante organisation des entreprises françaises. En arrivant avenue Pierre-Ier-de-Serbie, j'eus le sentiment pour la première fois d'occuper un fauteuil d'un ensemble que je n'avais pas construit moi-même. Je me considérais donc comme une sorte de bernard-l'ermite venant habiter une coquille qui n'était pas la sienne. Certains se demandaient d'ailleurs si je saurais occuper le fauteuil sans me comporter de façon trop possessive, travers bien connu des créateurs-fondateurs.

Mais qu'est donc le C.N.P.F. pour ceux qui ne le connaissent pas ? Une forteresse, entourée de fossés infranchissables, avec un pont-levis rarement abaissé ?

Pour tout dire, cette citadelle se situe au 31, avenue Pierre-Ier-de-Serbie, dans le XVIe arrondissement, à l'endroit où la rue Pierre-Charron se transforme en avenue Pierre-Ier, et où on change d'arrondissement pour passer du VIIIe, centre des affaires, au XVIe, symbole, paraît-il, de la bourgeoisie.

Quand, par la suite, j'ai dû donner cette adresse, j'indiquais simplement : « Prenez la rue Pierre-Charron jusqu'à son changement de nom, et là vous trouverez l'immeuble près du coiffeur. » C'est le coiffeur qui sert de repère alors qu'il s'agit d'un salon de dimensions modestes. Ce qui me rappelait d'ailleurs mes premières années d'ingénieur chez Citroën dont les usines occupaient une bonne partie du quai de Javel et où l'on disait de la même manière : « C'est juste à côté d'Herlicq », car il y avait là un installateur électrique dont l'enseigne extérieure était plus importante que celle de Citroën.

Pour gens non initiés, pour les patrons peu mêlés aux instances professionnelles et qui se disaient eux-mêmes des patrons « évolutifs », le C.N.P.F. était, paraît-il, le temple du conservatisme et les bruits les plus méchants et en partie erronés ne manquaient pas de courir.

J'entendais souvent dire autour de moi que les présidents de fédération étaient parfois des faux patrons, ou des patrons qui avaient échoué, ou des patrons à la retraite.

Quant aux permanents, ils justifieraient leur nom en s'accrochant désespérément à leur poste et deviendraient inamovibles ; on parlait d'apparatchiks, de maires du Palais faisant la loi devant des présidents ectoplasmes.

Inutile d'ajouter qu'une grande partie de ces griefs était fausse ou largement exagérée, et que, si les syndicats français étaient bien réellement envoûtés par l'I.A.A., l'Irréversibilité des Avantages Acquis, par contre il n'en était pas de même des milieux patronaux qui pouvaient encore bouger. Nous l'avons montré dès 1982.

Tous ces avertissements avaient de quoi faire frémir un nouveau président du C.N.P.F. qui se voulait novateur, évolutif et, dans son enthousiasme, persuadé qu'il pourrait faire bouger les choses, et introduire de nombreuses nouveautés.

Je ne me suis pas découragé et j'ai eu raison, car, finalement, le C.N.P.F. s'est révélé beaucoup plus apte au changement qu'on ne le disait, et j'ai trouvé moi-même non seulement de nombreux amis dans le milieu des élus, mais aussi chez les permanents généralement très dévoués à la cause des entreprises, et ne ménageant ni leur temps ni leur peine. Et je me suis fait dans ce milieu réputé inaccessible des amis chaleureux, des supporters indéfectibles, et des partisans de l'évolution et de l'imagination. Des faits que beaucoup n'attendaient pas dans cette maison dont l'aspect extérieur rébarbatif et les grilles métalliques d'entrée d'allure un peu carcérale donnent une fausse idée.

L'humour dans le sérieux

En 1982, une autre révolution fut le style « new look » que j'ai tenté d'introduire au C.N.P.F., notamment en risquant un peu d'humour dans les sujets les plus sérieux, ce que certains jugent depuis des siècles comme incompatible, tant la tradition est forte de prendre la tristesse pour de la réflexion et l'hermétisme pour de la profondeur.

De plus, le sens de l'humour est très inégalement partagé : les mêmes plaisanteries ne font pas sourire tout le monde, et certains lèvent les yeux au ciel d'un air affligé devant tant de légèreté, inadmissible à un tel poste.

Qu'on me comprenne bien, il ne s'agit pas d'introduire artificiellement des galéjades dans un texte sérieux, par snobisme ou par légèreté d'esprit. Non, le mot d'auteur, le sigle ésotérique ou le néologisme ne servent qu'à renforcer une idée ou à faire retenir une théorie qui pouvait passer inaperçue.

Loin d'être des gadgets inutiles, ce que mes adversaires appelaient péjorativement des « gattazeries » n'étaient qu'une manière de faire passer une réflexion généralement non conformiste. Ainsi en fut-il de la flexibilité, des E.N.C.A., de la stabcroissance, du S.M.I.J. (S.M.I.C. pour les jeunes)... Ces néologismes firent peut-être scandale, mais ils restèrent gravés dans les mémoires si l'on en croit ceux qui continuent à les employer.

La pointe d'humour, outre qu'elle détend un peu l'atmosphère sans ralentir les stimulations du cortex, a de plus une utilité très particulière : détecter à coup sûr vos adversaires (qui se prétendent toujours vos amis, bien sûr).

La recette est simple. Vous faites en pleine réunion une plaisanterie, un à-peu-près, un calembour, un jeu de mots, une approximation, et vous observez les réactions des participants. Vos amis sincères, même s'ils trouvent la plaisanterie médiocre, font mine de la trouver excellente, et certains s'esclaffent même bruyamment. Les sympathisants sourient avec discrétion et compréhension. Quant à vos adversaires, même s'ils peuvent trouver la plaisanterie irrésistible, ils restent de marbre et murés dans un rictus amer. L'inventaire est rapide et sans faille.

A mon arrivée au C.N.P.F., dans un milieu peu réputé pour son sens de l'humour, je me doutais que l'accueil à mon style serait plutôt froid. Par bonheur, ma vieille complicité avec Jean-Claude Achille m'a de suite permis quelques à-peu-près ou quelques nouveaux sigles abscons (il en a lui-même fabriqué de remarquables !). De même Guy Brana était un amateur de « mots » et Michel Frois, le directeur général de l'information, un grand spécialiste des jeux de mots. Je n'étais donc pas totalement dépaysé.

Je leur promis de glisser quelques plaisanteries, bonnes ou mauvaises, cachées dans mes *Lettres du Président* dont la tenue devait pourtant être élevée. Je dois avouer que mes tentatives furent vaines.

Finalement, je ne pus me défouler réellement que le 5 octobre 1986, jour où je fus l'invité de Maurice Horgues, Jacques Mailhot, Pierre Saka et Françoise Morasso à l'excellente émission « L'oreille en coin » sur France Inter, dans une ambiance particulièrement chaleureuse et réceptive à toutes les innovations prétendues humoristiques.

A une invitation précédente de ces joyeux animateurs, mon entourage m'avait fait comprendre que ma dignité nationale risquait de souffrir d'une telle récréation, de ses improvisations... et de ses pièges éventuels.

C'est lors de cette émission que j'ai lancé la nouvelle définition du sigle C.N.P.F. : Ce N'est Pas Facile. Et c'est vrai.

Une petite fierté bien naïve que le lecteur me pardonnera, j'espère. Le talentueux Maurice Horgues a publié récemment un livre : *La Tête des nôtres*, où il établit un classement pour les acteurs de son émission, basé sur deux critères :

— sens de l'humour représenté par une, deux ou trois oreilles,

— qualités pour être ministre, représentées par un, deux ou trois maroquins.

Le vainqueur toutes catégories, Jean-Baptiste Doumeng,

ayant disparu, nous nous retrouvions à trois ex aequo à la première place, Edgar Faure (récement disparu lui aussi), Robert-André Vivien et moi-même, avec les attributs curieux de trois oreilles et deux maroquins, le dernier symbole étant bien entendu sans signification.

PREMIÈRES SURPRISES ET PREMIERS AFFRONTEMENTS

Mais tout n'était pas l'objet de plaisanteries au C.N.P.F. Des problèmes graves se posaient à mon arrivée.

C'est ainsi que le coût élevé pour les entreprises de certains accords contractuels signés avec les syndicats soulevait des protestations, surtout de la part des plus petites entreprises.

Il m'a fallu porter le fer dans la plaie, et dire haut et fort que les entreprises ne pouvaient plus payer, ce qui était parfaitement exact.

On avait abusivement prolongé la période des « Trente Glorieuses », terminée depuis longtemps, alors que la crise montrait déjà le bout de son nez.

Seuls des accords très serrés, aussi serrés que la gestion même de nos entreprises, seraient dorénavant acceptables. Il me fallait faire passer ce message. Il est certain que ce ne fut pas facile et que je fus taxé de mesquinerie par ceux qui s'estimaient encore des « fins politiques ».

Il faut bien le dire, mon étonnement étonna. On s'étonna que je sois surpris de voir tant de personnes au C.N.P.F. qui n'étaient pas issues du milieu des entreprises, et on me fit remarquer que les avocats étaient rarement d'anciens cambrioleurs. Comparaison audacieuse, je l'avoue, mais les avocats n'ont à assurer que la défense de leurs clients, et jamais leur promotion.

Depuis des années, je parle du « radinisme industriel » indispensable pour la gestion des entreprises. En effet, j'avais été amené à utiliser ce néologisme argotique car le mot « économie » est beaucoup trop faible et a d'autre part de nombreuses acceptions (qui prétend ne pas être économe?). Quant à l'avarice, il s'agit dans tous les cas d'un défaut.

Ce mot radinisme est donc une expression intermédiaire à laquelle je tiens. C'est d'ailleurs avec un grand plaisir que j'ai découvert dans *L'Express* du 18 décembre 1987 qu'on rappelait ma paternité dans cette expression forte dont je suis, paraît-il, le « théoricien officiel » depuis mon livre *La Fin des patrons* (janvier 1980).

J'ai essayé moi-même d'appliquer le radinisme industriel au C.N.P.F., milieu qui n'était pas très préparé à cette révolution intellectuelle car des groupements professionnels n'ont pas le souci permanent du bilan, ne doivent pas chercher des clients et des commandes avec l'ardeur d'une entreprise commerciale, et il est rare de voir un président d'une organisation gâcher ses nuits à cause de la fameuse *bottom-line* de l'inévitable compte d'exploitation.

Grâce à l'appui efficace du secrétaire général, Patrice Leroy-Jay, puis de son successeur, Denis Zervudacki, et également du directeur administratif et financier, Bruno Pages, nous avons mené une campagne exemplaire contre les dépenses somptuaires, sorte de révolution financière qui fit un certain nombre de victimes et bien entendu de mécontents.

Pour reprendre une expression chère à Robert Lagane, mon dynamique successeur à la présidence du mouvement E.T.H.I.C., si le dicton populaire « plaie d'argent n'est pas mortelle » s'applique aux individus, il est certain qu'il ne s'applique pas aux entreprises car, au contraire, la plaie d'argent est sans doute la seule cause de mortalité de celles-ci.

Le ministre socialiste Nicole Questiaux ne voulait pas être, disait-elle, « le ministre des comptes ». Mais les comptes de la Sécurité sociale l'ont cependant perdue.

En cinq ans, le C.N.P.F. est arrivé à réduire son déficit d'exploitation de 5 millions de francs à 1,8.

Et comme je m'y étais engagé personnellement, les « Etats généraux des entreprises françaises au service de la nation » de décembre 1982 à Villepinte, ainsi que les « Assises » du Zénith de septembre 1986 ont été entièrement autofinancés sans peser le moins du monde sur le budget du C.N.P.F.

Les deux informations de mon prédécesseur

Des surprises à mon arrivée, il y en eut bien d'autres. C'est ainsi que le jour même du mardi 15 décembre 1981, après la première réunion du nouveau Conseil exécutif, François Ceyrac qui me cédait son bureau et son fauteuil attira mon attention sur deux points qui lui paraissaient essentiels.

Tout d'abord, il m'expliqua que le C.N.P.F. devait donner sa caution à la B.N.P. pour le découvert du C.R.C., le Centre de recherches et d'études des chefs d'entreprise, à Jouy-en-Josas, dont nous étions les tuteurs moraux depuis longtemps. Cette caution se montait à 4 millions de francs. Mon réflexe de « radinisme industriel » me fit pousser des hurlements. Nous avons reconnu tous deux qu'il faudrait ou bien rétablir les finances du C.R.C. ou le fermer.

Je me donnais trois mois pour réaliser cette opération. Je dois à la vérité d'avouer qu'elle ne se régla qu'en trois ans et grâce à la coopération active de Jean-Jacques Wilmot-Roussel et l'aide de Jean-Noël Bongrain qui sauva la situation en apportant les fonds suffisants pour permettre à cette institution utile et finalement efficace de fonctionner, en particulier pour les cadres de sa propre entreprise.

La deuxième information que me transmit mon prédécesseur était également importante.

Il m'expliqua que le C.N.P.F. comportait cinq directions générales : l'Economique, le Social, l'Action territoriale, les Etudes législatives et l'Information, et qu'à son avis un président du C.N.P.F. n'avait pas assez d'heures dans la semaine pour prendre en charge plus de deux directions sur cinq. Il avait lui-même choisi les Etudes législatives et également l'Information où il avait innové.

Ma réponse sur ce sujet fut totalement présomptueuse : « Je tenterai de diriger moi-même les cinq départements car je suis également passionné par les cinq. » Et je ne tenais pas à laisser l'Economique et le Social à l'écart.

En particulier dans le Social, je pensais qu'il fallait redresser le tir et ne plus laisser tel négociateur patronal obérer gravement les entreprises en signant des accords dispendieux qui, dans les années précédentes, en avaient ruiné quelques-unes.

Ma position était d'autant plus facile à tenir que les statuts du C.N.P.F., tels qu'ils existaient depuis longtemps, et tels qu'ils avaient été révisés récemment, donnaient au président un pouvoir important. On peut dire qu'il s'agit d'un régime présidentiel que j'étais bien décidé à utiliser dans sa plénitude pour imposer de profonds changements. Etant détenteur d'un stock d'idées et de réflexions longuement mûries, je souhaitais les mettre en œuvre.

La première épreuve de force

Une des épreuves de force que j'eus à affronter eut lieu avec l'U.I.M.M., la plus importante et la plus puissante des fédérations professionnelles du C.N.P.F. et, comme elle le dit elle-même souvent, le plus gros cotisant, ce qui n'est pas rien. On connaît en effet la devise cartésienne des fédérations adhérentes : « Je cotise donc je suis. »

Disons-le tout de suite, l'U.I.M.M. est une excellente fédération, bien organisée et bien dirigée, qui joue un rôle important dans l'économie française et j'y ai beaucoup d'amis. Par ailleurs, l'U.I.M.M. a toujours joué un rôle influent au C.N.P.F., accru encore depuis François Ceyrac puisqu'il avait été lui-même le dirigeant de cette fédération où il avait fait toute sa carrière depuis la fin de ses études.

L'U.I.M.M. considérait donc qu'elle était une partie prenante essentielle du C.N.P.F. et peut-être même un de ses directeurs de conscience, ce que d'autres professions contestaient.

Mon indépendance d'esprit et ma totale indépendance financière ne facilitaient pas les pressions sur le nouveau président du C.N.P.F. et beaucoup le regrettaient.

— Nous n'avons aucun moyen de pression sur Gattaz, ce qui est ennuyeux, avait dit un jour un président de fédération.

J'ai considéré moi-même cette phrase, plus tard, comme un immense compliment. En effet, l'indépendance totale est rare, très rare. Gaston Berger disait que « seuls les saints et les clochards pouvaient encore se considérer comme vraiment libres ». N'étant ni l'un ni l'autre, j'étais plutôt dans une troisième catégorie, celle des chefs d'entreprise indépendants, ne devant rien à personne et n'ayant comme supérieurs hiérarchiques que les clients-rois.

L'affrontement eut lieu à propos de la nomination du nouveau directeur des Affaires sociales, remplaçant de Jean Neidinger qui devait partir à la retraite, après une carrière bien remplie avec efficacité.

Un jour, j'appris au détour d'un couloir que l'affaire était « ficelée » et qu'à la suite d'un accord pris entre l'U.I.M.M., le vice-président chargé des Affaires sociales et le directeur général des Affaires sociales le successeur de ce dernier était déjà désigné, pour ne pas dire nommé.

J'entrai ce jour-là dans une colère noire et je convoquai les responsables pour leur dire en substance que, quelle que soit la qualité du successeur pressenti et que je ne connaissais pas, je ne pouvais accepter cet ultimatum et je mettais un veto formel sur cette candidature. Nous trouverions un autre candidat. Il s'agissait d'une question de principe sur laquelle je ne reviendrais pas.

Tout le monde essaya de me convaincre qu'une telle position était intenable, discrétionnaire, hégémonique, et pour tout dire ridicule. Je tins bon et je dois dire que longtemps après je m'en félicite encore.

Par correction vis-à-vis de la personne qui avait été pressentie, je la convoquai dans mon bureau et je lui expliquai que je n'avais aucune animosité contre elle, que ses qualités et ses compétences n'étaient nullement mises en cause, mais qu'il s'agissait pour moi d'une question de principe et que je tenais dans ce cas à affirmer totalement ma volonté.

Un président est un président, je n'ai pas cédé.

Beaucoup m'en ont voulu. Je crois avoir bien fait. D'autant plus qu'en accord avec l'U.I.M.M. j'ai choisi plus tard moi-même un autre directeur général des Affaires sociales particulièrement compétent : Claude Archambault.

Une joke américaine

Dans le domaine des incompréhensions que j'ai pu rencontrer au C.N.P.F., et elles furent nombreuses, il en est une qui mérite d'être contée car elle se termina de façon plus facétieuse.

Quelques années avant que je sois président, nous parlions, lors d'une réunion du C.N.P.F., des négociations du G.A.T.T. Nous constations notamment que les Français et les Européens ne connaissaient pas le G.A.T.T.

Me penchant alors vers mon voisin, je lui dis à l'oreille :

— Vous comprenez bien que, moi, je connais le G.A.T.T. de A à Z.

Rideau.

Je me suis dit qu'il avait l'oreille un peu dure et j'ai insisté lourdement.

— Avec mon nom Gattaz, vous comprenez que je connais le G.A.T.T. de A à Z.

Rideau complètement hermétique.

J'ai compris ce jour-là que ses zygomatiques patronaux étaient définitivement coincés.

Plus tard, j'ai raconté cette histoire à un sénateur américain qui comprenait mal le français, mais très bien les plaisanteries. Mon interlocuteur s'est tellement esclaffé qu'il n'a pu terminer son repas. Un an plus tard, j'allai moi-même aux Etats-Unis où j'étais reçu en grande pompe par le gouvernement américain. En me présentant aux personnalités qui l'entouraient, le ministre du Commerce s'exclama :

— Je salue Yvon Gattaz qui connaît le G.A.T.T. de A à Z.

Voilà comment le président du C.N.P.F. a connu la notoriété américaine par son patronyme transformé en « joke ».

LES CHOIX STRATÉGIQUES DU PRÉSIDENT

Une des premières décisions personnelles que j'avais à prendre était le choix des cinq membres « du président » devant siéger au Conseil exécutif avec les trente représentants des fédérations professionnelles et des unions patronales territoriales et interprofessionnelles.

Choix difficile car je souhaitais qu'il soit symbolique de la représentation des chefs d'entreprises françaises sans exclusive. Il devait en même temps compenser les carences inévitables de la représentation institutionnalisée des trente autres membres.

J'étais déjà, aux termes de notre accord d'octobre 1981, tenu de prendre Yvon Chotard, de le nommer vice-président et de lui confier une délégation pour les affaires sociales.

Comme j'avais été moi-même pendant six ans le représentant officiel du mouvement E.T.H.I.C. au Conseil et de ce fait le représentant officieux des moyennes entreprises, je choisis à mon tour un représentant d'Entreprises et Progrès, François Périgot, également membre de l'Institut de l'entreprise, et aussi Jean-Marie Kieffer, président en exercice du Centre des jeunes dirigeants.

La quatrième personne désignée fut Claude Bloch, président du C.I.S.E., Comité interprofessionnel social et économique du Nord et du Pas-de-Calais, patronat de la région Nord, véritable chef d'entreprise qui fut longtemps directeur d'usine et fier de l'avoir été. De plus, c'était un de mes camarades de l'Ecole centrale dont j'avais pu apprécier depuis fort longtemps les grandes qualités.

Enfin, mon choix pour la cinquième personne se porta sur une femme.

Jusqu'alors, le Conseil exécutif n'avait toujours compté en son sein que des hommes et beaucoup trouvaient scandaleux de vouloir introduire une femme dans ce cénacle.

Je répondis qu'il ne s'agissait pas d'un conclave ecclésiastique et que je ne voyais pas pourquoi une femme chef d'entreprise et de qualité ne pourrait pas siéger efficacement.

Malgré les oppositions, je passai outre et je proposai Annette Roux, P.-D.G. des chantiers navals Beneteau, jeune chef d'entreprise, dont l'efficacité était déjà prouvée.

Une autre décision capitale de mon début de mandat était la nomination des vice-présidents « exécutifs », appellation que je leur ai donnée moi-même, à l'image de celle des entreprises, et qui semble subsister.

Le poste le plus important était bien entendu celui de vice-président chargé des affaires économiques et internationales.

Je choisis pour cette mission capitale Guy Brana, directeur général chez Thomson et homme de terrain ayant fait toute sa carrière d'ingénieur et de dirigeant en entreprise et même en usine, expérience irremplaçable. Brillant diplômé de Polytechnique et du Génie maritime, Brana était « nationalisable » dans les mois à venir, ce qui lui conférait une caractéristique très particulière au Conseil exécutif.

Sa nomination éventuelle de vice-président chargé des questions économiques prendrait donc une importance symbolique : la volonté du C.N.P.F. de conserver les entreprises prochainement nationalisées en son sein, en les considérant toujours comme des entreprises du secteur concurrentiel soumises aux mêmes impératifs du marché et de la concurrence que les entreprises privées.

Cette décision souleva des oppositions, particulièrement des plus petites entreprises.

Ceux qui, de l'extérieur, poussaient le nouveau président du C.N.P.F. à devenir le chef de l'opposition politique armée et défilante ne pouvaient accepter ce geste vis-à-vis des nationalisées. D'ailleurs, on tenta plus tard de faire appeler le C.N.P.F. Conseil Nationalisé du Patronat Français.

Je tins bon puisque ma stratégie était clairement définie: négocier sans cesse avec le gouvernement en place, quel qu'il soit, sans compromis ni compromission, pour défendre et réhabiliter les entreprises françaises.

On a beaucoup ironisé sur l'obligation pour le C.N.P.F. de ne pas se séparer des nationalisées, qui payaient une cotisation financière importante.

En 1983, *L'Humanité* annonçait que ces cotisations représentaient 70 % du budget du C.N.P.F., tromperie grossière puisque cette contribution était de l'ordre de 12 à 15 % du budget consolidé. De plus, on oubliait qu'aucune entreprise ne cotise directement au C.N.P.F. puisque celui-ci ne reçoit ses fonds que des fédérations professionnelles et des unions territoriales, qui sont ses seuls membres.

Ce choix de Guy Brana, symbolique d'abord, s'est révélé excellent à plus d'un titre. Il a très bien rempli sa mission pendant les cinq années de mon mandat, comme l'ont prouvé sa publication périodique de *Cartes sur table,* tableaux et chiffres incontestables, ainsi que son rapport de politique économique d'octobre 1985 qui a servi de mauvais prétexte à la première attaque des opposants et qui s'est révélé un document stratégique majeur.

Mais, de plus, cette nomination a permis aux entreprises nationalisées de rester dans nos organisations, sans jamais exiger de ce fait des postes à responsabilité, et sans faire de pressions particulières sur le président du C.N.P.F. pour infléchir sa stratégie de fermeté vis-à-vis du gouvernement, sauf, peut-être, quelques rappels téléphoniques discrets et courtois d'un dirigeant notoirement socialiste.

D'ailleurs, je me posais déjà la question à cette époque: peut-on être « patron socialiste »? Je crois que cette expression est sans signification. Un patron, dans l'exercice de son métier, n'étale pas ses préférences politiques. Par contre celles-ci, tout comme ses convictions religieuses, appartiennent à sa vie privée, indépendante de sa fonction économique d'animation d'une communauté.

Les théories socialistes traditionnelles ne sont pas compatibles avec le succès économique réel de l'entreprise privée. A l'époque, les rares patrons socialistes ne pouvaient qu'être : patrons bien que socialistes ou socialistes bien que patrons.

Les meilleurs dirigeants à sensibilité socialiste n'ont jamais eu, à l'intérieur de leur entreprise, un mode de direction « socialisante » mais parfaitement « capitaliste », avec primauté de l'efficacité et du profit. Incompatibilité qu'ils ont tenté de présenter comme dépassée.

C'est cette difficulté qui fait le nombre si réduit de dirigeants s'affirmant publiquement comme socialistes. Reconnaissons qu'ils ne manquent pas de courage, car cette étiquette ne doit pas faciliter leur commandement à l'intérieur de l'entreprise.

L'Humanité, quant à elle, a toujours réclamé le retrait des entreprises nationalisées du C.N.P.F., et elle m'a longtemps persécuté de ses articles assassins et même de ses éditoriaux délicatement consacrés à ma personne. Puis ses expressions s'allégèrent peu à peu.

Un de ses titres reprit un de mes à-peu-près : « C'est du Gattaz'trophisme. » Bien sûr, je n'ai exigé aucun droit d'auteur.

Plus tard, le 5 mai 1986, elle titrait finement : « Y a du Fabius dans le Gattaz » pour prouver que je profitais de cette fuite pour m'engouffrer dans la brèche ouverte « contre » l'emploi par le pouvoir. Pas gentil pour Fabius !...

Je dois à la vérité d'avouer que les articles de *L'Humanité* me concernant étaient attendus avec inquiétude par ma famille qui se lamentait des expressions peu amènes et des comparaisons peu flatteuses avec tel prédateur. J'avais parfois le privilège d'être en gros caractères dans le titre de la première page ou des éditoriaux — Scandale !

Et puis, mi-84, lorsque les ministres communistes disparurent du gouvernement, *L'Humanité* ne réserva plus ses flèches qu'au gouvernement socialiste. Le C.N.P.F. et son président disparurent des colonnes.

Eh bien, mon entourage fut très déçu.

Allez trouver où se cachent les sentiments de frustration?

Les mauvais bruits sont pénibles, mais le silence est insupportable.

Chapitre III

LES SERVITUDES D'UN PATRON DES PATRONS

LA MOUSSE DE LA FONCTION

L'élection à la présidence du C.N.P.F. est un événement. Non seulement pour les entreprises, pour les politiques et pour les salariés, mais aussi pour l'intéressé lui-même.

C'est pour lui, sinon une promotion sociale, sûrement un changement de vie avec passage de la discrétion laborieuse au vedettariat médiatisé.

Le prestige, lui, est grand : à la hauteur des responsabilités, car les statuts du C.N.P.F. ont prévu un régime très présidentiel. C'est le président qui préside, comme il se doit, le Conseil exécutif, véritable gouvernement du C.N.P.F., l'assemblée permanente mensuelle et l'assemblée générale annuelle. C'est lui aussi qui propose les dix vice-présidents au Conseil exécutif, qui leur attribue éventuellement des fonctions qu'ils n'exerceront qu'en vertu d'une délégation expresse du président.

Outre les responsabilités et le prestige qui en découle, certains croient deviner dans le poste de président du C.N.P.F. des avantages matériels importants. A telle enseigne que vos fournisseurs personnels s'empressent de majorer leurs factures. C'est oublier qu'il s'agit d'un poste honorifique et bénévole même si on le pratique, comme je l'ai fait, quatre-vingts heures par semaine. Bien sûr des indemnités financières peuvent être trouvées en cas de besoin, ce qui ne fut pas mon cas personnel.

Certes, il y a les petits privilèges, souvent d'amour-propre, mais il y a loin des apparences à la réalité.

Privilège dû à la médiatisation, on est très souvent reconnu dans la rue et les rencontres sont généralement assorties de marques de sympathie. Mais quelques accrocs vous rendent modeste. C'est ainsi qu'à un salon des Antiquaires, je fus abordé par un homme chaleureux qui me quitta à regret en me disant :

— Très heureux de vous avoir serré la main, monsieur Bergeron.

Un autre privilège d'ordre gastronomique est la salle à manger, véritable symbole de la puissance parisienne. Quand on a des responsabilités importantes, il faut, paraît-il, une belle salle à manger et un bon cuisinier. Disons-le franchement, la cuisine patronale était excellente grâce aux talents d'un chef imaginatif qui n'avait, malheureusement, aucun souci pour notre taux de cholestérol.

Ayant détecté pendant mes six années précédentes de présence ininterrompue au Conseil exécutif quelques somnolences d'après-repas, j'ai fait, dès mon arrivée en décembre 1981, supprimer les alcools et liqueurs de fin de repas. Je ne suis pas sûr que mes collègues les plus portés sur la bonne chère m'aient su le moindre gré pour cette vigilance à l'égard de leur système artéro-coronarien.

Quant au bureau du président, si le bon peuple s'imagine des lustres à larmes de cristal, des plafonds dorés et des meubles d'époque dans un espace aux vastes perspectives, il se trompe.

Quelle déception pour celui qui accède pour la première fois au bureau 213 du deuxième étage face à l'ascenseur, tout près d'un huissier vêtu de bleu : une pièce froide et complètement encombrée par une table de réunion (douze personnes écrasées, pas une seule de plus) et un bureau « modern style » qui vaut le détour.

En effet, le styliste qui l'a conçu a remplacé les tiroirs par un abattant qui me rappelle mon petit bureau de l'école maternelle de Bourgoin en 1930. L'avantage pratique est évident : pour chercher une gomme, il suffit de déplacer tous les dossiers qui encombrent le bureau, ouvrir l'abattant, prendre la gomme, refermer l'abattant, reprendre les dossiers à gommer, enlever à nouveau les dossiers, rouvrir, remettre la gomme (si j'ose m'exprimer ainsi), refermer, reprendre une troisième fois les dossiers. Et le tour, ou la farce, est joué.

L'huissier, lui, reste le symbole de la vraie puissance. Etymologiquement, il s'occupe de la porte qui est double, ce qui permet, avec les ressorts, de prendre systématiquement un battant dans la figure quand on ouvre l'autre. Un huissier est alors indispensable et ses deux bras ne suffisent même pas.

Symbole aussi, la double sonnette qui trône sur votre bureau : le bouton du bas permet d'appeler l'huissier qui est rarement là (« on m'a appelé ailleurs »), et le second, qui n'a jamais servi à rien puisqu'il n'est branché nulle part, ajoute, paraît-il, pour vos visiteurs une discrète note de puissance en réserve.

Le bâtiment du C.N.P.F. reste l'élément de prestige de l'organisation. C'est un immeuble 1900 dans le XVIe arrondissement. Immeuble cossu pour ceux qui aiment la tradition et les balcons de fer forgé. Le principal balcon, celui où l'on met le drapeau le 14 Juillet et le 11 Novembre, est précisément au deuxième étage, celui du président.

L'escalier monumental est orné bien sûr d'un tapis rouge qui a beaucoup intrigué au début mes amis d'E.T.H.I.C. habitués au spartiate et mes collaborateurs de Radiall longuement formés au radinisme industriel. Avec leur habitude de regarder haut et loin, ils n'en avaient pas détecté les trous de mite et d'usure.

Mais le vrai problème de cet immeuble patronal, c'est sa durée de résistance aux assauts des grévistes. Assauts donnés régulièrement cinq à six fois par an. D'où une double grille massive avec sas de sécurité où un gardien vigilant a pu, à différentes reprises, enfermer des agitateurs. Configuration stratégique qui a fait croire à des touristes égarés qu'il s'agissait là d'une annexe de la Santé.

J'ai bien cherché à humaniser cette présentation, mais on a toujours crié à mon inconscience, celle des créateurs. Finalement pour une cinquième année de mandat, satisfaction me fut partiellement donnée grâce à l'insistance d'un ami décorateur qui avait juré de me venir en aide : la deuxième grille carcérale fut remplacée par une lourde porte vitrée, paraît-il, indestructible, mais d'aspect nettement moins rébarbatif.

Les « manifs » sont responsables de ce pesant dispositif

qui interdit l'investissement de la citadelle. Je dois dire qu'elles devinrent en cinq années de moins en moins haineuses et de plus en plus folkloriques, comme en témoigne cette soupe populaire organisée par la C.G.T. devant le siège du C.N.P.F. le 23 mars 1985, avec distribution de pains à mon effigie.

C'est pendant l'une de ces «manifs» bruyantes qu'en revenant de ses cours mon plus jeune fils, curieux, se mêla à la foule.

— As-tu ton badge? lui demanda brutalement un défileur.

— Non

— Le voilà et mets-le

Ce qu'il fit. C'était le badge C.G.T.

Il ne restait plus à mon fils qu'à hurler, lui aussi, avec une spontanéité un peu intéressée: «Gattaz, des sous!»

Autre avantage que l'on a tendance à attribuer au président du C.N.P.F: les voyages à l'étranger. Qu'on ne s'y trompe pas. Ces voyages n'ont rien de touristique, et on peut même regretter de parcourir tant de kilomètres sans trouver le temps de visiter un temple ou un musée. Car, par malheur, si j'ose dire, ces voyages sont très bien organisés et le temps y est soigneusement réparti pour une activité économique maximale dans une durée de voyage minimale, condition toujours posée au départ, je dois l'avouer, par moi-même. Le président du C.N.P.F. redoute une absence trop longue et la montagne de documents qu'il trouvera sur son bureau en rentrant: le choc du retour.

Les salariés manuels prétendent, non sans raison, que l'efficacité d'un intellectuel ne peut se mesurer que par la différence de poids de papiers qu'il reçoit chaque jour et qu'il rend dûment traités. Cette loi simpliste prouverait que, pendant nos voyages au long cours, notre rendement de papivores est nul et qu'il faut mettre les bouchées doubles pour le rattraper.

Je crois cependant que ces voyages sont tout à fait utiles comme en témoignent les remerciements des chefs d'entreprise qui nous accompagnent et qui traitent souvent des marchés importants à cette occasion.

Propriétaire des entreprises françaises

Il faut dire que ces missions sont de natures très différentes, suivant les pays : dans les pays de l'Est et les pays en voie de développement, ces voyages « officiels » permettent de régler des problèmes avec les autorités au plus haut niveau et de dénouer ainsi de nombreux litiges, voire de signer de gros contrats. Utilité immédiate et tangible car les entreprises isolées sont souvent sans recours devant ces problèmes étatiques.

Dans les pays développés, notre rôle est tout autre : contacts avec les gouvernants bien sûr, par exemple aux Etats-Unis avec la Maison-Blanche, avec le Sénat, mais aussi avec le Federal Reserve Board, avec nos homoloques : US Chamber of Commerce, National Association of Manufacturers, Conference Board, Business Round Table, et parfois le syndicat de salariés A.F.L.-C.I.O., cousin lointain de l'organisation française Force ouvrière qui s'inspire, paraît-il, de ses méthodes.

Les voyages en U.R.S.S. se passent, eux, sur un mode très particulier : apparat, protocole, grands discours, flonflons.

Le C.N.P.F., symbole de capitalisme privé, sinon sauvage, a pourtant, malgré ses tares, une excellente image en U.R.S.S. Peut-être les dirigeants de ce pays se font-ils une idée un peu particulière des entreprises françaises et de leurs représentants officiels. Ne sommes-nous pas les vrais détenteurs du pouvoir économique ?

Par instants, je me suis même demandé si les Soviétiques ne me considéraient pas comme le propriétaire des entreprises françaises. Ce qui aurait pu expliquer le tapis rouge, la limousine personnelle avec un chauffeur, un interprète et un « guide-cicérone-hôte-organisateur » (qui téléphonait à sa « cousine » tout le long de notre itinéraire !).

A l'hôtel, même accueil. J'avais droit à la suite royale dans laquelle ont couché les plus hauts dignitaires communistes de la terre.

Un détail qui était peut-être passé inaperçu aux éminents hôtes précédents : cette suite à deux étages disposait d'un escalier pour aller du salon du bas où se trouvaient le frigo, le bar et la télévision au salon du haut agrémenté de grands fauteuils relax. Or la lumière de cet escalier n'avait qu'un interrupteur, en haut des marches. Je suis resté longtemps perplexe devant ce problème digne de celui des robinets de notre enfance : comment monter dans le noir, et avec quels risques, pour atteindre l'interrupteur et éclairer enfin l'escalier lorsque je n'en avais plus besoin, ce qui m'obligeait à le refermer aussitôt ? Peut-être qu'une ficelle tirée du bas...

Toujours est-il que ce traitement de faveur me laissait un peu à l'écart. Mon isolement fut complet lorsque j'appris que, pour le petit déjeuner, je n'avais pas le droit de me mêler aux agapes matinales de mes collègues, présidents des plus grandes sociétés françaises. La hiérarchie, c'est la hiérarchie.

Par bonheur, mes amis avaient le sens de l'humour et ont plutôt compati à mon emprisonnement doré.

LE GESTE AUGUSTE DU SEMEUR

Parmi les surprises de ma nouvelle fonction figuraient deux « trucs » surprenants utilisés par les vieux briscards en quête permanente de notoriété : le *name-dropping* et l'appel en réunion.

Le premier, définitivement anglicisé, pourrait se traduire en français par « le geste auguste du semeur de noms propres ». Le semeur laisse tomber ou lance à la volée des noms généralement prestigieux. En moins de cinq minutes d'une conversation avec n'importe quel interlocuteur et sur n'importe quel sujet, il arrive à placer quelques noms éminents. La formule est aussi simple qu'efficace et l'expression standard : « Comme me le disait déjà le président Pompidou en 1971, je peux vous assurer, mon cher, que... »

Ou bien : « Comme je l'ai dit moi-même bien souvent au président Giscard d'Estaing lorsqu'il m'invitait à l'Elysée, je peux vous garantir, mon cher, que... »

Et l'inconnu, en quelques instants, est persuadé qu'il vient de rencontrer une des personnalités les plus importantes de ce pays dont la bonhomie n'a d'égale que les relations et l'influence.

De même, ceux qui cherchent à chaque instant à faire parler d'eux (et ils sont nombreux d'après l'économiste américain Galbraith qui avait dénoncé ce travers sous le nom d'effet Mac Landress) emploient aussi bien des procédés tout à fait enfantins qui constituent le deuxième truc de notoriété facile.

Ils se font appeler dans les conférences ou les manifestations en faisant projeter leur patronyme sur l'écran. Toutes les têtes se tournent et savent que M. Durand-Martin est appelé d'urgence au secrétariat, ce qui prouve l'importance de ses responsabilités qui ne peuvent pas attendre une heure supplémentaire. Est-ce M. Reagan ou Mme Thatcher qui le demande au téléphone? Dieu seul le sait.

Les habitués de ces réunions ont pu constater que c'étaient toujours les mêmes qui se faisaient appeler ainsi.

De même au Conseil économique et «syndical», puisque nous sommes nombreux à appeler cette assemblée de cette façon, les huissiers en habit viennent toujours chercher les mêmes sur les bancs de l'hémicycle en leur transmettant mystérieusement un message qu'on tente vainement de lire par-dessus leur épaule. Le destinataire du message se lève avec l'air gêné de celui qui est tout à fait contrit de quitter momentanément une aussi noble assemblée et d'aussi graves discussions pour une obligation encore plus importante et encore plus urgente.

Les mauvaises langues prétendent qu'il s'agit souvent de problèmes tout à fait mineurs, par exemple le menu du dîner du soir qu'une épouse attentive leur soumet pour approbation :

— Chéri, que penserais-tu d'un gratin dauphinois?

D'autres mauvaises langues, ou les mêmes, prétendent que le message reçu dans l'hémicycle peut provenir tout simplement d'une secrétaire dévouée qui rappelle à l'intéressé que celui-ci avait bien demandé à être appelé à 16 heures précises :

— Voilà, monsieur, c'est fait.

Et il retourne à son banc dans le respect général pour celui qui sait abandonner momentanément ses immenses responsabilités personnelles pour la défense de la cause commune et nationale.

De l'ambiguïté à l'ubiquité

Mais d'autres obligations s'imposent au «patron des patrons». Comme pour tout autre grand responsable, il doit avoir une disponibilité complète et une capacité de travail considérable.

C'est au nom de cette disponibilité que j'ai assisté moi-même pendant onze ans à tous les conseils exécutifs sans exception, présentéisme unique dans les annales du C.N.P.F.

Un président n'a guère de temps pour la distraction et les vacances. Celles-ci sont d'ailleurs toujours ambiguës pour un dirigeant. S'il ne se repose pas du tout, on le qualifie de travailleur besogneux, de stakhanoviste incapable de prendre le recul suffisant pour les grands problèmes.

S'il disparaît au contraire pendant quatre semaines, on l'accuse de non-assistance à entreprises en péril. J'ai pour ma part tenté de résoudre cette ambiguïté par l'ubiquité: passer trois jours à Paris et quatre jours à la campagne. Les observateurs locaux sont persuadés que vous avez passé toute la semaine au même endroit, ce qui permet à vos amis de la campagne d'affirmer: « Vous avez enfin pris de grandes vacances cette année », et à vos amis parisiens : « Mon pauvre, quel sacrifice de travailler sans arrêt tout le mois d'août. »

Président du C.N.P.F., j'avais une autre contrainte, celle-là purement physique, j'allais dire physiologique: je devais serrer d'innombrables mains à chacun de mes déplacements. En effet, les hommes politiques savent bien que, de nos jours, les serrements de main sont plus efficaces que les serments du Jeu de paume. Or, les statistiques semblent prouver qu'il existe environ un broyeur de main sur cinquante personnes. Cet étau est souvent un hercule qui veut vous témoigner sa sincérité et son affection par l'écrasement de vos métacarpiens et qui pense qu'on jaugera ses sentiments à la douleur ressentie par l'honorable correspondant.

En fait, ces élans de compression sont particulièrement douloureux si le congratulé souffre d'un minuscule nodule sur le tendon du majeur droit. Combien on envie alors les Japonais dont l'inclinaison à l'horizontale a une durée fonction de l'estime portée à l'interlocuteur!

Mais ces risques mineurs et anecdotiques ont débouché parfois sur des risques d'une autre gravité.

LES RISQUES DU MÉTIER

Depuis le 14 septembre 1977, date de l'assassinat de Hans Martin Schleyer par des terroristes allemands, nous savons que la fonction de « patron des patrons » et de ses proches collaborateurs est gravement menacée. Pourtant, il nous aura fallu attendre l'attentat heureusement manqué d'Action directe contre Guy Brana, le 15 avril 1986, pour prendre vraiment conscience du danger quotidien qui nous guette.

Ce matin-là, nous devions prendre un petit déjeuner à 7 h 45 avec des présidents d'union patronale de province, suivant une tradition constante de la maison qui a des présidents très matinaux.

De vrais tueurs

J'étais moi-même de bonne heure dans la salle à manger du sixième étage lorsqu'on me signala que Guy Brana me demandait au téléphone. Le plus tranquillement du monde, avec un sang-froid inaltérable, il m'expliqua qu'il venait d'être l'objet d'un attentat, que son chauffeur était superficiellement blessé, que lui-même et sa famille étaient indemnes et qu'il arriverait au bureau pour travailler dès que les formalités policières auraient été effectuées.

Mes invités furent très émus par ce geste odieux contre un homme affable qui n'a que des amis.

Pourquoi les terroristes en voulaient-ils à sa vie ? Etait-ce pour ses responsabilités importantes de président de la Commission économique ou pour ses anciennes fonctions de dirigeant de la compagnie Thomson qu'il avait quittée depuis deux ans ? Ou pour les deux ?

Le communiqué amphigourique des terroristes publié assez tardivement sembla prouver qu'on le poursuivait simultanément pour ces deux fautes impardonnables.

Ce pauvre Brana n'avait vraiment pas de chance et je me sentais moi-même quelque responsabilité dans sa présence à Paris à cette époque. En effet, il avait accepté de représenter le C.N.P.F. au Japon à l'occasion de la grande rencontre internationale du mont Fuji où les entreprises du monde entier voulaient faire connaître leurs impératifs économiques aux politiques qui devaient se réunir quelque temps plus tard au Japon.

Or, le lundi 14 avril 1986, avait lieu le premier Conseil exécutif régulier après celui du 17 mars qui avait créé quelques troubles comme nous le verrons plus loin, et je m'étais engagé à proposer ce jour-là un nouveau président de la Commission sociale. Guy Brana, principal vice-président exécutif, ne pouvait donc être absent. Il dut annuler son voyage au Japon, triste coïncidence qui aurait pu lui coûter la vie.

C'est au déjeuner qu'on apprit les circonstances exactes de l'attaque. Les tueurs attendaient la voiture de Brana sur la petite route qu'il empruntait tous les matins à heure fixe, mais il semble qu'ils aient été dérangés et aient dû adopter en catastrophe une tactique différente avec attaque immédiate de la voiture à la sortie même de la propriété.

Ce n'est que grâce à un appel de son épouse qui voulait lui signaler quelque chose d'urgent que Brana revint sur ses pas, perdant une minute sur son horaire. Il évita ainsi miraculeusement les balles dont les deux hommes masqués, descendus de leur camionnette, arrosaient sa voiture.

Le chauffeur André Ferrandez fut encore plus miraculé, puisque, au moment exact où il se penchait pour régler le poste de radio, une balle traversa le pare-brise à la hauteur précise où se trouvait son visage une fraction de seconde auparavant. Avec sang-froid, il se jeta hors de la voiture et rampa jusqu'à la protection d'un arbre tandis que les assaillants déchaînés le tiraient comme un lapin, par bonheur sans succès. Il ne reçut que les éclats d'une balle qui avait frappé la carrosserie.

Guy Brana, entendant la fusillade, rentra précipitamment pour chercher son revolver, mais, lorsqu'il revint, les tueurs avaient déjà pris la fuite. Résultat : 36 impacts de balles de gros calibre. Un miracle qu'il n'y ait pas eu de victimes.

A dater de cet événement, nous avons subi une protection renforcée et bienveillante, mais parfois pesante, de la police qui fit de son mieux pour nous protéger.

Je lus un jour un entrefilet dans la presse d'après lequel la police aurait eu vent d'un projet d'enlèvement me concernant par les membres d'Action directe. Je ne sus jamais la vérité, mais ce qui est certain, c'est que deux mois plus tard, en novembre 1986, Georges Besse était assassiné au moment où il rentrait à son domicile.

En tout cas, pour nous, finies les promenades impromptues un soir d'été sur les Champs-Elysées, finies les courses du samedi dans les magasins. Tout devait être programmé, listé, consigné, daté, minuté et transmis aux anges gardiens qui nous encadraient solidement.

Une fois, lors d'une de mes conférences à Nice, nous avons décidé de nous séparer quelques heures de nos protecteurs. Mal nous en prit. Nous ne nous sommes pas retrouvés devant les gros calibres d'Action directe, mais ce jour-là, des petits voyous s'emparèrent du sac de ma femme...

A la vérité, les alertes furent nombreuses au C.N.P.F., alerte à la bombe exigeant l'évacuation du personnel, alerte à l'attentat, à la voiture piégée, etc. Il est probable qu'il s'agissait là de plaisanteries de maniaques. Sauf la découverte de ma photo sur des terroristes allemands et les mystérieuses visites à mon domicile proche du C.N.P.F.

Risque moins fréquent, en avril 1985, un journaliste qui s'estimait offensé par des corrections proposées à une interview qu'il avait rédigée me provoqua solennellement en duel « pour en découdre suivant les lois de l'honneur ».

Tous ces événements petits et grands mettent en évidence les risques du métier concrétisés plus spectaculairement par quelques séquestrations de durée limitée.

Des séquestrations

Ma première séquestration eut lieu à Rouen le 22 juin 1983. J'avais été invité par la Fédération des syndicats patronaux de Rouen et Dieppe, à leur assemblée générale au parc des Expositions du Madrillet, c'est-à-dire dans le secteur de l'agglomération rouennaise le plus touché par la crise avec les problèmes que connaissaient à l'époque La Chapelle-d'Arblay, P.A.C., Julin, Eclair-Prestyle et quelques autres. De plus, ce 22 juin était précisément la journée nationale d'action de la C.G.T. et la section locale avait bien promis de s'en donner à cœur joie pour rencontrer le « patron des patrons ».

J'étais accompagné d'un collaborateur de notre service de

l'Information, Jean-François Clémencel. En arrivant au parc des Expositions, nous aperçûmes un groupe de manifestants barrant la porte d'entrée avec d'affables banderoles qui ne laissaient aucun doute sur leurs intentions. Immédiatement nous sommes allés téléphoner au commissariat de police. On nous donna la consigne d'entrer un peu plus loin, par un portail dérobé. Finalement, nous sommes arrivés devant un petit bâtiment isolé où devait se tenir une conférence de presse avec les journalistes locaux.

Cette réunion à peine terminée, une petite centaine de manifestants cégétistes entoura le bâtiment et organisa une sorte de danse du scalp que je n'avais encore jamais vue en dehors des films d'Indiens.

Ces manifestants laissèrent sortir les journalistes et demandèrent que je reçoive une forte délégation. J'acceptai de rencontrer trois personnes. Eux-mêmes fixèrent immédiatement la barre à treize. Comme dans tout marchandage, on pouvait s'attendre qu'après de longues négociations on arriverait au chiffre médian de huit, ce qui fut fait après de laborieuses discussions dans l'entrebâillement de la porte, et grâce à l'intermédiation calme et efficace de Jean-François Clémencel.

Une fois les portes refermées et pendant que les autres continuaient leur giration autour du bâtiment, j'écoutai leurs doléances, demandes, récriminations et propositions généralement peu réalistes.

C'est là que j'appris que « le patronat et les forces de droite, toujours intimement mixés, n'admettaient pas la politique nouvelle voulue par la majorité des Françaises et des Français, qu'ils voulaient poursuivre leur politique de casse et d'abandon national pratiquée pendant plus de vingt-cinq ans, qu'ils s'opposaient à toutes les négociations positives concernant les revendications salariales, qu'ils poursuivaient les licenciements et fermaient les usines, licenciant ainsi plus de 2800 salariés en huit mois dans l'agglomération rouennaise ». Les patrons étaient également accusés de « continuer la répression syndicale en menant une offensive pour s'opposer à l'application des droits nouveaux des travailleurs et en remettant en cause les avantages acquis de haute lutte, en même temps qu'ils refusaient d'investir en France en spéculant sur le franc, en exportant des capitaux pour continuer à gonfler leurs profits».

Tirades tout à fait instructives pour un président du C.N.P.F...

La «séquestration» dura plus d'une heure mais, devant mon silence, il ne resta plus à la délégation qu'à lever le siège et sortir. Je pus à ce moment-là regagner la salle de conférences située à quelques centaines de mètres et où se tenaient six cents patrons qui commençaient à s'impatienter et qui seraient venus me prêter main-forte si le président de l'Union patronale, M. Rousselin-Legrand, ne les avait retenus.

Il est curieux qu'à cette occasion la police ne se soit aucunement manifestée malgré nos appels réitérés. Dès le lendemain, notre président local envoyait une lettre au préfet pour protester très vivement contre cette carence qui était loin d'être anodine. Est-ce à la préfecture ou au commissariat qu'aurait été prononcée cette phrase, paraît-il, exemplaire: «Le président du C.N.P.F. n'est qu'un citoyen comme les autres et ne mérite pas de protection particulière»?

Une seconde aventure du même genre m'arriva trois mois plus tard.

En septembre 1983, Jacques Geldreich, le président de l'Union patronale d'Alsace, m'avait bien prévenu: la C.F.D.T. avait soulevé les salariés des établissements Jeudi de Schirmerck où étaient prévues de sérieuses compressions d'effectifs. Ces salariés en colère et savamment encadrés avaient déjà commis quelques exactions dans la région.

Il paraît que la venue du «patron des patrons» dans une région où il y a des difficultés d'emploi est considérée comme une provocation. Je n'ai pas encore trouvé l'explication précise de cette affirmation.

Donc, Jacques Geldreich m'avait dit: «Ça peut chauffer», mais en ancien officier supérieur, il n'allait pas baisser les bras ni me pousser à baisser les miens.

C'est donc les bras en l'air que je pris le premier avion du matin à Orly-Ouest, le 21 septembre 1983.

Dix minutes avant l'atterrissage, le commandant de l'appareil vient me prévenir qu'il venait de recevoir à mon intention un message radio de l'aéroport de Strasbourg bloqué par 250 manifestants portant chacun, paraît-il, un petit sac en plastique. Nous apprendrons dans la journée que ces sacs d'apparence anodine, soigneusement préparés et généreusement distribués, contenaient des œufs pourris. C'est préférable à une bombe.

Le commandant, pour éviter tout incident, me demanda de rester dans l'appareil après l'atterrissage. On verrait ensuite. On plaisanta sur le déguisement qui serait le plus efficace : commandant ou hôtesse de l'air ?

On me cacha quelques minutes jusqu'à ce qu'une voiture de service de l'aéroport vienne me prendre subrepticement au bas de l'échelle. Démarrage sur les chapeaux de roue pour une destination inconnue. Ouverture spéciale des grilles de l'aéroport militaire voisin. Autre voiture banalisée plus puissante. Redémarrage sur les chapeaux de ces autres roues. Itinéraire de contournement qui nous permit d'apercevoir de loin les 85 voitures des grévistes garées devant l'aéroport et de gagner Strasbourg par une route inhabituelle. Mais au lieu de rejoindre les locaux de notre Union patronale locale, nous décidons de nous barricader pour la journée à l'hôtel Hilton où je devais faire une conférence l'après-midi. Il suffisait de prévenir les journalistes et la télévision régionale du changement d'adresse.

Tout se passa bien. Les manifestants furent contenus efficacement par les forces de l'ordre, même s'ils arrivèrent à se défouler en jetant leurs œufs pourris sur les murs et les fenêtres de l'Union patronale. Bris de vitres, murs pollués. Les frais de restauration se révélèrent par la suite plus importants que prévu.

Les jeteurs d'œufs vinrent ensuite encercler l'hôtel où j'officiais devant 300 ou 400 chefs d'entreprise alsaciens, mais ils ne purent pénétrer, et seules les rumeurs de leurs invectives parvinrent jusqu'à notre salle. Le soir, pas de trouble pour regagner l'aéroport. Les munitions étaient épuisées, les manifestants aussi.

Le président Geldreich, mon collaborateur Christian d'Oléon et les responsables de la police locale avaient fait preuve d'une grande efficacité.

On peut, avec recul, se poser comme chaque fois la question : les salariés en colère pour des problèmes locaux en veulent-ils vraiment à la personne du président du C.N.P.F. ? Ce n'est pas sûr, mais il est un symbole, celui des entreprises, de celles qui marchent bien et de celles qui marchent mal, qui ferment des ateliers et qui licencient. Ils savaient bien que ma responsabilité personnelle n'était nullement engagée dans de telles affaires, mais aussi que toute intervention de ma part en leur faveur serait d'une totale inefficacité.

J'ai appris en cinq ans de cette responsabilité nationale qu'il y a toujours dans les rapports avec les syndicats (je dis bien les syndicats et non pas les salariés, même si ceux-ci sont entraînés par ceux-là) un côté théâtral et symbolique important. Les syndicats aiment qu'on parle d'eux dans les journaux. La télévision est pour eux la consécration suprême : c'est pourquoi ils sont si friands des grand-messes paritaires au C.N.P.F., souvent nocturnes et toujours télévisées.

L'attaque du président du C.N.P.F. en déplacement, une obstruction, une immobilisation provisoire, quelques injures, voire quelques horions, voilà qui fait un excellent article dans le journal et de très bonnes images à la télévision : « Si on pouvait le séquestrer ne serait-ce que quelques instants », quel triomphe pour le petit délégué syndical en mal de représentativité.

Souvent, en province, j'ai été accueilli par des délégations syndicales locales qui demandaient un entretien, symbolique lui aussi : « J'ai discuté avec lui, moi. » Malheureusement, si je cédais, j'étais certain d'être sollicité de la même façon à toutes mes étapes. Ma réponse était simple : il ne m'est pas possible en tant que président national du C.N.P.F. de recevoir une délégation locale des syndicats. Sinon, pourquoi les présidents locaux de nos unions patronales ne demanderaient-ils pas à rencontrer les responsables nationaux des syndicats, par symétrie ?

En général, le problème du protocole se réglait à l'amiable, notre président local recevant la délégation syndicale locale, entre soi en quelque sorte. La face était sauve.

Strasbourg n'avait été qu'une alerte. Deux ans après, j'allai de nouveau être séquestré à Périgueux, cette fois dans une usine de fromages.

Jean-Noël Bongrain, efficace patron d'une entreprise performante, m'avait fait savoir qu'il apprécierait que je visite l'une de ses usines de fromages.

Je projetai donc un voyage à notre union patronale du Périgord pour visiter l'usine Bongrain locale en fin de matinée. Accompagné de mon chef de cabinet, Denis Zervudacki et entouré du président Marc Brachet de l'Union patronale, du président de la Chambre de commerce et d'un grand nombre de personnalités locales, nous partons en convoi pour la banlieue de Périgueux: direction Marsac.

Là encore, surprise à l'entrée de l'usine: une forte délégation ouvrière nous attendait avec des banderoles qui ne semblaient pas la réplique exacte des colliers de fleurs tahitiens. Lorsque nos voitures furent dans la cour, le cordon se referma de manière peu amicale et, une fois entrés dans les bureaux, nous dûmes nous rendre à l'évidence: nous étions prisonniers.

Comme par hasard, la presse, les radios et la télé avaient été convoquées et une bousculade aurait été pour elles une aubaine qu'il nous fallait à tout prix éviter.

Nous avons feint l'indifférence et les principaux cadres dirigeants de l'usine nous donnèrent des explications sur l'organisation et la marche de l'usine.

Quand l'heure du déjeuner arriva, nous pûmes gagner par un couloir discret la salle dite de «dégustation». Et puisque nous étions prisonniers, pourquoi ne pas goûter les fabrications locales?

Les fromages ne manquaient pas. Par contre, il fut plus difficile de trouver des couteaux et surtout du pain et enfin du vin. Quand tout fut réuni, nous fîmes honneur au saint-moret et au chavroux qui constituèrent un repas tout à fait honorable.

Heureusement que nous n'étions pas séquestrés dans une usine de roulements à billes!

La séquestration aurait pu durer longtemps sans la vigilance de mon chef de cabinet qui épiait les mouvements des troupes adverses comme un officier au front. Il m'informa qu'elles semblaient se replier vers l'aile droite de l'usine pour nous couper toute retraite et il préconisa un savant mouvement tournant tout à fait napoléonien. Il courut à ma voiture, la fit passer derrière le bâtiment, me somma sans ménagement (mais pour mon bien) de m'y engouffrer et, fouette cocher, on contourna l'ennemi. Mais deux syndicalistes futés avaient flairé le mauvais coup et suivi la voiture contournante. Ils se jetèrent alors sur le capot pour interdire toute manœuvre d'évasion. C'est à ce moment que deux représentants de la police locale me démontrèrent à la fois leur sang-froid et leur force physique en empoignant les deux parasites de capot et en les déportant sans ménagement sur le sol après une trajectoire aérienne et circulaire de quelque 180 degrés.

Le chauffeur appuya sur l'accélérateur et nous passâmes en trombe près des bloqueurs ébahis. Il ne nous restait plus qu'à attendre les autres personnalités à quelques kilomètres sur la route de Périgueux en espérant qu'elles ne seraient pas indûment retenues par rétorsion à la suite de cet échec.

Il paraît que c'était bien ma personne qui les intéressait puisque les autres furent très rapidement relâchés. Nous avons apprécié la liberté après les fromages frais.

CHAPITRE IV

L'ENTREPRISE TRANSPOLITIQUE

LES GOUVERNEMENTS PASSENT, LES ENTREPRISES RESTENT

J'ai tenté de montrer tout au long de ma carrière qu'il était possible de ne pas mêler les problèmes économiques et les problèmes politiques, même si certains ont tenté de faire croire que ces problèmes sont inévitablement interpénétrés.

Or, j'avais proclamé bien avant d'arriver au C.N.P.F., et en particulier au mouvement E.T.H.I.C., que l'entreprise devait rester éloignée des joutes politiciennes car son rôle était économique et social, rôle qui, bien entendu, fait partie de la Politique avec un grand P mais n'exige pas que les chefs d'entreprise doivent s'impliquer dans les jeux politiciens au nom de la communauté qu'ils dirigent.

C'est ainsi qu'avec mon ami Octave Gélinier nous avions inventé le mot « transpolitique » montrant que les entreprises pouvaient traverser les régimes politiques en conservant leur vocation.

Les gouvernements passent, les entreprises restent. A l'instar d'une publicité ancienne du métro : « Les républiques passent, les peintures restent ».

Qu'on ne s'y trompe pas, ce mot « transpolitique » n'a aucun caractère péjoratif vis-à-vis de la classe politique qui compte de grands talents.

Par contre, ce qui surprend toujours les chefs d'entreprise obsédés salutairement par le résultat du compte d'exploitation, ce sont les finesses, les astuces, voire les chausse-trapes de ces jeux politiques quotidiens.

On nous a souvent dit que ces jeux étaient indispensables, que les gens depuis les Romains exigeaient du pain et des jeux de cirque. Ces derniers seraient aujourd'hui les matches de tennis et les face-à-face politiques. Mais ne mélange-t-on pas les grandes options politiques, les stratégies appliquées à l'entreprise France et les petites combines qui relèvent de la compétition entre personnes ?

De Gaulle avait déjà expliqué qu'on pouvait faire de la grande politique en évitant la petite, et il avait, je crois, rassemblé une majorité de Français sur cette notion.

Il est vrai que les pseudo-fins politiques[1] abondaient au C.N.P.F. à mon arrivée, ceux qui prétendaient s'adapter à toutes les situations conjoncturelles en modifiant éventuellement leur ligne de conduite. Les « fins politiques » ont l'échine souple, le cortex variable et la semelle élastique apte à fouler caresseusement les tapis-brosses des cabinets ministériels, quels qu'en soient la couleur et le sens du poil. Cette reptation intellectuelle présente l'avantage d'une souplesse dite politique mais présente l'inconvénient majeur de ne plus savoir quelle est la direction stratégique suivie.

Au contraire, les grands politiques à la méthode de Gaulle se sont fixé un objectif précis vers lequel ils se dirigent en ligne droite avec, bien entendu, quelques concessions obligatoires en cours de chemin pour contourner un obstacle.

Réputés peu adroits dans l'instant, ils sont toujours réhabilités à terme comme tenants d'une stratégie rectiligne.

Si nous sommes arrivés à réhabiliter l'entreprise et nous en sommes fiers, il faut admettre que les Français sont devenus des partisans de l'entreprise, mais qu'ils n'en sont pas pour autant devenus des militants. Faut-il le regretter ? Je ne le pense pas.

D'ailleurs, nos entreprises comme nos usines ne sont tournées ni vers la droite ni vers la gauche. Elles sont simplement tournées vers l'expansion et la réussite.

Et si l'apolitisme peut être considéré comme un défaut car c'est une indifférence totale vis-à-vis des grands problèmes politiques, par contre le transpolitisme me semble une qualité

1. Malgré l'insistance des lecteurs, aucun nom ne sera cité ici.

que les entreprises et leurs organisations se doivent de conserver.

NON, NOUS N'IRONS PAS A LA SOUPE

Si j'ai expliqué pourquoi l'entreprise doit être d'une parfaite neutralité politique, c'est parce que, lorsque je suis arrivé à la tête du C.N.P.F. en 1981, la question s'est immédiatement posée de la stratégie à adopter vis-à-vis de la gauche au pouvoir.

Je dois dire que, premier président du C.N.P.F. à avoir connu successivement un gouvernement socialo-communiste, puis socialiste et enfin libéral, j'en retire l'expérience que l'organisation professionnelle peut toujours trouver sa place, à condition qu'elle ne perde jamais de vue que sa seule fonction est économique.

Les premières mesures prises par le gouvernement socialo-communiste eurent de quoi inquiéter les chefs d'entreprise. Surtout, l'attitude des pouvoirs publics à leur égard ne les incita pas à la confiance. Qu'on se souvienne qu'en juillet 1981 le Premier ministre avait souhaité qu'on punisse les chefs d'entreprise « incompétents ». Or on sait que l'incompétence est souvent difficile à juger et que la preuve de la compétence est sans doute impossible.

Dans le même temps se posait le problème des entreprises nationalisées : devaient-elles ou non demeurer au sein du C.N.P.F. ? Sur ce sujet les avis divergeaient à l'époque.

C'est dire que l'antagonisme est grand lorsque j'arrive avenue Pierre-Ier-de-Serbie entre les instances patronales et le gouvernement socialiste. Mon prédécesseur ne rencontrera d'ailleurs qu'une seule fois François Mitterrand en juillet 1981. La prise de position du C.N.P.F. en faveur de Giscard et contre Mitterrand quelques jours avant le second tour des élections présidentielles de mai 1981 n'a guère joué en notre faveur. On a beaucoup accablé l'ancien président du C.N.P.F. pour cette attitude qui, finalement, aurait fait perdre quelque 50 000 voix à Giscard et aurait surtout dressé un barrage infranchissable entre le C.N.P.F. et le président élu.

Je dois à la vérité historique de dire que Ceyrac n'aurait pas pris seul une telle initiative. Lorsque, au cours du Conseil exécutif du 27 avril 1981, la décision de soutenir publiquement Giscard fut prise, nous ne fûmes que quatre membres à nous prononcer fermement contre toute prise de position politique qui nous paraissait inopportune et de plus inefficace. Ce 27 avril, la décision finale du Conseil fut emportée par l'intervention de Bernasconi, qui brandit fièrement une feuille bordée de tricolore de la C.G.P.M.E. et qualifiée de « courageuse, elle », parce qu'elle prenait une position politique nette.

Un avantage cependant à ce faux pas. Ma fermeté transpolitique ultérieure s'est appuyée sur cet incident, et je pense qu'à l'avenir le C.N.P.F. suivra longtemps la voie transpolitique non par vertu, mais par souci d'efficacité et de respect de tous ses membres.

En décembre 1981, je me trouvais donc devant un choix car mon entourage était partagé en deux tendances d'égale importance :

Une partie des membres du C.N.P.F. et, il faut bien le dire, une partie des chefs d'entreprise eux-mêmes souhaitaient que le président du C.N.P.F. se retire sur l'Aventin et demande aux entreprises d'en faire autant, en réduisant leurs risques pour ne pas compromettre leur existence. Politique en quelque sorte de résistance économique consistant à faire le gros dos dans la tempête, à marcher au ralenti et à attendre des jours meilleurs qui arriveraient forcément. C'était la tactique du repli sur soi et sur ses forces les plus sûres.

L'autre moitié de nos adhérents était pour la guerre. Ils souhaitaient que le président du C.N.P.F. prenne la tête des bandes d'émeutiers en révolte contre le pouvoir et les conduise dans des défilés hostiles devant l'Elysée et Matignon, où, disaient-ils, « on forcera le gouvernement à accéder à nos demandes ».

Dès après l'élection présidentielle de mai 1981, j'avais, dans *Les Quatre Vérités,* lancé un appel vibrant aux entreprises françaises intitulé : « Non, nous n'irons pas à la soupe ». Je rappelai que « leur pérennité dépasse les régimes et les tendances politiques » et qu'un changement de régime ne saurait arrêter leur élan.

Les patrons sont réputés pour leur indépendance d'esprit.

C'est elle qui les a souvent poussés à créer leur affaire dans un bel élan d'anticonformisme, contre les conseils unanimes des gens « raisonnables ». C'est cette indépendance d'esprit, toujours elle, qui empêche les patrons d'aller manger dans la main du pouvoir.

Souples sans soumission, fermes sans arrogance

Une fois encore, il leur fallait s'adapter tout en démontrant inlassablement aux pouvoirs publics les limites des dépenses, même sociales, compatibles avec la concurrence internationale et avec l'équilibre d'un compte d'exploitation et le danger d'un renforcement abusif du pouvoir syndical.

« Souples sans soumission, ils sauront rester fermes sans arrogance », voilà la meilleure attitude que je préconisais aux chefs d'entreprise devant les nouveaux dirigeants.

Une attitude prudente mais nullement hostile, notre distance vis-à-vis de la puissance publique étant conforme à nos principes immuables de libéralisme, de « fais ton bonheur toi-même ».

Si nous devions rester des censeurs vigilants et sans complaisance des mesures gouvernementales, nous ne devions cependant pas pratiquer la politique malthusienne de la chaise vide.

Devant les deux tendances qui s'opposaient au C.N.P.F. — l'attaque ou le repliement —, je préférai choisir une troisième voie, tout à fait spécifique et au départ mal admise.

Elle consistait à engager avec le gouvernement légitime un dialogue ferme, « sans compromis et sans compromission », expression que j'ai répétée d'innombrables fois pendant mes cinq années de mandat.

Le scepticisme fut général et je dois dire que j'ai reçu beaucoup de lettres de dirigeants, surtout de petites entreprises qui me considéraient pourtant comme leur défenseur naturel mais qui ne comprenaient pas ma stratégie.

J'ai dû faire preuve de conviction constante, j'allais dire d'acharnement dans ma tactique, pour démontrer sans cesse qu'il était possible de convaincre le gouvernement de l'époque qu'il compromettait la santé de l'économie française s'il continuait à charger les entreprises beaucoup moins prospères qu'il ne le croyait.

Il s'agissait là d'un réel dialogue avec les pouvoirs publics, sans aucune complaisance, et j'étais persuadé dès le début qu'une telle tactique devrait porter ses fruits à condition de ne pas baisser la garde un seul instant.

Les résultats ne furent ni immédiats ni spectaculaires, mais il me semble aujourd'hui que c'était la bonne attitude. Après tout, elle a payé.

La conversion des socialistes à l'entreprise est l'une des mutations intellectuelles les plus surprenantes qu'il nous ait été donné de vivre.

C'est un phénomène proprement historique des années 1981-1986.

Si l'avènement d'un pouvoir de gauche m'a amené à exprimer publiquement ce concept de l'entreprise transpolitique, je n'ai pas changé d'avis plus tard lorsque se profilèrent à l'horizon d'autres élections.

En 1985, dans l'ambiance d'agitation politique préélectorale qui commençait à se faire sentir, nombreux furent ceux qui auraient souhaité que le C.N.P.F. exprime des préférences politiques.

Fidèle à ce principe clairement démontré lors des Etats généraux de 1982 que le seul parti du C.N.P.F. est le « parti de l'entreprise » (expression trouvée par Michel Drancourt, Gabriel Banon et Daniel Huguenin, dès 1969), je m'en tenais à cette stratégie : le C.N.P.F. doit continuer à jouer un rôle strictement économique et social, qui consiste à défendre les entreprises et à combattre avec vigueur les mesures qui compromettent leur succès et parfois même leur survie.

J'ai tenu cette règle d'or jusqu'à la fin de mon mandat en décembre 1986.

L'année 1987 a été pour moi une période de transition active : j'ai repris mes fonctions de président-directeur général de Radiall qui, avec six établissements en France et huit à l'étranger, m'oblige à beaucoup de voyages. De plus, je préside à la fois la « Fondation Jeunesse et Entreprises » et le « Comité d'expansion économique de Seine-Saint-Denis », deux associations créées *ex nihilo* suivant un principe qui m'a toujours été cher.

Cette année 1987 fut également pour moi une période de

silence total auprès des médias qui, pourtant, ne laissèrent pas de me solliciter. Il me semblait en effet indispensable de ne pas gêner mon successeur à la tête du C.N.P.F. par des déclarations intempestives qui auraient pu faire, bien sûr, la joie des journalistes, en commentant en particulier l'actualité économique et sociale. Mais, ou bien mes prestations auraient été jugées conformes aux thèses du C.N.P.F. et on aurait pu se demander pourquoi j'en restais le porte-parole, ou bien on aurait détecté des différences dans mes propos et on n'aurait pas manqué de parler de divergences ou de contradictions.

Le silence s'imposait et je l'ai respecté.

GATTAZ REÇU A L'ÉLYSÉE — MAIS NE SERAIT-IL PAS SOCIALISTE?

On m'a souvent reproché, surtout au début de mon quinquennat, cette politique de dialogue que j'avais préférée à l'affrontement. Certains ironisaient en se demandant si tout compte fait « Gattaz n'était pas un peu socialiste ». D'autres s'irritaient de ce qu'ils appelaient « mes sourires sur le perron de l'Elysée ». On m'a accusé de me rendre à plusieurs reprises chez le président de la République alors que « la gauche revancharde voulait encore à l'époque faire tomber les têtes ».

A la vérité, mes relations avec François Mitterrand ont toujours été courtoises, même si nous campions fermement l'un et l'autre sur nos convictions personnelles.

C'est le 8 janvier 1982, soit quelques jours après mon élection, que le Président accepta de me recevoir pour la première fois. Pour cette audience, je demandai à mes dix vice-présidents de m'accompagner.

Son exposé historique et sociétal de haut niveau pendant une heure d'horloge, suivi d'une discussion d'une heure, en fit une réunion d'une durée exceptionnelle.

Par la suite, tous nos entretiens eurent lieu en tête à tête à l'Elysée, le Président calé à l'extrémité de son canapé tendu de soierie bleue, et moi dans la bergère à sa droite, position politique normale.

A l'une de mes premières visites, alors que je gravissais les marches du grand escalier en compagnie de Pierre Bérégovoy, alors secrétaire général de l'Elysée, celui-ci me dit avec la courtoisie dont il ne se départit jamais :

— J'insiste beaucoup auprès du président de la République pour qu'il vous reçoive, monsieur Gattaz, car il faut bien qu'il voie ses ennemis.

Je m'esclaffai à cette plaisanterie. Erreur grave de ma part car il ne s'agissait nullement d'un trait d'humour. Bérégovoy est un homme sincère que j'ai appris à mieux connaître par la suite, et il croyait à l'époque à cette lutte des classes inévitable et irréductible. Sans doute, après les fonctions importantes qu'il a remplies, a-t-il oublié (sincèrement) cet incident.

Un président socialiste ayant un gouvernement socialo-communiste souvent hostile aux entreprises et rencontrant régulièrement le « patron des patrons », c'était inhabituel et, à chacun de mes rendez-vous, la presse écrite et audiovisuelle était nombreuse sur le perron de l'Elysée.

Nous étions-nous étripés ? Quel était le vainqueur ?

Ces questions harcelantes pouvaient bien sûr me faire glisser sur quelques imprudences. De plus, la télévision, plus sensible souvent à l'image qu'à la parole elle-même, faisait interpréter hâtivement mes états d'âme au froncement plus ou moins accentué de mes sourcils. Il y eut de ce fait quelques incidents mineurs.

L'oreille attentive de François Mitterrand

La vérité était plus calme et plus constructive. François Mitterrand m'a toujours reçu avec courtoisie, je l'ai déjà dit, et écouté avec une grande attention.

Cultivé, historien et humaniste, il présentait à l'évidence une grave carence dans le domaine de l'économie et des entreprises, milieu qu'il avait peu fréquenté.

C'est peut-être pour cela qu'il m'écoutait attentivement, non pas tant comme représentant de l'ensemble des entreprises françaises, grandes, moyennes et petites, que comme patron moi-même depuis 1952 d'une entreprise industrielle, aventure qui lui semblait intéressante.

Je tentais donc chaque fois de lui parler en homme de terrain, proche des salariés, des clients, des fournisseurs. Je lui expliquais les difficultés énormes des entreprises françaises terrassées par des charges plus lourdes que celles des autres pays et j'essayais de lui faire comprendre que les mesures dispendieuses prises par son gouvernement ruineraient sûrement beaucoup d'entreprises en aggravant simultanément le chômage.

Il n'était pas toujours de mon avis bien sûr et il m'expliquait pourquoi les socialistes, à l'époque, taxaient les entreprises: pour élever le niveau des salaires, supprimer des injustices, relancer la consommation.

Justement, cette relance de la consommation était pour moi une erreur grave car elle provoquerait un appel incontrôlable d'importations sans contrepartie, et je défendais ma théorie permanente de la seule relance acceptable: celle par l'offre créatrice et compétitive. Encore fallait-il créer les conditions de cette compétitivité.

De même, je lui ai expliqué plusieurs fois que les ordonnances de février-mars 1982, dites ordonnances Auroux, étaient en réalité contre la bonne utilisation des contrats à durée déterminée, contre le travail intérimaire et contre le travail à temps partiel, trois erreurs contre l'emploi dont on parlerait longtemps. Je crus un instant qu'il arrêterait lui-même ces mesures. Mais je me suis trompé.

De même, je pensais, début 82, pouvoir éviter l'annonce simultanée des 39 heures et de la cinquième semaine des congés payés. Là encore, je n'ai pas gagné.

Faut-il rappeler à ce sujet que la durée hebdomadaire légale du travail était de 40 heures depuis le 21 juin 1936, que les négociations du C.N.P.F. avec les centrales syndicales s'étaient ouvertes, sur ce sujet, dès 1978, pour se terminer par le protocole du 17 juillet 1981, mais que, sous la pression conjuguée des syndicats et du nouveau gouvernement, les négociateurs patronaux de l'époque n'avaient pu éviter l'abaissement de la durée hebdomadaire à 39 heures et la généralisation de la cinquième semaine de congés payés. Si cet accord provoqua l'indignation de certaines entreprises, il faut accorder aux négociateurs du C.N.P.F. le mérite d'avoir tenté de «compenser» ces abandons par une série d'assouplissements divers qu'on n'appelait pas encore flexibilités: modulation des horaires, contingent annuel d'heures supplémentaires libres, équipe de fin de semaine, etc.

Si, le 16 janvier 1982, peu après mon arrivée à la tête du C.N.P.F., le gouvernement publia une ordonnance qui reprenait en très grande partie les termes de ce protocole, c'est finalement une décision de février 1982 qui officialisa les 39 heures payées 40 et la cinquième semaine de congés payés, deux mesures appliquées intégralement et sans compensation qui devaient peser lourd dans la perte de compétitivité des entreprises françaises. Toutes les négociations de flexibilité en cours devenaient sans objet. Aucune souplesse n'était accordée et le coût de cette double mesure pour les entreprises du secteur concurrentiel était très élevé.

Pourtant, j'ai toujours eu le sentiment que le président de la République était sensible à mes plaidoyers pour l'entreprise dont je lui expliquais chaque fois le fonctionnement réel. A l'évidence, il comprenait fort bien, même s'il était tenu par des promesses électorales qu'il souhaitait respecter.

C'est sûrement grâce à lui que la réunion du 16 avril 1982 à Matignon donna les résultats positifs importants que je raconte par ailleurs.

C'est lui également qui donna des ordres, et pas de simples conseils cette fois, pour que l'impôt sur l'outil de travail au titre des grandes fortunes soit supprimé malgré l'opposition de son entourage.

Sans doute a-t-il joué aussi un rôle dans l'évolution des mentalités socialistes vers l'entreprise, d'abord décriée, puis dédaignée et enfin réhabilitée.

Mais sans nous départir d'une parfaite correction réciproque, nos joutes furent souvent dures et sans concessions. Ce fut le cas pour l'allégement trop lent des charges des entreprises, pour l'augmentation de la T.V.A. de juillet 1982 supportée par les seules entreprises, pour la restitution toujours différée de la liberté des prix, pour les autorisations de licenciement, en particulier chez Talbot en janvier ou chez Citroën en juin 1984, pour la suppression toujours retardée de l'impôt sur l'outil de travail au titre de l'I.G.F.

Quelquefois mes plaidoyers fougueux m'attiraient cette réponse :

— Je ne céderai pas.

Parfois, François Mitterrand n'avait aucune réaction, ni positive ni négative, à la fin de mon exposé, attitude permettant tous les espoirs ou toutes les déceptions.

Le plus souvent, on avançait par itération d'un entretien à l'autre, avec demande d'explication complémentaire.

J'ai toujours constaté en tout cas que le Président était fort bien informé de ce qui se passait au C.N.P.F. Témoin, une phrase que j'avais prononcée à l'assemblée générale de décembre 1983 pour réclamer la liberté de l'enseignement et la liberté de la presse, et que je m'étais pourtant bien gardé de communiquer aux journalistes. Il m'en fit grief quelques jours plus tard en me demandant si je n'adoptais pas, contrairement à mes habitudes, une « attitude politique ». Incident vite oublié qui nous permit pour une fois de nous expliquer sur des sujets de société particulièrement importants.

Nos entretiens en tête à tête ont toujours duré entre une heure et deux heures.

François Mitterrand m'écoutait toujours avec la tranquillité et l'attention de celui qui a tout son temps, attitude exceptionnelle malgré le sang-froid bien connu des hauts responsables qui savent cacher leurs soucis du moment et leur préparation... du rendez-vous suivant.

De temps à autre, il me faisait répéter un chiffre qu'il gravait soigneusement dans sa mémoire et qu'il lui arrivait de citer à l'une de nos rencontres suivantes.

Très rarement, il sortait un papier et un stylo et prenait une note, par exemple le nom des usines occupées ou les lieux de séquestration de cadres. Je n'avais pas à insister dans ce cas, je savais que le ministre de l'Intérieur serait immédiatement contacté.

Une fois ou deux seulement, il s'approcha de son bureau Louis XV à la fin de notre entretien pour noter quelques points de notre conversation.

La courtoisie distante du Président

Exceptionnellement, nous quittions le sujet aride et répétitif de l'entreprise, de ses charges et de ses rigidités, pour un petit détour qui ne fut jamais politique : une remarquable fresque historique du syndicalisme en France ou l'histoire de l'enseignement depuis des siècles. Toujours historique.

Pas un instant le Président ne tenta de me circonvenir

politiquement et je lui en suis reconnaissant. Une seule fois au début, il m'avait dit :

— Je ne tenterai pas de vous convaincre, car je crois que nous ne serons jamais du même bord, mais je suis persuadé que nous pouvons nous comprendre.

De temps à autre, nous avions quelques minutes de détente à mon arrivée ou à mon départ lorsqu'il me raccompagnait jusqu'à la porte de son grand bureau, soit pour voir gambader son labrador dans le jardin, soit pour m'expliquer les plans de la pyramide du Louvre, ou ceux de la restauration d'une aile de l'Elysée.

Tout ceci sans forcer le ton ni vouloir attirer à tout prix la sympathie ou l'admiration. Plus avec une courtoisie distante qu'avec chaleur, mais toujours avec une sorte de discrétion qui met l'interlocuteur en confiance.

Nous eûmes une douzaine de réunions en tête à tête de ce genre, les plus fréquentes au début de mon mandat, lorsque les entreprises étaient les plus menacées.

Ces relations créaient quelques inquiétudes et quelques jalousies, y compris dans le camp des socialistes. Jacques Delors n'a pas toujours apprécié que François Mitterrand écoute les recommandations du président du C.N.P.F. « Le chef de l'Etat dialogue plus facilement avec Gattaz qu'avec moi », confia-t-il un jour à des journalistes, comme le rapporte l'A.G.E.F.I. du 22 septembre 1983.

Par ailleurs, les communistes et les socialistes purs et durs n'appréciaient sûrement pas l'attitude « trop conciliante » de François Mitterrand à mon égard.

En somme, nos tentatives de compréhension économique étaient aussi suspectes pour les militants du Président que pour les miens.

Plus tard, les quelques membres du C.N.P.F. qui lorgnaient mon poste avec une avidité de moins en moins discrète trouvèrent dans mes relations courtoises avec François Mitterrand un excellent prétexte pour tenter de me discréditer auprès des dirigeants libéraux.

Bien entendu, leur galéjade « Gattaz n'est-il pas socialiste ? » ne tint pas longtemps, surtout auprès de ceux qui me connaissaient ou avaient lu mes livres et mes articles, qui avaient suivi mon combat pour l'entreprise depuis bien longtemps et avaient pu apprécier la fidélité de mon transpolitisme.

MES RAPPORTS AVEC LES DIRIGEANTS SOCIALISTES

Mes rapports fermes et courtois avec François Mitterrand pendant mon mandat de 1981 à 1986 ont eu, je crois, des conséquences sur l'inflexion de la politique gouvernementale.

Durant cette période, je n'ai jamais cessé d'avoir un dialogue serré avec les pouvoirs publics. C'est ainsi que, parallèlement à ma dure campagne contre l'impôt sur l'outil de travail et mon combat contre les charges, je dus faire face au problème des lois Auroux. Une fois encore, j'ai dû user de toute ma persuasion pour faire amender un texte qui, à l'origine, présentait certains aspects dangereux.

Les projets de loi Auroux donnaient en effet un pouvoir considérable aux comités d'entreprise qui auraient eu un droit de veto sur de nombreuses décisions de gestion de l'entreprise elle-même. Ce projet autorisait les réunions publiques et mêmes politiques à l'intérieur des entreprises sans l'accord de la direction. Les textes comportaient d'ailleurs beaucoup de mesures de cet ordre, transformant en quelque sorte les entreprises en forums et les vouant ainsi à la non-rentabilité et à la déchéance.

Il m'apparaissait par contre que la loi Auroux (on en parlait au singulier à l'époque, mais elles furent au pluriel ensuite) n'était pas totalement négative et qu'il existait notamment dans ce projet de loi de nombreux facteurs favorables au dialogue direct entre les dirigeants d'entreprise et les salariés eux-mêmes. C'était une occasion, me semblait-il, à ne pas laisser passer.

J'eus beaucoup de peine à défendre cette thèse tant l'hostilité aux lois Auroux était grande dans la maison, et c'est vrai qu'il était nécessaire de les amender. Je crois que nous sommes arrivés à une solution honorable, retenant ce qui était bon pour les entreprises, et éliminant ce qui était le plus dangereux.

Jean Auroux, dont la bonne foi était incontestable mais

qui, malheureusement, ne connaissait pas les exigences des comptes d'exploitation, se plaisait à me répéter:

— Vous me demandez, monsieur Gattaz, quel est l'intérêt immédiat de mes lois, mais je vous dirai: quel est donc l'intérêt immédiat du code de la route? Et pourtant vous reconnaissez que le code de la route est indispensable.

Je lui répondais alors que, s'il voulait assimiler ses textes au code de la route, il allait pousser les chefs d'entreprise à tenir leur droite comme les bons conducteurs.

La bataille des lois Auroux à peine achevée, commençait celle de la réforme des conseils d'administration des caisses primaires d'assurance maladie qui modifiait la représentation patronale.

Depuis 1967, les administrateurs patronaux de ces caisses disposaient de la moitié des sièges. Ce qui n'était que justice quand on sait que les entreprises françaises fournissent plus des deux tiers des recettes de la Sécurité sociale. Or, Nicole Questiaux, alors ministre de la Solidarité nationale, voulait réduire au minimum les sièges accordés aux responsables patronaux pour les donner aux organisations syndicales de salariés. Elle entendait nous laisser six sièges sur vingt-quatre par conseil, soit 25 %. Nous avions décidé, pour notre part, que, si nous avions moins de huit sièges, soit 33,3 %, nous refuserions de siéger dans ces conseils.

J'en avais moi-même parlé au président de la République, qui avait paru très embarrassé car il s'agissait là d'une de ses promesses électorales. Il m'avait cependant assuré qu'il examinerait attentivement la question et qu'il en parlerait avec le Premier ministre. Il avait d'ailleurs sur mes instances déjà accepté de supprimer ce sujet de l'ordre du jour du Conseil des ministres du 2 juin 1982.

C'est le Conseil des ministres du 9 juin qui devait trancher cet important problème.

Le 7 juin, je fis porter une lettre au Premier ministre pour lui confirmer nos entretiens et attirer une nouvelle fois son attention sur le fait que nous voulions absolument huit sièges. Je lui rappelai en même temps que les chefs d'entreprise n'avaient jamais démérité dans la gestion précédente de ces caisses et qu'ils avaient l'habitude de prendre des responsabilités de gestion et d'économie qui pouvaient être utiles dans ces postes.

Des indiscrétions hertziennes

Le mardi 8 juin, après avoir fait une conférence à l'Union patronale de la Gironde à Bordeaux, j'allais tenir une réunion de presse de 15 h 30 à 16 h 30 dans un salon de l'aéroport de Mérignac, lorsque Pierre Mauroy me fit appeler personnellement au téléphone. La question des sièges devait être réglée par le Conseil des ministres du lendemain et le Premier ministre me dit clairement qu'il n'avait pas la possibilité « politique » de nous donner huit sièges que nous réclamions.

Après trente-cinq minutes de conversation téléphonique animée et comme j'exigeais toujours huit sièges, Pierre Mauroy me dit qu'il essaierait d'en imposer sept. Le projet de Nicole Questiaux prévoyant six sièges, on pouvait être persuadé que le gouvernement trancherait pour sept sièges, jugement de Mauroy-Salomon.

Le Premier ministre prévint immédiatement Nicole Questiaux de sa décision qui, à son tour, appela Jack Ralite, ministre communiste chargé de la Santé.

Ralite qui était pressé ne prolongea pas l'entretien mais, dès qu'il fut monté dans sa voiture, il prit curieusement l'initiative de téléphoner à Henri Krasucki, secrétaire général de la C.G.T. Le ton particulièrement respectueux avec lequel Ralite s'adressa à Krasucki pour lui faire part à son tour de la décision de Pierre Mauroy montrait à l'évidence que, dans le parti, le supérieur du ministre de la Santé restait bien Henri Krasucki. Ce qui n'échappa pas au journal *Minute* qui, le 28 juin 1982, titra à sa une : « Les ordres de Krasucki à un ministre communiste ». Certains se passèrent même sous le manteau la cassette d'enregistrement de cette conversation téléphonique.

Il est surprenant que Jack Ralite n'ait pas su que les ondes hertziennes n'étaient pas discrètes et pouvaient être éventuellement enregistrées, même de façon fortuite comme ce fut le cas, semble-t-il, ce jour-là.

De cette conversation étonnante, on retiendra deux phrases :

Ralite : Alors elle me dit qu'il semble qu'ils veulent remettre en cause le pourcentage du patronat.

Krasucki : C'est-à-dire ?

Ralite : C'est-à-dire leur donner plus.

Krasucki: Oh, eh bien, qu'ils aillent se faire cuire un œuf, qu'est-ce que tu veux...

Ce qui prouve que les subtilités gastronomiques n'échappent pas aux instances communistes, même dans les pires moments...

La constance du chiffre trois

Si à cette époque, sur un plan social, la réforme des conseils d'administration des caisses d'assurance maladie représentait un sujet brûlant, un autre enjeu, économique celui-là, se jouait sur le plan des prix et des salaires.

Le 12 juin 1982, le gouvernement décidait en effet une nouvelle dévaluation du franc et, comme il s'agissait de la deuxième, il fallait prendre des mesures de rigueur indispensables. Jacques Delors, ministre de l'Economie et des Finances, proposa alors, non sans courage, un blocage simultané des salaires et des prix.

Le ministre était ce jour-là à Deauville, comme moi-même puisque nous coprésidions le congrès des Jeunes Dirigeants. Nous devions intervenir à la tribune l'un après l'autre et, comme j'avais pris un peu de retard sur la route, j'arrivais à Deauville au moment même où le ministre de l'Economie et des Finances faisait sa prestation. Dès qu'il eut terminé, il me fit passer un mot pour me dire qu'il voulait me voir en urgence avant que j'intervienne devant les congressistes.

C'est alors que nous nous sommes enfermés dans une pièce du casino de Deauville tandis que, curieusement, le préfet en grande tenue acceptait de nous servir de gardien vigilant devant la porte.

C'est là que j'appris que Jacques Delors allait partir à Bruxelles dès le début de l'après-midi en avion spécial pour négocier avec nos partenaires européens le réaménagement des monnaies.

En même temps, le ministre m'informait des mesures d'accompagnement qu'il comptait prendre, c'est-à-dire le blocage des salaires et des prix.

Bien que je comprenne les raisons d'un changement de politique du gouvernement vers la rigueur économique, absolument indispensable après le laxisme des mois précédents et les augmentations de dépenses qui avaient conduit à un effondrement de notre balance commerciale, je ne pouvais en tant que président du C.N.P.F. et en tant que libéral historique accepter des contrôles et des blocages, tant sur les salaires que sur les prix.

Jacques Delors tenta de me démontrer la nécessité absolue d'une telle mesure et sut se montrer convaincant.

Il m'expliqua que le blocage des salaires ne pouvait être obtenu qu'avec un blocage corrélatif des prix et, pour me rassurer concernant les prix industriels sur lesquels la concurrence était vive, il me dit :

— Je peux vous garantir que ce blocage sera de très courte durée, par exemple trois jours.

Nous nous sommes quittés sur cette vague indication qui, bien entendu, était restée gravée dans mon oreille et il me demanda de lui téléphoner le lendemain dimanche 13 juin, dès son retour de Bruxelles, ce que je ne manquai pas de faire.

Entre-temps, j'avais appris par la presse que le franc avait été dévalué de 5,75 % (soit une dépréciation relative de 10 % par rapport au deutsche Mark) et que les mesures d'accompagnement étaient bien celles qu'il m'avait annoncées à Deauville, sauf que le blocage des prix industriels serait de trois semaines. Au cours de notre conversation téléphonique, je lui fis remarquer qu'il me semblait avoir compris la veille : trois jours. Il m'a bien entendu expliquer que mon système auditif était défaillant.

Le lendemain, lundi 14 juin, avait lieu un comité interministériel qui devait précisément entériner les mesures envisagées, et ce n'est pas sans surprise que j'appris, à l'issue de ce conseil, qu'en ce qui concernait les prix industriels, ceux-ci seraient bloqués trois mois. Là encore mon oreille avait dû me faire gravement défaut.

On sait ce qu'il en arriva : les prix, même industriels, sont restés bloqués trois ans, escalade du calendrier qui ne peut être due à de simples erreurs d'interprétation de mon marteau et de mon enclume auriculaires.

Curieusement, si l'unité a changé, le chiffre trois est resté le même, démonstration exemplaire de la constance politique.

Il est vrai que ce chiffre trois est un symbole d'équilibre depuis l'Antiquité. Le trépied était offert à Apollon quand un chorège réussissait et celui de la pythie de Delphes est resté célèbre. Equilibre aussi chez les trois dieux brahmanes: Brahmā, Vishnu et Çiva. Equilibre enfin chez les chrétiens avec la Trinité.

Pourquoi pas équilibre tranquille pour un gouvernement français?

Des séquestrations anodines

Dans mes rapports avec les dirigeants socialistes de l'époque 1981-1986, j'eus à intervenir de nombreuses fois pour des occupations abusives d'usines par des salariés, et plus grave, pour des séquestrations de cadres ou de dirigeants d'entreprise.

Mes interventions se firent à différents niveaux et j'en parlais souvent au président de la République ou au Premier ministre. Mais, bien entendu, mes réactions les plus directes se faisaient au niveau du ministre de l'Intérieur.

Le premier, Gaston Defferre, se montrait toujours courtois, mais son action sur les préfets semblait très timide et les séquestrations, ainsi que les occupations d'usines, s'éternisaient sans que les préfets fassent appel à la force publique. Il nous est arrivé de nombreuses fois de nous impatienter devant ces tentatives d'atermoiement qui prétendaient vouloir régler ces problèmes par la concertation mais à la vérité les laissaient s'enkyster.

Le second ministre de l'Intérieur socialiste, Pierre Joxe, était réputé pour ne pas aimer particulièrement les chefs d'entreprise et leurs représentants. Nous risquions donc de nous trouver chaque fois dans une situation conflictuelle ne nous apportant aucune aide pour résoudre ces cas aigus.

Malgré tout, je fis plusieurs visites à Pierre Joxe lorsqu'il y avait des cas particulièrement graves, et, curieusement, les mesures furent parfois prises avec plus d'énergie que précédemment.

Un jour où j'étais dans son bureau, protestant avec une extrême véhémence contre le manque d'intervention de la force publique pour libérer des dirigeants séquestrés dans une usine, le ministre, après un instant de réflexion, eut cette curieuse réponse:

— Je crois que vous avez raison, il est inadmissible que les dirigeants soient séquestrés après 18 heures.

C'était en somme une nouvelle conception des droits de l'homme basée sur les horaires de travail. Un droit de l'homme avant, un autre droit de l'homme après. Ou bien le ministre estimait qu'une séquestration pendant les heures de travail n'était qu'un simple élément des risques du métier !

CHAPITRE V

LE LIBÉRALISME DU PRATICIEN

Libéral, je le suis depuis toujours, et si mon livre *Les Hommes en gris,* écrit dès 1969, ne suffisait pas à le prouver, on peut se référer à 1973, année où avec mes trois amis, Michel Drancourt, Octave Gélinier et Jacques Plassard, nous avons créé le Club des Quatre, chargé d'éditer la lettre mensuelle socio-économique libérale: *Les Quatre Vérités.*

Ceux qui connaissent cette lettre savent que nous sommes tous les quatre des hommes de bonne volonté, nous intéressant non seulement à l'avenir des entreprises et à l'économie du pays, mais également à l'animation et à la motivation des hommes, et à leur épanouissement à l'intérieur de l'entreprise.

Nous avons promu ce qu'on pourrait appeler le libéralisme économique, c'est-à-dire sans intervention dans le domaine politique, persuadés que le succès et la croissance de l'entreprise ne peuvent venir que des initiatives décentralisées et de la suppression des centralismes et des contraintes de toutes formes.

C'est ce libéralisme économique que j'ai tenté dès 1982 d'introduire au C.N.P.F., alors que l'on entendait dire chez les adversaires de l'institution patronale que celle-ci était, par sa structure même, une organisation corporatiste et non libérale.

Il est exact que le C.N.P.F. a été créé immédiatement après la guerre pour la défense des fédérations professionnelles et qu'il a joué ce rôle avec efficacité pendant des années.

Elire un vrai libéral comme moi à la tête de cette

organisation était effectivement un acte de courage, ou peut-être même d'inconscience de la part de mes collègues, ce qui prouve quand même leur sens aigu des réalités du moment.

Moins d'aides et moins de charges

Mon libéralisme économique s'est manifesté tout d'abord par une déclaration, paraît-il, choquante, et peut-être même scandaleuse, mais on verra dans ce livre que mon mandat de cinq ans aura été émaillé par quelques « scandales » qui, finalement, se sont révélés profitables après réhabilitation. A la limite, on peut se demander s'il est possible d'effectuer de véritables révolutions des esprits sans chocs ou traumatismes.

A l'époque, mon scandale fut cette proclamation maintes fois répétée dès mon élection : « Moins d'aides et moins de charges. »

La réaction vint d'abord de certaines entreprises ou de leurs représentants : « Surtout ne touchez pas aux aides dont nous avons besoin, nous. » Or on sait combien ce « nous » est sélectif. Il sous-entend discrètement : « Nous et pas les autres ».

Il fallut de grands efforts pour faire comprendre que le libéralisme, c'est l'inverse de la subvention et de l'agrément, ces deux mamelles de la gestion étato-colbertiste.

Puis vinrent les réactions du gouvernement lui-même qui, lorsqu'il supprimait une aide, excusait délicieusement sa décision par une argumentation imparable : « Gattaz l'a lui-même demandé. » Certains ministres avaient en effet, par une compréhension sélective, retenu la première partie de mon slogan et oublié la deuxième qui lui est pourtant indissociablement liée. Si je demandais moins d'aides, je demandais dans le même temps et avec la même force moins de charges.

En fait notre libéralisme s'est surtout manifesté par notre demande harcelante des libertés essentielles qui sont à l'entreprise ce que l'eau est au poisson : liberté des prix, liberté des changes, liberté de gestion des effectifs auxquelles il faut ajouter notre combat permanent pour l'allégement des charges des entreprises, combat qui, nous a-t-on dit, devint vite lassant pour le public, pour les journalistes et sans doute... pour le gouvernement lui-même qui dut faire dans ce domaine quelques concessions.

Mais notre libéralisme économique était celui du praticien, de l'homme de l'entreprise et non pas du théoricien en chambre.

Il faut de l'audace pour aborder ce thème bateau du libéralisme, après tout ce qui a été dit à son sujet depuis des décennies.

Tout d'abord, on peut rappeler que le libéralisme peut être politique, philosophique ou économique, les partisans de ces trois formes ne se superposant pas, à beaucoup près.

Loin de la théologie, du dogme ou de la simple philosophie, nous considérerons ici le libéralisme pratique et efficace, celui des chefs d'entreprise du terrain, plutôt que celui des théoriciens.

Dans les années 80, les Américains se sont ressourcés, et avec quel résultat ! Au cours d'un de mes voyages aux Etats-Unis en 1983, ce n'est pas sans surprise que j'ai entendu couramment citer comme maître à penser des entrepreneurs... Adam Smith lui-même. J'ai cru rêver.

Et pourtant, leur sincérité était totale. Et c'est sans doute parce qu'ils ont eu le courage de remonter aux vraies sources du libéralisme qu'ils ont déclenché cette vague de croissance après quelques années.

Mais, pour les Européens, le pauvre Smith, cet Ecossais né en 1723, paraît lointain, d'autant plus que le libéralisme était déjà né avant lui des philosophes écossais pour calmer les passions de l'époque. Les Français, eux, l'ont repeint de maintes couleurs, et de nombreuses fois. A tel point que le vocable même de libéralisme prête à confusion.

Naguère, les intellectuels de gauche, pléonasme de la décennie 1970-1980, souriaient dédaigneusement à ce mot rétro, entaché de tous les maux.

D'autres adversaires récents se déchaînent, et on parle aujourd'hui de hold-up idéologique, de fantasme, de libéralisme dogmatique, théologique, sauvage, de l'ultra-libéralisme... et un éditorialiste n'hésite pas à parler de « libéralisme orgiaque », des « culs bénis du libéralisme béat », et des « zozos du libéralisme ignare ». Ouf !

A la vérité, le libéralisme économique trouve ses limites avec celles de l'économie elle-même. Il sait et doit s'effacer devant des valeurs d'un autre ordre: religion, moralité, patrie, justice, etc.

Comme le dit l'économiste autrichien Hayek, le marché n'est ni une fin ni une morale, mais une simple règle du jeu, la meilleure de toutes pour libérer les initiatives.

Le libéralisme peut être simplement et concrètement le constat de la valeur irremplaçable de l'initiative individuelle s'exerçant de façon responsable. C'est en réalité l'inverse de l'anarchie car il n'y a pas de liberté sans responsabilités.

En fait, le négatif du libéralisme, ce n'est pas le socialisme, c'est l'étatisme.

Quant aux socialistes, ils prétendent par la voix de Jean Matouk que « le socialisme n'est pas opposé au libéralisme, mais à l'individualisme ». Il semblerait que cet individualisme ne doive pas être confondu avec la personnalisation à laquelle nous tenons, mais soit considéré ici comme l'inverse de la solidarité qui, elle, mérite l'attention de tous. Mais on se perd dans la subtilité de la sémantique annexée par les politiques.

A propos d'étatisme, il ne s'agit pas de décrier les fonctionnaires eux-mêmes, souvent gens de qualité et de conscience, mais l'Administration qui ne survit qu'en étendant subrepticement sa tutelle. Ennemie irréductible du libéralisme, elle se caractérise par un concept protecteur: le statut, symbole de l'immobilisme.

Le statut, comme la statue, est taillé dans la pierre, impassible, impavide, insensible, glacial, pérenne et indestructible.

L'anti-statut, c'est le contrat particulier, l'accord entre les parties, l'initiative décentralisée, la liberté en un mot — liberté dont l'origine étymologique est la même que celle de libéralisme.

Mais, comme le libéralisme, le mot liberté, pourtant le plus noble de notre langue, a été tellement utilisé, et quelquefois avec perversion, qu'on hésite parfois à l'employer. Il a tellement d'acceptions qu'on s'y perd. Mais deux grandes libertés restent le fondement du libéralisme:

— la liberté de posséder, qui est en quelque sorte la base de la vie économique par la reconnaissance de la propriété privée;

— la liberté de faire des profits, indispensables aux

investissements, aux progrès techniques et aux progrès sociaux.

Mais la liberté, comme le répétait le père Lacordaire, s'arrête précisément là où commence celle des autres.

Le L.F.B., le Libéralisme Foot-Ball

Il en est de même pour le libéralisme dont on découvre aujourd'hui quelques excès.

Oui au libéralisme.

Non aux abus commis au nom du libéralisme.

Le libéralisme est comme le football, il lui faut un terrain strictement délimité et des règles du jeu.

Contrairement à ce que supposent ou souhaitent certains, le libéralisme, opposé de l'anarchie, impose des règles du jeu strictes, donc un Etat fort mais non envahissant, une administration intègre mais non tutélaire, pour faire respecter à la fois le jeu du marché, la loyauté dans la concurrence et un état de droit écartant l'arbitraire. L'obligation de se concurrencer librement, pour constituer le meilleur de tous les régulateurs dans les échanges commerciaux, est la nécessaire contrepartie de la liberté de faire des profits.

Dans les pays où ces règles n'existaient pas, le libéralisme lui-même a été dévoyé et condamné à l'échec.

Si les libéraux craignent le trop d'Etat qui sévit de façon croissante, s'ils demandent la séparation de l'entreprise et de l'Etat, ils ne veulent pas la disparition de l'Etat dont le rôle reste essentiel dans son domaine de compétences. Par contre, ils savent que l'exercice de la liberté entraîne la prise de responsabilités. L'un ne peut exister sans l'autre. Gare aux droits sans les devoirs !

Dans notre « Libéralisme Foot-Ball », l'arbitre-Etat n'a pas le droit de venir sur le terrain donner des coups de pied dans le ballon, et nous le lui avons dit souvent.

Quant aux joueurs-entreprises, ils n'ont pas le droit de jouer en dehors du terrain, de donner des coups aux spectateurs ni de cacher le ballon dans les fourrés voisins. C'est précisément ce qu'on appelle les coups fourrés.

On nous dit que le football américain est beaucoup plus brutal que le football européen. C'est exact. Mais qu'on ne s'y trompe pas, il a ses règles strictes lui-même et les joueurs abusifs sont sortis du terrain.

La montée facile et, croyait-on, interminable de la Bourse et les fortunes qu'elle a entraînées ont créé des occasions où les malins sont passés de « l'*usus* à l'*abusus* », sans même avoir fait du droit.

Certaines O.P.A. trop sauvages avec revente immédiate par appartement et sans même avoir l'argent disponible, loin de tout *affectio societatis*, risquent de discréditer le libéralisme.

Quelques récentes magouilles financières aussi. Ainsi que l'étalage des escroqueries du prédateur américain Ivan Boesky.

Mais que les adversaires du libéralisme ne triomphent pas trop vite. Les perversions d'un système ne sont pas le système lui-même. Il suffit de les empêcher par des règles du jeu très strictes comme au football.

Dans le L.F.B. (le Libéralisme Foot-Ball), l'arbitre doit se montrer intraitable et renvoyer immédiatement au vestiaire les joueurs abusifs qui pensent que tous les coups sont permis.

Reste le vaste sujet de la compatibilité du libéralisme et des problèmes humains. Ils sont hâtivement réputés insolubles, comme si le fait de pouvoir licencier rapidement le personnel excédentaire était un facteur de chômage. Or, on s'aperçoit vite que le niveau de vie et la satisfaction du personnel sont infiniment plus élevés dans les pays libéraux que dans les pays « étatiques », qu'ils soient socialistes ou dictatoriaux.

Le libéralisme est-il compatible, oui ou non, avec le social ? La question est mal posée. Tout d'abord, comme tous les chefs d'entreprise, je crains le mot social. Je lui préfère le mot humain et sa connotation individuelle. En somme, le social c'est l'humain encadré, régulé, statufié, massifié.

Le libéralisme est-il compatible avec l'humain ? Bien sûr. Et même mieux, il est fait pour lui. L'individu ne se réalisera vraiment que par le libéralisme. Et bien mieux que par tous les socio-colbertismes imposant aux masses un bonheur codifié. C'est le libéralisme social ou libéralisme bien tempéré (comme le clavecin de nos grand-mères) ou libéralisme participatif ou libéralisme à visage humain.

Ce n'est pas le libéralisme qui a ignoré l'homme, c'est l'organisation taylorienne.

Il serait navrant que nos gagneurs perdent. C'est-à-dire qu'après avoir gagné leur pari économique de croissance et de rentabilité, ils constatent qu'ils ont perdu la confiance des Français sur leur rôle humain et sociétal.

Or nos gagneurs économiques, nos battants, nos héros modernes ont le devoir de s'occuper des hommes.

Quand on est libéral, on doit surtout se soucier des hommes, de même que, lorsqu'on est socialiste, on doit faire un effort pour comprendre l'économie.

Le piège consiste à donner l'image de gestionnaires purs et durs, et à laisser à d'autres le fameux « monopole du cœur ». Bien sûr, il ne s'agit pas de faire rêver d'un paradis social totalement utopique, mais d'afficher clairement le souci des managers libéraux d'atténuer les drames humains nés du chômage, de la pauvreté, de l'exclusion ou de la maladie. C'est dans leur mission de direction et de responsabilité.

Mais il est facile de dénoncer tels excès commis par les premières entreprises du XIXe siècle et de les affecter à un pseudo-libéralisme sauvage qu'on tend ainsi à déconsidérer.

C'est pour pallier cette mauvaise réputation historique et largement diffusée par les adversaires irréductibles du libéralisme que certains économistes ont voulu trouver un néologisme plus « honorable ».

Ce serait le néo-libéralisme.

Nouveau libéralisme et nouvelle cuisine

J'hésite à parler, comme beaucoup, de néo-libéralisme car cette définition appartient, me semble-t-il, à l'école des libertariens de Chicago. Ceux-ci ont démontré que les échecs du libéralisme n'étaient pas dus aux fondements de celui-ci, mais plutôt aux distorsions qu'on lui infligeait.

Mais, en Europe, de nos jours, et en France en particulier, on réinvente un néo-libéralisme qui serait, par rapport au libéralisme, une forme plus atténuée et parfois plus encadrée.

En fait, ce nouveau libéralisme est au libéralisme lui-même ce que la nouvelle cuisine est à l'ancienne : il utilise les mêmes ingrédients, il a moins de goût, les parts sont plus petites et on reste sur sa faim.

Mais le néo-libéralisme, pour beaucoup, n'est pas le

libéralisme nouveau, mais plutôt le libéralisme des nouveaux, de ceux qui viennent d'être convertis récemment. D'ailleurs, de même que beaucoup de Français étaient en 1945 des « résistants historiques », les mêmes sont aujourd'hui des « libéraux de toujours ».

En vérité, toute forme de société qui privilégie les règlements, l'Administration, la redistribution, l'attention tutélaire de l'Etat-providence, en un mot le colbertisme sur l'esprit d'entreprise, l'initiative individuelle et, pourquoi pas, la réussite personnelle, risque à terme de sacrifier les individus pour un prétendu bonheur collectif qu'ils seraient eux-mêmes incapables d'atteindre.

Le char de l'Etat a un moteur, les entreprises, et des freins, les syndicats. Les deux sont nécessaires, mais pas au même moment et avec des importances différentes. Dans la montée difficile que nous effectuons, le moteur doit être poussé et les freins relâchés. Qu'ils prennent patience, on aura peut-être besoin d'eux dans la prochaine descente. Mais, de grâce, ne freinons pas dans les côtes, alors que nos concurrents étrangers roulent plus vite que nous. Et même pour vérifier que les freins ne rouillent pas.

Il en fut de même dans les groupements d'entreprises, où une certaine forme de corporatisme tentait parfois de se substituer aux initiatives décentralisées des entreprises elles-mêmes.

Le libéralisme, c'est précisément le fait de laisser l'initiative au niveau le plus bas, ce qu'on appelle aussi principe de subsidiarité.

Le libéralisme n'en est pas pour autant l'économie sans les hommes, mais au contraire l'économie par les hommes et pour les hommes.

Lorsque nous avons fondé en 1975 le mouvement E.T.H.I.C., c'était précisément pour démontrer le rôle humain des entreprises et les encourager dans cette voie. Nous avions, dès cette époque, préféré à « social » l'adjectif « humain » qui rappelle l'homme.

Le libéralisme est tout à fait compatible avec le « principe d'harmonie » des Japonais ou avec l'« humanisme industriel » de Bergson que nous prônons nous-mêmes depuis des années.

Rendons hommage à Hayek bien sûr, mais aussi aux économistes Aftalion, Garello, Lepage, Salin, Sorman et quelques autres dont le non-conformisme et la lucidité ont joué un rôle majeur dans cette reconversion générale des esprits.

Les libéraux doivent connaître à la fois les limites de leur liberté, garantie par l'Etat et son bras séculier, l'Administration, et les responsabilités de tous ordres découlant de cette liberté. Ceux qui les refusent ne sont pas de vrais libéraux.

Bien sûr, les adversaires du libéralisme ont pu le vilipender facilement : c'est la loi du plus fort sur le plus faible, c'est l'abandon à la loi du marché, c'est la prédominance totale des facteurs économiques sur les facteurs humains, c'est la production magnifiée sans souci de la répartition.

Toutes ces accusations faciles peuvent être reprises une à une. On sait aujourd'hui que la fortune des riches entraîne une amélioration de la situation des pauvres, plutôt que l'inverse. Quand la marée monte, même les plus petits bateaux montent avec elle. Et l'extermination des riches n'a jamais enrichi les pauvres.

On sait aussi que la possibilité de « réussir » économiquement et socialement est un fort encouragement pour les meilleurs à tenter leur chance en créant une entreprise sans ménager leurs efforts.

CHAPITRE VI

DE LA DÉFENSE A LA PROMOTION DE L'ENTREPRISE

MAIS, AU FAIT, QUI A RÉHABILITÉ L'ENTREPRISE?

Mes amis me disent avec obstination (mais peut-on croire ses amis?) que j'ai participé grandement à la réhabilitation de l'entreprise dans l'esprit des Français.

En effet, ma croisade depuis 1970 consistait à inciter les jeunes à créer eux-mêmes des entreprises, même s'ils étaient diplômés, car ils ne devaient plus considérer qu'il s'agissait là d'une déchéance sociale.

Le message se diffusa peu à peu. Mes disciples furent nombreux à pratiquer peu à peu ce prosélytisme auprès des jeunes et nous avons réussi, tardivement, il est vrai, à transformer les mentalités.

De la voie impériale de l'administration sécurisante et de la bonne conscience au Service de l'Etat (avec deux majuscules bien sûr), avec risque de perversion inévitable par la B.B.F. (la Bureaucratie de Bonne Foi, la pire de toutes car elle a bonne conscience), les jeunes abandonnèrent un peu aussi la voie royale des très grands groupes où le tapis rouge des super-diplômés facilite la marche vers le trône.

Après les quatre tristes lois de Gattaz prouvant que seulement 0,3 % des élèves des grandes écoles scientifiques créaient des entreprises industrielles viables, une misère, je donnai un peu plus tard ma recette de cuisinière pour créer une entreprise:

2 % de finance,

8 % de compétence,

45 % de vaillance,
45 % d'inconscience,
frustrante pour nos super-parcheminés, simples « récepteurs », mais exaltante pour les hommes de caractère, particulièrement « émetteurs ».

Peu à peu, nous avons changé profondément les mentalités vers le goût du risque, de l'aventure, de la décision, du commandement, de l'indépendance financière.

Une révolution qui fut longue mais vraie après la fausse révolution dévastatrice de 68 sur de fausses valeurs, qui terrassa l'esprit d'entreprise des jeunes.

Déclenchée pour réagir précisément contre le ramollissement suicidaire du temps libre et de l'interdit d'interdire de 1968, frémissante pendant toute la décennie 70-80 de la « décadence triomphante », cette vraie révolution des esprits ne put se manifester que par une anomalie de l'histoire.

L'arrivée des socialo-communistes au pouvoir en 1981 avec leurs théories anti-entreprises aurait dû sonner le glas de nos principes entrepreneuriaux et de nos convictions dans l'économie de marché. Cette carence économique ne faisait que refléter celle de l'opinion publique puisqu'une enquête de cette époque avait prouvé qu'une forte proportion de nos concitoyens traduisait « autofinancement » par « financement de la voiture ».

Les premières mesures furent inquiétantes et la facture lourde.

Augmenter massivement les salaires, créer du pouvoir d'achat artificiel, relancer la consommation pour relancer la production, taxer les entreprises, payer 40 heures pour 39 heures effectuées, créer une cinquième semaine de congés payés, ce fut un bel ensemble de mesures meurtrières qui auraient pu détruire notre économie. Les entreprises les plus fragiles n'y résistèrent pas.

Mes arguments étaient faciles : vous tuez la poule aux œufs d'or. La difficulté était de la défendre avec obstination devant un auditoire sceptique, de plaider, de plaider toujours, de plaider sans cesse pour l'entreprise.

Durant mes douze entretiens en tête à tête avec le président de la République, nous n'abordions que ces problèmes de l'économie et des entreprises.

Et la mutation des esprits fut la suite logique d'une

révélation tardive : l'entreprise n'était pas qu'un mal nécessaire. Elle était utile. Elle était vraiment la seule créatrice de richesses et d'emplois.

Parmi les soixante-huitards, beaucoup ont chevauché allégrement leurs chimères pendant treize ans en restant soigneusement en dehors des circuits de production. Quelques autres, vraiment non conformistes, ont créé des entreprises après une conversion spectaculaire. Mais que des hommes de culture et de réflexion aient pu ignorer l'entreprise pendant des décennies était invraisemblable.

A la vérité, nous avons été aidés par les événements eux-mêmes. La politique dispendieuse donna rapidement les résultats que nous annoncions : déficits des entreprises, déficits de nos échanges extérieurs. Nos gouvernants venaient de découvrir un mot nouveau, chargé d'explosif : les déficits.

Il faut dire que, dans le même temps, ils découvrirent le mot « endettement » qu'ils prirent pendant une courte période pour la panacée.

Ces révélations tardives, entraînées par les faits eux-mêmes, furent plus efficaces que nos propres leçons, même bruyantes et obstinées.

Et ce fut le changement vers le réalisme.

Il commença historiquement par le train de mesures d'atténuation des décisions anti-entreprises que nous accorda Pierre Mauroy, dès le 16 avril 1982 à Matignon, sous la pression du Président lui-même, comme je le raconte par ailleurs dans ce livre.

Que le discours du Président à Figeac, petite agglomération du Lot, le 27 septembre 1983 ait constitué un tournant psychologique majeur, c'est incontestable. Mais il serait naïf de croire que les mesures changèrent dès le lendemain.

Les aller et retour furent nombreux. Après quelques mesures positives, de nouvelles mesures négatives chargeant la barque des entreprises. *Stop and go* inévitable lors d'un changement aussi profond de mentalité, que tous les responsables n'assimilaient pas à la même vitesse et qui était constamment freiné par les syndicats et par les communistes toujours présents au gouvernement jusqu'en 1984.

Quant aux Français à qui on avait tenté de présenter leurs entreprises comme des prédateurs, ils se rendaient peu à peu compte par eux-mêmes de leur rôle irremplaçable.

Curieusement, c'est donc par leurs erreurs mêmes que les dirigeants socialo-communistes ont participé à la réhabilitation de l'entreprise française. Par la négative, si j'ose dire.

D'où mon indignation lorsque j'entends affirmer que ce sont eux qui ont réhabilité l'entreprise, ce qui n'avait pu se faire sous les gouvernements précédents.

A la vérité, ils avaient commencé par terrasser les entreprises françaises et lorsqu'ils se sont rendu compte de leur tragique erreur, ils ont évité de l'achever. Cette grâce a été transformée par la suite en action de grâce.

Peu à peu, tout le monde devint pro-entreprise et un haut fonctionnaire poète me disait : « Je crois ouïr autour de moi le bruissement soyeux des vestes qui se retournent. »

Il avait l'oreille fine.

L'IMPOT MEURTRIER DE L'OUTIL DE TRAVAIL : L'I.G.F.

En 1981, dès son arrivée au pouvoir, la gauche présenta un projet d'« impôt progressif sur la fortune » qui ne s'appelait pas encore l'I.G.F., l'impôt sur les grandes fortunes, expression plus cursive dans son sigle et plus pardonnable dans son développement grâce à l'adjectif « grandes » permettant toutes les audaces vis-à-vis de ces anomalies impopulaires, simples injustices économiques.

Au début, des taux d'imposition délirants furent avancés par ceux qui étaient certains de ne pas être touchés eux-mêmes par ce prélèvement justicier.

Ce sont des taux élevés qui furent finalement adoptés, avec un maximum de 2 %, majoré en 1986 de 8 % par une surtaxe « exceptionnelle », soit 2,16 %, taux considéré comme confiscatoire, d'autant plus que les impôts sur le patrimoine étaient déjà nombreux en France : taxes foncières, une partie de la taxe professionnelle, droits de succession, droits d'enregistrement particulièrement élevés, taxation des plus-values mobilières et immobilières, impôt sur la Bourse, taxe sur les métaux précieux, taxe sur les ventes mobilières aux enchères, vignette auto, taxes spécifiques sur les bateaux de plaisance et les avions de tourisme, etc.

Cet I.G.F. s'est donc caractérisé par une assiette très étroite et un taux très élevé, ce qui en faisait vraiment une taxation des grandes fortunes, plutôt qu'un simple impôt sur le patrimoine comme il en existe dans une dizaine de pays de l'O.C.D.E.

Le mouvement E.T.H.I.C. dont j'étais alors le président s'émut grandement de ce projet d'impôt applicable aux entreprises malgré les promesses antérieures du candidat-président qui souhaitait « épargner l'outil de travail ». La frustration était d'autant plus grande que les objets d'art avaient été totalement exonérés et que nous considérions les entreprises comme les plus belles œuvres d'art de la France. Nous avions cru ingénument que les entreprises ne seraient pas taxées du tout, mais il fallut déchanter à la lecture du projet.

Celui-ci présentait des dangers d'une extrême gravité pour les entreprises personnelles et familiales, et plus particulièrement pour les moyennes entreprises dont la valeur dépassait très largement les seuils d'exonération prévus. En effet, ces seuils de 3 et 5 millions de francs, intéressants pour les artisans, les commerçants et les toutes petites entreprises, étaient insignifiants pour les moyennes entreprises dont l'actif net est dix ou vingt fois supérieur.

Les propriétaires de ces moyennes entreprises auraient été contraints de vendre l'entreprise pour payer cet impôt, peut-être même de la brader soit à un grand groupe, provoquant ainsi une concentration pas toujours efficace, soit plus probablement à des étrangers qui auraient profité de l'aubaine en ne payant pas, eux, cet impôt sur la fortune.

Or, on ne vend pas plus un morceau d'entreprise non cotée à la Bourse pour payer l'impôt du reste qu'on ne peut vendre un pied de la tour Eiffel pour payer l'entretien des trois autres.

Cet impôt progressif frappant les outils de travail, malgré des promesses renouvelées, était plus que confiscatoire, il était mortel pour les moyennes entreprises et leurs emplois.

Cette erreur était sans doute due à la méconnaissance générale des moyennes entreprises trop souvent assimilées aux petites, confusion entretenue par le sigle fourre-tout P.M.E.

Je publiai un article dans *Le Monde* du 16 septembre 1981

avec un titre volontairement provocateur : « L'impôt progressif sur la fortune assassinera les moyennes entreprises. »

E.T.H.I.C. lança des pétitions parmi les moyennes entreprises françaises.

Le 30 août 1981, je fus reçu en tant que président d'E.T.H.I.C. par le Premier ministre Pierre Mauroy pour lui exprimer nos très vives inquiétudes sur ce projet d'impôt particulièrement inquiétant pour nos entreprises et pour notre économie.

En même temps, j'adressais différentes notes à l'Elysée, au ministère de l'Economie et des Finances, au ministère du Budget et nous alertions beaucoup de parlementaires.

Quelques mois plus tard, lorsque je fus élu, j'amenai toutes ces armes au C.N.P.F. et je tentai de convaincre mes collègues de la gravité de cette situation. Je repris donc la lutte sous un autre étendard et avec plus de poids.

La bataille fut rude car, malgré le désir du président de la République de tenir sa promesse d'exonération de l'outil de travail, les directives gouvernementales freinaient sans cesse cette évolution et n'accordaient que des atténuations au compte-gouttes.

La partie interprétative du texte étant grande, il fallait obtenir l'application dans le bon sens.

Lors d'une audience le 15 juillet 1982 à l'Elysée, il me sembla que le Président avait le sentiment que ses instructions n'étaient pas suivies par certains membres du gouvernement.

Des replis stratégiques

D'ailleurs, le bruit courut qu'un peu plus tard il téléphona de l'étranger au ministre du Budget de l'époque en lui donnant des instructions fermes de « supprimer l'I.G.F. sur les entreprises comme il l'avait promis ».

Le bruit courut également que le ministre aurait chuchoté :

— Ou je désobéis au Président et je compromets mon avenir politique, ou je m'exécute et je le compromets également.

Il craignait en somme de s'exécuter dans tous les sens du terme, tant il était convaincu que cet impôt sur les entreprises était un élément majeur de la croyance socialiste dont il souhaitait rester un officiant crédible.

En fait, il semble que le Président avait déjà à plusieurs reprises donné des instructions pour que ce problème soit réglé. En avril, à Pierre Mauroy, lors de leur voyage au Japon, puis début septembre à Pierre Bérégovoy lors de leur voyage en Grèce.

Début septembre, nous avions préparé au C.N.P.F. une circulaire ferme et « provocatrice » pour les chefs d'entreprise français, leur conseillant d'effectuer un abattement uniforme de 80 % sur la valeur théorique de leur entreprise pour la déclaration à l'I.G.F. si celui-ci était maintenu sur l'outil de travail avec paiement au 15 octobre. Heureusement, cette circulaire devint inutile et elle fut remplacée le 20 septembre par une note : « Observations sur l'évaluation des entreprises et des titres de sociétés non cotées pour l'imposition des grandes fortunes », qui complétait et souvent contredisait les méthodes proposées par l'Administration.

C'est lors du Conseil des ministres du 15 septembre 1982 que le problème fut pris à bras-le-corps. La veille, 14 septembre, Guy Brana et moi avions rendez-vous avec Jean-Pierre Chevènement au ministère de l'Industrie et de la Recherche. Il faisait beau ce jour-là et le ministre nous reçut dans le jardin du 101, rue de Grenelle où il nous fit servir un jus de fruits.

A titre anecdotique, nous étions tous les trois attablés autour d'un guéridon métallique lorsque Guy Brana, pour créer une atmosphère de sympathie, lança:

— Il est curieux que nous nous retrouvions tous les trois dans cette maison à des postes différents, alors que nous sommes tous les trois fils d'enseignants.

La boutade tomba à plat. O surprise, le ministre socialiste sembla gêné alors que les représentants du pseudo-« grand capital » étaient fiers de leurs origines modestes !

En fait, le but de notre rencontre était d'obtenir que la question de l'impôt sur l'outil de travail soit tranchée le plus rapidement possible par le gouvernement. A la fin de l'entretien, nous avons demandé au ministre de l'Industrie, avec une extrême insistance, d'aborder ce problème capital lors du Conseil des ministres du lendemain, bien que ce sujet ne semblât pas figurer à l'ordre du jour. Le ministre s'engagea et tint parole.

A la sortie du Conseil des ministres, Jacques Attali annonça aux journalistes que l'impôt sur l'outil de travail au titre des grandes fortunes serait supprimé.

En fait, aucun texte officiel n'existait et le gouvernement se devait par la suite de transcrire cette « information » en clair. Opération, paraît-il, fort délicate. Le communiqué indiqua finalement que le paiement de l'I.G.F. sur les biens professionnels du 15 octobre 1982 serait reporté au 15 juin 1985, soit deux ans et demi plus tard.

Les auteurs de ce texte pensaient que les chefs d'entreprise interpréteraient cette décision comme un report « sine die », donc comparable à une annulation, et que les troupes socialo-communistes comprendraient éventuellement le contraire. La réalité fut différente.

Enfin, c'était un début de victoire pour les entreprises françaises qui m'adressèrent quelques messages de félicitations. L'un de mes amis, qui jugeait mon combat inutile et voué inéluctablement à l'échec, se réjouit sincèrement de son erreur.

Il est indispensable (mais oui) d'espérer pour entreprendre !

Mais l'aventure à épisodes de cet impôt n'était pas terminée. Toute l'année 1983, nous avons poursuivi nos actions pour sa suppression définitive, et le journal *Libération* du 26 juin 1983 titrait : « L'impôt sur l'outil de travail bientôt aux oubliettes ? » en citant les « coups de gueule d'Yvon Gattaz qui avait envoyé le 15 juin au ministre de l'Economie un simili-ultimatum demandant le report du paiement du principal acompte de cet impôt... ».

A la vérité, ma lettre du 7 juin à Jacques Delors, faisant suite à ma visite du 24 mai avec Guy Brana, était ferme, très ferme même, mais courtoise, suivant la méthode que je m'étais imposée depuis un an et demi avec les pouvoirs publics.

La bataille, longue et acharnée, continuait.

Ce n'est que le 29 décembre 1983 que la loi exonéra les « biens professionnels », l'exonération n'étant plus, pour la déclaration d'I.G.F. du 16 juin 1984, subordonnée à des conditions techniques sévères. Le combat avait duré deux ans et demi et, dès le 17 septembre 1982, *Le Matin de Paris* avait titré : « L'exonération de l'outil de travail est le résultat d'une longue bataille menée par le C.N.P.F. ».

Notre victoire, acquise après une longue et dure bataille, n'était en fait que partielle car nous n'avions pu obtenir du gouvernement de l'époque la suppression de quelques clauses sévèrement restrictives qui excluaient du bénéfice de l'exonération les propriétaires de moins de 25 % des actions et ceux qui ne pouvaient prouver qu'ils étaient « dirigeants réels » de l'entreprise, exigences dont les effets pervers se confirmèrent par la suite.

MON COMBAT CONTRE LES CHARGES DES ENTREPRISES

Mon second combat pour défendre les entreprises fut de lutter contre les charges qui les accablaient. Ce combat avait commencé avant que je ne sois président du C.N.P.F., au mouvement E.T.H.I.C. qui avait mené depuis 1976 une dure bataille pour tenter de les faire alléger. Il faut dire qu'il n'avait pas été très écouté et qu'il n'avait pas reçu de la part des autres mouvements patronaux l'appui qu'il espérait.

C'est dans cet état d'esprit que j'accédai à la présidence du C.N.P.F. fin 1981, au moment précis où la loi de finances 1982 qui venait d'être publiée augmentait considérablement ces charges.

Ma « déclaration de guerre contre les charges » fut immédiate, et je maintins cette pression pendant toute la durée de mon mandat, ce qui lassa beaucoup d'observateurs. Combien de journalistes m'ont dit : « Changez un peu de disque. »

Ma réponse était immuable :

— Je ne changerai ni le disque ni le volume, car il s'agit là d'un problème essentiel pour la compétitivité des entreprises françaises.

Cette importance méritait le soutien inlassable que nous lui avons apporté.

De plus, ce combat contre les charges avait l'avantage d'être factuel, quantitatif, et dégagé de toute connotation politique.

A ceux qui parlaient de grande stratégie (en général celle du café du Commerce), je répondais que la mienne était discrètement cachée sous une apparence anodine. Comme disait le polémologue prussien Clausewitz, une stratégie ne se met pas sur la table.

Fin 1981, devant l'écheveau inextricable des textes défavorables aux entreprises, il fallait avoir l'habileté de tirer un fil discrètement sous la table. Et il n'était pas impossible que ce fil des charges, bien dévidé, dégonflât considérablement l'écheveau et rendît aux entreprises françaises leurs capacités. De la stratégie déguisée en tactique anodine.

Début 1982, aux charges importantes de la nouvelle loi de finances viennent s'ajouter les effets de la réduction de la durée du travail sans compensation salariale: cinquième semaine de congés et 39 heures hebdomadaires au lieu de 40 heures.

D'après nos calculs, le surplus des charges pour les entreprises est de 93 milliards sur une base annuelle. Une somme vertigineuse.

Le 8 avril, je rencontre Jacques Delors accompagné de nos experts. Le ministre des Finances avance de son côté des montants beaucoup plus faibles. Le soir même, j'ai une audience avec le président de la République. Je lui fais part de nos inquiétudes auxquelles il semble sensible et j'ai le sentiment qu'il fera pression sur le gouvernement pour venir en aide aux entreprises trop durement frappées.

Le tournant historique du 16 avril 1982

La journée importante du 16 avril 1982 devra beaucoup à ces entretiens du 8 avril.

Une date qui a échappé aux observateurs et qui est pourtant capitale: le 16 avril 1982 fut le premier grand tournant de la politique économique des socialistes.

Beaucoup pensaient que le premier retournement avait été plus tardif, car il est vrai que les mesures du 16 avril restèrent isolées et même exceptionnelles. Elles n'en furent pas moins significatives.

Le 16 avril, c'est la grande rencontre C.N.P.F.-gouvernement chez Pierre Mauroy.

Ce jour-là, il était entouré de quatre ministres: Nicole Questiaux, Jean Auroux, Laurent Fabius et Pierre Dreyfus, ainsi que d'un grand nombre de membres de cabinets ministériels.

Pour ma part, je m'étais fait accompagner de trois vice-présidents: Guy Brana, Yvon Chotard et Emile Boursier, ainsi que de trois directeurs généraux du C.N.P.F.

Cette réunion fut laborieuse, dura toute la journée et finalement se solda par un certain nombre de décisions gouvernementales que l'on peut résumer en trois points:

— allégement de la taxe professionnelle de 11 milliards de francs sur deux ans;

— stabilisation des cotisations sociales des entreprises jusqu'au 1er juillet 1983, c'est-à-dire pour un an. A la vérité cet engagement a été respecté jusqu'en 1986;

— arrêt de la diminution de la durée légale du travail.

J'ai dit plus tard que cette date du 16 avril 1982 était historique. Il ne faut pas abuser de ce genre de qualificatif, mais il est vrai, avec le recul du temps, que le coup d'arrêt donné à cette époque a été décisif.

Quelques coups de canif furent donnés dans le contrat conclu avec le gouvernement et la situation des entreprises, comme nous l'avions bien prévu, continua de se dégrader. En particulier, en juillet 1982, le gouvernement décida de faire payer par les entreprises l'augmentation de la T.V.A. normalement supportée par le consommateur. Le coût de cette mesure, environ 5 milliards, compensait déjà l'allégement accordé le 16 avril sur la taxe professionnelle de l'année.

Cependant, mes conversations régulières avec le président de la République semblaient avoir eu des conséquences directes sur ce vaste problème des charges des entreprises.

C'est donc avec un grand plaisir que j'ai entendu le discours de Figeac, considéré comme un point d'inflexion dans la politique gouvernementale. François Mitterrand reconnut ce jour-là que les charges des entreprises étaient trop élevées et gênaient leur compétitivité.

Mes collègues plaisantèrent le lendemain matin en me demandant si j'avais écrit moi-même le discours du président de la République. Pour les lecteurs encore mal informés, je peux confirmer qu'il n'en était rien.

Le débat sur les charges devait bientôt rebondir. Le

19 janvier 1983, j'eus l'occasion d'un face-à-face télévisé avec Laurent Fabius, alors ministre du Budget, dans une émission intitulée « Le cœur du débat » conduite par Noël Copin et Daniel Grandclément.

Ce face-à-face tourna beaucoup autour des charges des entreprises que je taxai à l'époque d'himalayennes, dans l'ironie générale. Bien entendu, Laurent Fabius tenta de démontrer, sans succès je crois, que les entreprises françaises n'étaient pas plus lourdement taxées que les entreprises étrangères.

Je lui demandai publiquement de soumettre à une commission mixte d'experts cette lancinante question de l'augmentation des charges.

Le ministre accepta de relever le gant.

Une lassante querelle de chiffres

Les débats de la commission mixte furent animés. Quinze réunions, entre mars et juin 1983, dont certaines se poursuivirent tard dans la nuit, ne permirent pas d'aboutir à un accord, en dépit d'efforts certains pour concilier les points de vue.

Le C.N.P.F. arrivait finalement à une augmentation des charges de 62 milliards en 1983. L'Administration n'admettait que 27 milliards.

Si le coût d'une cinquième semaine de congés payés était aussi dérisoire, pourquoi ne pas instituer sans tarder une sixième ou une septième semaine de congés ?

Cette querelle nous paraît aujourd'hui bien dépassée. Le débat n'en a pas moins été très utile à l'époque, car il a contribué à une prise de conscience. Finalement, quel que soit le montant retenu pour l'augmentation des charges, il se chiffrait en dizaines de milliards, ce qui était beaucoup trop.

Quant à la situation financière des entreprises, les deux parties arrivaient à la même conclusion : elle s'était sérieusement dégradée. Il ne fallait pas charger davantage la barque.

Bien malgré lui, le gouvernement était obligé d'en tirer les conséquences. Le « trésor caché » n'existait pas.

L'expérience, même si elle n'était pas totalement concluante, n'avait pas laissé aux uns et aux autres que de mauvais souvenirs puisque peu de temps après, à l'été 1983, m'entretenant avec Laurent Fabius devenu ministre de l'Industrie, en présence de Guy Brana, le 28 juillet, puis le 18 août, j'obtenais son accord pour mettre sur pied une nouvelle commission mixte.

Celle-ci devait avoir pour tâche de proposer une « simplification des aides aux entreprises et un allégement de leurs charges ».

Une difficulté se présenta immédiatement : la définition même du mot « aides ».

En y regardant de près, nous avons découvert que ces « aides » étaient souvent de simples correctifs établis par l'Etat pour atténuer des anomalies qu'il avait pu créer lui-même.

Les travaux de la commission mixte montrèrent bien par la suite la difficulté à répertorier ces aides ou pseudo-aides de l'Etat. Sous le tire : « Gattaz : t'as pas 15 milliards ? », la revue communiste *Economie et Politique* de juillet-août 1984 affirmait que les aides avaient dépassé 120 milliards en 1983.

Nous avons fait à cette occasion de nombreuses propositions. Elles ont été couchées par écrit dans un volumineux rapport de mars 1984, que nous avons finalement rendu public lors d'une conférence de presse de Guy Brana, le 7 juin.

Ce rapport démontrait la fin d'un mythe : les « aides » aux entreprises du secteur concurrentiel étaient beaucoup moins importantes qu'on ne le croyait généralement. Elles représentaient quelque 15 milliards de francs qui concernaient huit grands domaines d'intervention de l'Etat : aménagement du territoire, création d'entreprises, économie d'énergie, certains soutiens à l'exportation, recherche, investissement, entreprises en difficulté, formation et emploi. Elles se décomposaient en une centaine de procédures (prêts, subventions...) émanant de plusieurs dizaines de ministères et administrations diverses.

Ces 15 milliards étaient insuffisants pour permettre un allégement significatif des charges pesant sur les entreprises. Par exemple, ils ne correspondaient qu'aux seules augmentations de la taxe professionnelle.

Les quelque trois cents procédures d'attribution des aides étaient complexes, sélectives et souvent inaccessibles aux petites entreprises.

Finalement, le montant des aides résiduelles était faible et ne représentait que 0,4 % du P.N.B. et 1,7 % du budget de l'Etat.

La montagne avait accouché d'une souris.

A la vérité, ces aides constituaient un système de relations Etat-entreprises inadapté et contraignant avec un scénario pervers en trois actes :

— l'Etat impose aux entreprises des charges insupportables ;

— il ajoute le contrôle des prix pour éviter les effets inflationnistes, en créant ainsi de lourdes contraintes antiproductivité ;

— enfin, il décide des aides destinées à atténuer, de façon sélective, l'impact négatif de ces charges et de ces contraintes.

Nos propositions restèrent lettre morte. Toutes les diminutions d'aides que nous avons proposées au gouvernement ont échoué.

Comme le disait plaisamment l'un d'entre nous :

— De tout temps on se demande vraiment à qui profitent les aides ? A ceux qui les reçoivent ? Ou à ceux qui les donnent ?

UNE GRANDE PREMIÈRE LE 14 DÉCEMBRE 1982 : LES ÉTATS GÉNÉRAUX DE VILLEPINTE

Quand, le jour de mon élection à la présidence du C.N.P.F., le 15 décembre 1981, j'ai lancé l'idée des « Etats généraux des entreprises au service de la Nation », quelques sourires narquois sont apparus sur des lèvres.

Le nom d'« Etats généraux » semblait à certains trop historique et dramatisant.

Le « service de la Nation » apparaissait à d'autres comme présomptueux ou naïf.

En 1981, nos entreprises — et c'était là un vrai problème — étaient plus méconnues que contestées. Il est peu probable que l'on aurait accumulé autant de charges, autant de contraintes, autant d'entraves à leur bon fonctionnement, si elles avaient été plus honorablement perçues.

En fait, l'entreprise était jusque-là plus connue du public par ses fléaux, faillites, grèves, licenciements, pollutions que par ses bienfaits. L'un des buts des Etats généraux de Villepinte était justement d'en finir avec cette mauvaise réputation qui lui collait à la peau.

A vrai dire, c'est à mon ami Octave Gélinier que j'avais emprunté ce titre des « Entreprises au service de la Nation ». Peu à peu d'ailleurs, et contre mon gré, cette appellation se transforma subrepticement en « Etats généraux de l'entreprise en péril » qui n'était à l'origine qu'un sous-titre discret.

« L'entreprise fait vivre, il faut la laisser vivre », c'est par cette affiche symbole que nous avions décidé avec Michel Frois, notre directeur général de l'Information, de promouvoir les Etats généraux des entreprises françaises. Le succès de cette affiche fut tel que nous dûmes la rééditer de nombreuses fois, sa diffusion se faisant dans toute la France.

Il nous aura fallu une année de préparation pour parvenir à mobiliser 28000 dirigeants qui, un beau matin de décembre dans l'immense et tout nouveau parc des Expositions de Villepinte, sont venus témoigner et défendre une cause : celle de l'entreprise.

Il y avait à Villepinte, ce 14 décembre 1982, des dirigeants d'entreprises petites, moyennes et grandes, appartenant aux secteurs professionnels les plus divers : des industriels, des prestataires de service, des commerçants venus de toutes les régions et dont chacun avait bien évidemment ses préoccupations spécifiques. Aucune entreprise ne ressemble trait pour trait à une autre, et les situations sont variées à l'extrême.

Ce que les Etats généraux n'en ont pas moins démontré avec éclat, c'est qu'en dépit de ces disparités naturelles et légitimes il existe bel et bien une véritable, une solide, une incontestable communauté des chefs d'entreprise : des hommes et des femmes se reconnaissent semblables dans le respect des mêmes valeurs, dans la même volonté d'être des bâtisseurs, dans la même détermination à aller de l'avant. De cette constatation naîtront un peu plus tard les C.L.I.P., clubs de liaison interprofessionnelle.

Le calicot qui portait à Villepinte l'inscription « Etats généraux des entreprises » était long de 50 mètres. Voilà qui donne l'échelle de ce qui a été, comme l'a dit la presse, « la plus grande manifestation patronale jamais organisée en France ».

Dans le hall de 19000 mètres carrés où s'organisaient

interventions et projections selon un enchaînement rigoureusement minuté et rythmé, deux écrans avaient été placés de part et d'autre du podium: ils avaient 150 mètres carrés chacun.

Les images qu'on y voyait provenaient de cinq caméras vidéo reliées à un car de la S.F.P. Ce fut un fantastique ballet vidéo sans un «blanc», étonnant par sa parfaite coordination.

Image d'histoire, ce grand P.-D.G. et ce petit patron entrepreneur casqué trinquant au gobelet de vin rouge en échangeant des considérations sur leurs gestions respectives.

Image d'histoire, ces milliers de patrons du bâtiment et des travaux publics, coiffés d'un casque de chantier, émaillant cette marée humaine de points de couleur vive.

Bref, rien n'avait été négligé et l'ambiance régnait aussi bien dans les coulisses que sur la scène. C'est ainsi qu'à la lecture de deux citations historiques, l'une d'Abraham Lincoln, l'autre de Jean Jaurès[1], la salle se déchaîna en applaudissements.

Le parti de l'entreprise

Nous voulions faire de Villepinte une manifestation de masse mais qui ne devait pas avoir le caractère d'une «manif». Il fallait à tout prix éviter la grande manifestation revendicative et poujadiste à succès facile et résultats peu durables. Nous voulions montrer qu'il s'agissait d'un rassemblement de responsables, conscients de leurs responsabilités.

«On pouvait craindre que ça ne tourne à l'excitation, qu'on n'allume les bougies, qu'on ne brûle les sorcières. Eh bien, pas du tout», écrivait Dominique Bardinet, membre d'Echanges et Progrès, association «deloriste», dans un article titré: «Yvon Gattaz, un homme de dialogue».

Les Etats généraux devaient être l'occasion de démontrer aux Français, aux médias, aux enseignants, aux députés et aux pouvoirs publics que nos entreprises sont bien d'utilité publique, que le profit des entreprises se réalise au profit de la nation, que nous aussi, avec nos cadres, nous sommes bien

1. Voir Annexes III et IV.

des « travailleurs », que nos salariés sont plus proches de nous que des syndicats, que nos efforts permanents de productivité profitent à la France.

Un incident bouleversa l'assistance et nous fit craindre un instant un fiasco : les sanglots incoercibles d'un patron. En effet, Hubert Clément, P.-D.G. de la société L.B.M. à Vierzon, avait été contraint d'abandonner son entreprise en difficulté à une société coopérative ouvrière de production, constituée par les syndicats, une S.C.O.P., qui avait obtenu, elle, des financements qui lui avaient été refusés à lui. Il éclata par deux fois en sanglots en racontant sa triste histoire. Après un instant de stupeur, la foule des chefs d'entreprise lui fit un triomphe de soutien et de sympathie.

Villepinte n'a pas été, comme le craignait le gouvernement qui nous avait fait part de ses inquiétudes, une manifestation politicienne.

Villepinte fut la fête du « parti de l'entreprise » et si nous étions décidés à condamner sans complaisance, nous voulions avant tout être constructifs, ce qui se démontra par les huit propositions qui en découlèrent[1] : quatre adressées aux pouvoirs publics, trois aux entreprises elles-mêmes, et une autre à la fois aux pouvoirs publics et aux entreprises pour qu'ils se mobilisent ensemble contre le chômage et particulièrement contre le chômage des jeunes.

Ce sont ces huit propositions qui ont guidé l'action du C.N.P.F. pendant cinq ans. Beaucoup d'initiatives comme la flexibilité, la participation active, la formation des jeunes en alternance en sont directement issues.

Pour démultiplier notre action, nous avons décidé de faire de l'année 1983 « l'année de l'entreprise » et nous avons organisé en octobre dans toute la France une « Semaine nationale entreprises portes ouvertes ». Cette opération « S.N.E.P.O. 5000 » connut un grand succès.

Certains prétendent que les Etats généraux des entreprises du 14 décembre 1982 ont joué pour le sauvetage de l'entreprise le même rôle que le défilé massif et silencieux du 24 juin 1984 pour le sauvetage de l'école libre. Ces deux dates resteront-elles gravées symétriquement dans l'histoire de cette période ?

---

1. Voir Annexe V.

Si le rôle médiatique de certains chefs d'entreprise tels que Jean-Luc Lagardère et Bernard Tapie y a également participé, il est incontestable que les Etats généraux de Villepinte auront contribué à réconcilier l'entreprise et les Français.

LE FLUX DES ENTREPRENANTS

L'entreprise réconciliée avec les citoyens, il fallait aussi penser à réconcilier les entreprises entre elles, en réhabilitant en particulier les petites entreprises qui constituent l'essentiel du tissu économique français.

Président du C.N.P.F., l'une de mes ambitions était de profiter de mon mandat de cinq ans pour rassembler ceux que j'appelle les « entreprenants » (une appellation que l'on doit d'ailleurs à Jean-Philippe Mallet, ancien directeur financier de l'I.D.I.).

C'est d'ailleurs ce que j'écrivais en prenant le pseudonyme d'un auteur britannique, dans *Les Quatre Vérités* de janvier 1985 :

« ... Outre l'entreprise, on parle beaucoup d'entreprenants qui seraient, si j'ai bien compris, tous ceux qui risquent et qui entreprennent, ceux pour qui l'échec professionnel est la faillite.

« Cette notion récente me semble capitale. En effet, il y a entre les chefs d'entreprise, les commerçants, les artisans, les agriculteurs et les membres des professions libérales plus de points communs qu'il n'y paraît. Tous sont de vrais "libéraux", même si le mot est un peu galvaudé aujourd'hui. Tous souhaitent moins de contraintes administratives, sociales et fiscales. Tous réclament un plus grand espace de liberté de gestion pour l'exercice de leur profession, moins d'étatisme, moins de dirigisme même bienveillant mais toujours tutélaire.

« Bien sûr, on me dit que le libéralisme des agriculteurs n'est pas totalement identique à celui des industriels. Mais c'est ainsi dans tous les pays du monde.

« Il n'empêche que les entreprenants français ont tout

intérêt à se rassembler sur leurs ressemblances, plutôt qu'à se séparer sur leurs différences.

« Leur combat est la suite logique de la réhabilitation de l'entreprise, du profit, de la propriété, du succès personnel, et sans doute de l'effort et de la réussite.

« Effectivement, pour être entreprenant, il faut être indépendant, voire individualiste. Ce qui est une qualité pour la création d'une entreprise indépendante peut devenir un défaut lorsqu'il est nécessaire de se rassembler pour faire front commun.

« C'est sans doute la raison pour laquelle les entreprenants sont si difficiles à rassembler pour une action commune.

« Par bonheur, la France de 1985 me semble loin, très loin du "temps libre", de la permissivité et de l'égalitarisme de Mai 68. Elle se dirige peu à peu vers la France des entreprenants. Quelle gageure !

« Il serait historiquement grave pour elle de perdre cette bataille d'avenir.

« Je souhaite bonne chance à tous les entreprenants français que les observateurs étrangers suivent avec curiosité et une attention très bienveillante.

Signé John G. KEYSMITH. »

Pour l'anecdote, pendant mes fonctions nationales de 1981 à 1986, il m'était difficile d'écrire des articles dans notre revue *Les Quatre Vérités*. Cependant, avec l'accord de mes trois complices, il m'est arrivé deux ou trois fois de prendre la plume. Une sorte de défoulement. Je signais alors d'un pseudonyme. Cette fois-là, j'avais choisi de m'appeler John G. Keysmith, du nom d'un Anglais « ami de la France qu'il observait avec une grande attention depuis des années ».

A la suite de cet article qui eut un certain succès, je reçus une lettre personnelle d'un chef d'entreprise qui m'adressait en même temps une copie de ce numéro des *Quatre Vérités*:

« Voilà, me disait-il, un article d'un étranger qui vous fera sûrement plaisir car vous y retrouverez des théories qui vous sont chères. »

Il avait raison.

Ma carrière professionnelle me faisait penser que j'étais bien placé pour tenter de rassembler les entreprenants de toutes tailles. Quelques mauvaises langues ne m'avaient-elles pas surnommé D.A.D.A.: Défenseur Abusif Des Artisans?

Dès 1982, j'essayai de contacter l'Union professionnelle des artisans, l'U.P.A., et je les invitai en toute ingénuité à venir au C.N.P.F. Ils me répondirent qu'il n'était pas possible de venir au siège d'une organisation avec laquelle ils n'avaient pas de liens particuliers.

Je n'eus pas plus de succès lorsque je leur demandai avec la même simplicité d'aller leur rendre visite. Un rendez-vous ne leur semblait pas opportun à ce moment-là.

Force me fut alors de constater qu'il y avait entre nos groupements une antinomie qui paraissait irréductible, bien que peu compréhensible.

Des C.L.I.P. au C.L.I.D.E.

L'approche fut difficile. Elle se concrétisa pourtant en 1983 lorsque je tentai de créer, à travers le territoire, des groupes communs entre différents organismes. L'exemple fut montré par l'Union patronale de Tours dont le président Jean-Michel Barbier lança un groupement qu'il appela de lui-même le C.L.I.P., Club de liaison interprofessionnelle, un mot facile à retenir et qui fut adopté d'emblée.

C'est ainsi que nous avons constitué des C.L.I.P. à travers la France en demandant à nos partenaires commerçants, artisans, agriculteurs et professions libérales de permettre à ces entreprenants de confronter et de résoudre leurs problèmes locaux communs.

Grâce aux C.L.I.P., le «flux des entreprenants» monta régulièrement et inexorablement.

C'est par des trésors de diplomatie que je suis enfin parvenu à réunir l'ensemble des responsables de ces cinq mouvements (C.G.P.M.E., C.N.P.F., F.N.S.E.A., U.N.A.P.L., U.P.A.) le mardi 8 octobre 1985 à Paris. Ce jour-là, nous avons signé ce que j'appelais la Charte des Entreprenants, mais comme ce mot «Entreprenants» était, paraît-il, trop gattazien, suivant l'expression d'un responsable, et bien que je n'en fusse pas le véritable auteur, nous l'avons tout simplement appelé «Déclaration commune aux cinq mouvements», ce qui était plus neutre, mais moins parlant.

Nous y avons fait valoir les thèses qui nous étaient communes pour une France libérale, permettant le développement de nos entreprises. Je crois qu'il s'est agi là d'une réunion importante dont on fêta d'ailleurs l'anniversaire un an plus tard, le 7 octobre 1986, en créant cette fois un organe de liaisons, le C.L.I.D.E., Club de liaison des décideurs économiques, toujours pour éviter le mot « Entreprenants ». Une sorte de fête de la Fédération pour ce 14 juillet des Entreprenants.

Accouché dans la douleur et grâce à d'immenses efforts de conciliation, le C.L.I.D.E. n'a vraiment trouvé son existence qu'après mon départ du C.N.P.F. Une naissance posthume ne compromet cependant pas une paternité dont je suis fier.

La véritable reconnaissance nationale du C.L.I.D.E. s'est révélée aux élections prud'homales du 9 décembre 1987 dans lesquelles la liste patronale C.L.I.D.E. a remporté plus de 95 % des voix. Un triomphe malgré la très faible participation des deux catégories, patronale et salariale, à ces élections.

En 1987, après la fin de mon mandat, j'ai accepté de coordonner les travaux des « entreprenants » de Seine-Saint-Denis, Union patronale, Chambre des métiers, délégation de la Chambre de commerce, professions libérales, dans un Comité d'expansion 93 qu'on m'a demandé de créer et de présider. C'est avec joie que j'ai retrouvé toutes ces catégories d'entreprenants qui ont su se rassembler spontanément pour assurer l'essor du département 93 qui ne manque pas d'atouts stratégiques pour 93, curieuse coïncidence de chiffres tout à fait prometteuse.

CHAPITRE VII

LES SCANDALES DU BON SENS

HORREUR, J'AI BOUSCULÉ L'ASSURANCE-CHOMAGE

Je ne suis pas un révolutionnaire. D'aucuns ont pourtant dit que mon arrivée au C.N.P.F. avait constitué une véritable petite révolution. Révolution par le style, certainement. En effet, si les événements l'imposent, il faut savoir bouleverser les habitudes et dire les choses telles que la réalité les habille, quitte à prendre une grêle de balles sur la tête.

Etre avant-gardiste comporte des dangers. Dans les guerres, les avant-gardes sont souvent exterminées.

On nous avait pris pour des mutins, mais nous n'étions que des mutants.

Les mutants sont ceux qui tentent d'allier deux qualités peu fréquentes : l'imagination et le courage, qui, conjugués, renversent les montagnes du conformisme douillet et sans remords.

J'avoue avoir pris, lors de ma présidence au C.N.P.F., quelques décisions un peu brutales qui firent parfois l'effet de petites bombes. Mais si ces décisions firent grincer des dents et si « scandales » il y eut, ce furent toujours des scandales de « bon sens » comme l'histoire le dit et le dira sans doute encore.

L'un de ces premiers bouleversements eut lieu au sein même du C.N.P.F. lorsque, à l'automne 1982, je décidai de rompre la convention de l'U.N.E.D.I.C.

Il faut savoir que l'Union nationale interprofessionnelle pour l'emploi dans l'industrie et le commerce, plus connue sous le nom abrégé d'U.N.E.D.I.C., a été créée le 31 décembre 1958 par mon prédécesseur Georges Villiers avec la signature de trois syndicats, F.O., C.G.C. et C.F.T.C. A cette époque, il y avait moins de 50000 demandeurs d'emploi et cette assurance-chômage a pu fonctionner normalement pendant des années.

Fin 1981, à mon arrivée au C.N.P.F., la situation financière de l'U.N.E.D.I.C. apparaît dramatique. Déficits et dettes, présents et futurs, se chiffrent à coups de milliards dont le nombre exact est, paraît-il, difficile à calculer.

Mon « radinisme industriel » de chef d'entreprise, toujours mesquinement aux aguets de l'équilibre de son compte d'exploitation, fut traumatisé au point que mes premières nuits furent gâchées devant le cauchemar de ces trous noirs à donner le vertige.

Compatissant, Jean Neidinger, directeur général des Affaires sociales du C.N.P.F., vieux routier de la négociation, qui de plus ne manquait pas d'humour, tenta de me raisonner par des arguments strictement juridiques et imparables.

— Si vous devez quelques milliers de francs, me dit-il, vous aurez une amende. Si vous devez quelques millions, vous irez en prison. Mais, si vous devez quelques milliards, vous ne risquez rien.

Il avait raison. De telles dettes dépassent la responsabilité individuelle, difficile à prouver dans ces larges responsabilités collectives, elles-mêmes engagées, c'est bien connu, pour une œuvre incontestable de solidarité nationale. Quel procureur oserait donc demander ma tête?

Bien sûr, je convoquai à plusieurs reprises Jacques Nouailhac, directeur consciencieux et compétent de l'U.N.E.D.I.C., pour qu'il m'initie aux arcanes de l'institution et me donne des chiffres les plus exacts possible, tour de force dont j'ignorais candidement la difficulté. Les pseudo-fins politiques du C.N.P.F. qui rejetaient d'un revers de main ces mesquineries financières (« on doit toujours trouver les moyens de sa politique ») s'affligeaient de mon affliction. Affectueusement.

Je dois l'avouer: l'U.N.E.D.I.C. et le C.R.C. devinrent mes bêtes noires et mon souci permanent. Comment les sauver?

Avant d'avoir les chiffres précis, que tout chef d'entreprise possède dans l'instant pour sa propre comptabilité, une évidence apparaissait : il s'agissait d'un problème de solidarité nationale, réglé dans tous les pays modernes par la solidarité collective, et que nous ne pouvions résoudre par notre seule institution paritaire d'assurance, même si l'Etat participait financièrement depuis longtemps.

Curieux ménage à trois dans un couple régulièrement marié. L'Etat-amant n'était pas partie prenante au contrat, mais il payait et voulait commander, prêt à la limite à brutaliser les époux. Ceux-ci d'ailleurs ne filaient pas le parfait amour, contestaient l'héritage familial et n'étaient pas du tout d'accord sur leur contribution personnelle aux dépenses folles du ménage. Un cas patent de divorce pour incompatibilité de ressources.

Dès le début de 1982, on m'annonça des chiffres terrifiants : un déficit probable de quelque 10 milliards pour le second semestre, et sans doute 25 pour l'année 1983.

Bien entendu, ce déficit ne pouvait pas être considéré comme purement imputable au C.N.P.F., car l'U.N.E.D.I.C. est un organisme paritaire, jouissant d'une sorte d'immunité, comme tout ce qui est réputé « paritaire » entre entreprises et syndicats.

Pourquoi cette immunité? Parce qu'elle touche à la politique contractuelle (expression tabou), à des syndicats (expression également tabou), entraînant le respect de la part de l'opinion publique.

Le déficit de l'U.N.E.D.I.C. avait beau être monstrueux, personne n'aurait jamais mis en doute une gestion paritaire dont on ne peut nier qu'elle engendre parfois des abus de la part des partenaires qui en tirent des avantages inavoués. Mais quelle gestion de cette dimension, qu'elle soit administrative ou paritaire, peut être parfaite?

Il est vrai néanmoins qu'entre 1970 et 1981 le coût de l'indemnisation du chômage avait été multiplié par 39, augmentation corrélative à celle du nombre des chômeurs eux-mêmes, de 262 000 en 1970 à 2 millions en 1982, et à l'amélioration continuelle des allocations versées. Nos services prévoyaient plus de 75 milliards de dépenses pour l'année 1982 et 90 pour 1983. C'est-à-dire un rythme d'accroissement de 40 %, sans mesure avec les possibilités d'augmentation des ressources collectées qui se partageaient en :

— 50 % pour les entreprises,
— 30 % pour l'Etat,
— 20 % pour les salariés.

Mais, comme on le voit, l'adjectif « paritaire » prête à confusion puisque, malgré son étymologie sans ambiguïté et la définition claire du *Petit Larousse*: « égalité parfaite », il permet de gérer avec un nombre égal de participants de chaque côté tout en imposant des contributions financières très différenciées.

Je fis savoir dès cette époque non seulement aux dirigeants politiques et syndicalistes, mais à l'opinion publique tout entière que nous ne pourrions continuer à assurer par nos seules cotisations l'équilibre financier du système. Il fallait d'abord en parler fermement à nos « partenaires sociaux », suivant l'expression à la fois consacrée et contestée.

Nous avons organisé une première rencontre d'approche le 7 juillet 1982 avec planification de réunions de travail pour septembre et octobre.

Refusant, sur mes instructions, toute augmentation de la cotisation-employeur, qui aurait encore aggravé la situation si fragile de nos entreprises, nos négociateurs proposèrent un plan d'économie de 20 milliards. Les syndicats n'acceptèrent pas d'aller au-delà de 7 milliards. C'était l'impasse.

Le Conseil exécutif du C.N.P.F. du 27 septembre, adoptant les propositions de notre Commission sociale, décida toutefois de poursuivre le système et... de payer.

Nous savions tous que cette politique était désastreuse, mais la peur du changement...

Un revirement sans précédent

Conscient que nous partions vers des catastrophes, je décidai de tenter un grand coup : convoquer par télégramme un Conseil exécutif exceptionnel pour le lundi suivant 4 octobre et essayer de faire revenir le Conseil sur ses propres décisions du lundi précédent. Le goût du risque entrepreneurial !

Je préparai soigneusement mon exposé et je fis même descendre un *paper-board* (oh ! pardon pour un patronat qui est à la fois « national et français » !) dans le vénérable cénacle des trente-cinq.

On m'objecta, comme je m'y attendais, qu'une institution comme le C.N.P.F. se discréditerait si elle revenait sur ses propres décisions. Je tins bon et mes arguments étaient solides. La spirale des dépenses conduisait à l'explosion. Nous ne pouvions augmenter notre cotisation patronale, la plus élevée d'Europe. Il fallait arriver à la dénonciation de la convention du 31 décembre 1958, modifiée par celle du 27 mars 1979, avant le 31 octobre, c'est-à-dire quelques jours plus tard, sinon le régime serait reconduit de façon identique pour trois ans, ce qui n'était pas acceptable.

Imposer au « social », très jaloux de ses prérogatives dans la maison, une telle mesure fut effectivement une rude épreuve interne.

Je pense cependant qu'avec le recul du temps tout le monde se réjouit aujourd'hui de cette brutale remise en cause. Où en serions-nous sans cette rupture ?

Quelques jours plus tard, le 15 octobre, je fus reçu par Pierre Bérégovoy, ministre des Affaires sociales, et il fut convenu que les délégations du C.N.P.F., de la C.G.P.M.E. et des cinq syndicats seraient réunies en table ronde tripartite (image géométrique curieuse) le 28 octobre pour trouver un compromis.

Ce jour-là, un protocole fut signé : le gouvernement promit une fiscalisation des allocations familiales en échange d'une augmentation des cotisations de l'U.N.E.D.I.C. et d'une reprise des négociations.

La deuxième partie de cet accord de principe fut immédiatement appliquée : + 1,2 % (soit + 0,48 pour les salariés et + 0,72 pour les employeurs), ce qui porta la cotisation totale à 4,8 % dont 3,48 % à la charge des seuls employeurs, avec entrée en vigueur au 1er novembre, en même temps que la contribution exigée des fonctionnaires par le gouvernement.

Quant à la fiscalisation des allocations familiales, on l'attend encore au jour où j'écris ce chapitre.

Le 19 octobre, la C.G.T., à laquelle s'était jointe la C.F.D.T., organisa une manifestation dans les entreprises et également devant les fenêtres de mon bureau du C.N.P.F., la manif étant pour les organisations syndicales ce que le jogging est pour les sédentaires normalement constitués.

Entre-temps, nous nous étions entendus pour que la dénonciation de l'accord puisse être faite jusqu'au 30 novembre au lieu du 31 octobre.

« Notre devoir, écrivais-je, nous a dicté de délaisser ce système déficitaire, complexe, dépassé et parfois injuste pour un nouveau régime que nous souhaitons souple, équilibré financièrement, conforme aux possibilités contributives de nos entreprises... Lorsque le navire prend l'eau, lorsque la moindre turbulence risque de le faire chavirer, il serait suicidaire de poursuivre et de rafistoler avec les moyens du bord. Il faut avoir le courage de faire escale, quitte à changer provisoirement de cap, pour réparer... Nous n'allons pas, comme certains ont voulu le faire croire, abandonner les vrais chômeurs... Dans cette affaire, nous pensons avoir fait preuve de courage et de réalisme. »

Je fus accusé non seulement d'avoir « cassé l'U.N.E.D.I.C. », mais de vouloir « rompre la politique contractuelle », expression à l'époque symbolique et représentant uniquement les grands accords au sommet entre organisations patronales et centrales syndicales. Crime inexpiable !

De plus, ceux qui assument la dénonciation d'un accord sont des dénonciateurs. Pas joli.

Devant tant d'anathèmes, fallait-il céder?

Nous étions persuadés au contraire qu'une réforme profonde pouvait seule sauver le régime d'assurance-chômage.

Un trou abyssal

Et puis la dette estimée pour fin 1982 était de 6 milliards auxquels s'ajouterait un découvert probable de 9 milliards, soit un trou abyssal de 15 milliards.

Il m'avait fallu près d'un an pour connaître véritablement ce chiffre.

C'est le 15 novembre qu'eut lieu finalement notre dénonciation pour le 31 janvier 1983.

Je tenais d'ailleurs, tant je m'étais impliqué personnellement dans cette affaire, à signer moi-même la lettre aux organisations syndicales du 18 novembre 1982, conjointement avec le compétent vice-président de la C.G.P.M.E., Jean Brunet, en l'absence de son président.

Une page douloureuse était tournée.

J'exposai mes vues plus constructives dans un article du *Monde* du 23 novembre: « Construire la nouvelle assurance-chômage » où je demandais que les gestionnaires ne soient plus des équilibristes et où j'affirmais que les entreprises, seuls créateurs de vrais emplois, se sentaient solidaires du désemploi.

La suite du drame de l'assurance-chômage fut à la fois monotone et capitale.

Il fallut négocier longtemps des accords partiels, subir des augmentations de cotisations que le gouvernement avait le droit d'imposer lui-même en cas de non-accord des parties prenantes (l'amant justicier !).

L'année 1983 se passa de cette façon. Dure bataille.

Les lettres de nos entreprises affluaient, certaines nous félicitant de notre énergie, d'autres dénonçant des abus de quelques faux chômeurs.

France-Soir titra le 31 décembre 1982: « Grâce aux A.S.S.E.D.I.C., il peut courir Paris-Dakar », en expliquant comment le petit malin se débrouillait pour pointer.

La Cour des comptes, moins indulgente, publia en juin 1983 un rapport sévère sur les « graves défaillances » et les « multiples anomalies » du système d'indemnité du chômage, qui n'incitait pas à la reprise du travail, et où 10 à 15 % des indemnités auraient dû relever d'autres régimes sociaux, en citant de « véritables fraudes ».

Usant de son pouvoir discrétionnaire, le gouvernement augmenta le 1er juillet 1983 la cotisation globale à 5,8 % de la masse salariale, répartie entre 4,08 % pour les entreprises et 1,72 % pour les salariés, ce qui nous décida à nous retirer du conseil d'administration de l'U.N.E.D.I.C., malgré la lettre pressante que m'avait adressée André Bergeron, ce populaire syndicaliste qui pratique inlassablement le « terrorisme du bon sens ».

Le gouvernement joua de sa menace habituelle. Jacques Delors, ministre pourtant modéré et conscient des difficultés des entreprises, se montra très mécontent et menaça le C.N.P.F. d'une scission « regrettable » des entreprises nationalisées qui constitueraient éventuellement un « Conseil national des entreprises françaises». Cette menace avait été plusieurs fois proférée par des ministres plus extrémistes que lui, mais ni le Premier ministre ni le président de la République n'y avaient donné suite.

Enfin deux régimes

C'est finalement le 10 janvier 1984 qu'interviendra l'accord C.N.P.F., F.O., C.G.C., C.F.T.C. séparant l'U.N.E.D.I.C. entre un régime contractuel et un régime de solidarité.

La convention elle-même sera signée le 24 février 1984 avec, en plus, la C.G.P.M.E. et la C.F.D.T. Le nouveau régime entra en application le 1er avril 1984.

Il sépare nettement:

— le régime d'assurance financé par les contributions des entreprises et de leurs salariés couvrant pendant une certaine durée les personnes qui ont travaillé et cotisé,

— et le régime de solidarité, à la charge de l'Etat (comme dans la plupart des pays modernes), s'adressant à ceux qui n'ont pas ou trop peu travaillé et à ceux qui ont épuisé leurs droits à l'assurance.

Partage clair. Système qui pouvait être plus stable que le précédent. Niveau de protection honorable malgré les économies réalisées sur les prestations et restant un des plus favorables d'Europe.

Ce régime fonctionne encore à ce jour puisqu'il a été renouvelé fin 1987, non sans difficultés.

L'assurance-chômage, organisation liée au chômage lui-même, est d'une importance sociétale que personne n'oserait nier. Il est de l'honneur d'un pays développé d'avoir mis en place une telle institution pour venir en aide aux plus défavorisés. Les trois parties prenantes à des titres divers l'ont parfaitement compris et accepté: Etat, entreprises, salariés. Ces derniers ont même fait des efforts qu'il faut saluer pour augmenter leur propre contribution, puisqu'en 1983 ils ont accepté sur leur seul compte une majoration de cotisation représentant 0,20 % de leurs salaires.

Malheureusement, ce système social, comme d'autres, souffre d'une augmentation permanente des dépenses plus élevée que celle des recettes et les perspectives les plus optimistes ne permettent pas d'entrevoir un équilibre prochain.

Ce sera donc toujours la course infernale au comblement de passif, le recours aux expédients, la bataille du partage des cotisations. Celles-ci pour les seules entreprises et salariés ont été augmentées fin décembre 87 de deux fois 0,16 %, soit de 0,32 % de la masse salariale.

Cette montée, semble-t-il, inéluctable des dépenses sociales, sans rapport avec celle du produit national, reste sûrement une des plus grandes énigmes financières pour l'avenir des Etats dits développés qui, c'est en leur honneur, refusent une protection trop rapidement atténuée.

Un cercle social qui s'intègre mal dans une quadrature économique.

Quant aux organisations professionnelles, bien que défendant sans cesse l'équilibre des bilans de leurs entreprises, elles ne peuvent se désintéresser de ce problème humain et elles doivent y apporter leur contribution.

SCANDALE, J'AI OSÉ M'ATTAQUER A L'INFLATION SALARIALE

« Gattaz plus rigoriste que le roi ». C'est ainsi qu'un hebdomadaire titrait la bataille des salaires que j'ai lancée en 1983 avec la volonté de mettre un frein à la pernicieuse spirale auto-accélératrice prix-salaires avant même que le gouvernement ne prenne lui-même position vis-à-vis de ses fonctionnaires.

Comment en effet couper ce cercle infernal, et à quel endroit ? C'est la question que se posaient tous les hommes de bonne volonté.

Le 12 juin 1982, Jacques Delors, nous l'avons vu, m'avait annoncé en avant-première à Deauville qu'il allait bloquer à la fois salaires et prix, mesure courageuse bien sûr, mais dont j'avais tenté de lui démontrer l'inutilité à terme. On ne guérit pas l'inflation par des blocages des prix et des salaires, qui bloquent aussi l'économie tout entière.

La solution était plutôt, me semblait-il, une progression de plus en plus contenue de ces prix et de ces salaires, et, dès

1982, je fis des pressions constantes sur mes collègues chefs d'entreprise dans ce sens.

C'est vrai que les salaires augmentaient dangereusement et certains taxaient les chefs d'entreprise de « laxisme ». Je peux témoigner en tant que chef d'entreprise moi-même combien il est difficile en effet de freiner sensiblement les salaires en période de forte inflation. Dans ce système interactif prix-salaires, qui est la poule et qui est l'œuf?

Certains théoriciens pensent cependant que le déclic du freinage peut être amorcé plus efficacement par les salaires, qui, en plus de leur répercussion immédiate sur les prix de revient donc sur les prix de vente, ont une influence majeure de rayonnement, indirecte et psychologique, sur le phénomène d'inflation.

Malgré les blocages de juin 1982, prix et salaires continuaient à dériver, au grand dam de notre économie et de la compétitivité de nos entreprises. En effet, contrairement à une idée simpliste, les entreprises n'ont jamais été bénéficiaires de l'inflation, image qui s'est répandue à cause de leur très grand endettement, handicap un peu atténué, il est vrai, par les effets de l'inflation sur les remboursements futurs. On oubliait simplement que l'inflation permanente, entraînant des taux d'intérêt élevés, des prix d'achat et des coûts salariaux toujours variables, n'était aucunement un élément favorable pour nos entreprises françaises dans la compétition mondiale.

Certains dirigeants se sont montrés agacés à l'époque (avant leur conversion) par mes mises en garde contre le « laxisme salarial ».

Le 26 avril 1983, dans une *Lettre du Président* adressée déjà à cette date à plus de cinquante mille entreprises, je les avais prévenues solennellement:

« Nos consignes de fermeté sont plus que jamais d'actualité... Nous rappelons que le moment est venu d'exclure toute forme d'échelle mobile: indexation garantie du pouvoir d'achat, remise à niveau, même à terme plus ou moins éloigné. Une occasion rare, peut-être historique, nous est donnée de casser la spirale infernale prix-salaires et salaires-prix et d'arriver ainsi à terrasser l'inflation dont nos entreprises sont les premières victimes. C'est pourquoi je vous recommande une très grande sévérité pour contenir les salaires en 1983. »

Le message était clair. Mais, malgré l'aide de nombreuses fédérations professionnelles, la course à la hausse ne semblait pas devoir s'atténuer.

A la rentrée des vacances 1983, la situation était toujours inquiétante. En douze mois, les salaires avaient augmenté de 10,4 % (contre 4 % en Allemagne fédérale et 5 % en Grande-Bretagne) et, dans le seul premier semestre 82, de 5,7 %. C'était beaucoup trop. Certains des 164 accords de branches que nos fédérations avaient signés depuis le blocage de juin 1982 semblaient largement dépassés.

En matière de salaires, il était de tradition pour nos organisations professionnelles d'attendre les mesures du gouvernement vis-à-vis des fonctionnaires, avant de prendre définitivement position. Si Pierre Mauroy et Jacques Delors avaient exprimé leur intention de freiner les hausses de traitements de fonctionnaires, les mesures, elles, se faisaient attendre. Le gouvernement devait réunir les syndicats de fonctionnaires, mais comme il fallait d'abord connaître la hausse des prix de 1983, la réunion n'aurait lieu qu'en février 1984. Quant à la fameuse « clause de sauvegarde des salaires » de la fonction publique, qui devait éventuellement assurer la garantie du pouvoir d'achat de 1983, si les prix dépassaient la norme de 8 %, le gouvernement devait négocier son éventuelle application.

Devions-nous attendre, nous aussi ?

C'est à l'automne 1983 que je lançai mon nouveau « scandale du bon sens à réhabilitation tardive », tout comme celui de l'U.N.E.D.I.C. un an plus tôt.

Je profitai d'une invitation du Forum de *l'Expansion* du 18 octobre pour admonester sévèrement mes confrères chefs d'entreprise pour leur manque d'énergie.

Un coup de gueule

Je n'y allais pas par quatre chemins :

« Je suis très mécontent des chefs d'entreprise français. »

En public. Devant cinq cents chefs d'entreprise... et la presse.

Je n'étais pas content d'eux en effet, car ils faisaient preuve, devant l'inflation des salaires, d'une mansuétude que je trouvais coupable. Ils commettaient une mauvaise action.

J'expliquai à ce forum que les salaires dérapaient, et qu'ils entraînaient une inflation sans fin, nocive aux entreprises elles-mêmes, qu'il fallait casser l'indexation et freiner la hausse des salaires, quitte à faire baisser le pouvoir d'achat, ce qui avait déjà été fait dans tous les pays d'Europe, sauf la France.

J'ajoutai même qu'à mon avis le gouvernement n'accorderait pas de rattrapage aux fonctionnaires pour 1983. Anticipation osée, je le reconnais.

Le tollé fut immense: «coup d'éclat«, «coup de gueule», «déclarations à l'emporte-pièce», «Gattaz tire sur la corde», «auditoire médusé», «brutalité verbale», «Gattaz fustige les patrons», «véritable bombe», «Gattaz s'est fâché tout rouge», «déclaration musclée», «coup de sang de la part du patron des patrons».

Ce florilège médiatique fut cependant pâle devant le feu d'artifice syndical: «Gattaz va trop loin», «odieux», «va-t'en guerre», «irresponsable» et quelques autres gentillesses.

Par contre, quelques organes de presse devinèrent l'importance stratégique de ces propos et le choc salutaire qu'ils pouvaient déclencher:

«M. Gattaz a donc dit tout haut ce que le patronat pense tout bas» (*Le Monde*).

«C'est net, c'est clair, c'est sans ambages, par baisse du pouvoir d'achat, M. Gattaz entend: politique des salaires et ralentissement de la progression de ces mêmes salaires» (RMC).

«Les propos les plus clairs en la matière jamais tenus par les dirigeants du C.N.P.F.» (A2).

«Une fois n'est pas coutume, le patronat s'engage le premier sans attendre que le gouvernement donne le "la" dans la fonction publique» (*La Vie française*).

«Une fois n'est pas coutume[1], le patronat se lance dans la mêlée le premier sans attendre que le secteur public donne l'exemple» (*Le Nouvel Economiste*).

Mon scandale des salaires d'octobre 1983 a eu *in fine* des

1. Belle similitude d'expression.

résultats plus rapides que je ne l'avais moi-même prévu. Je fis envoyer par notre commission sociale à nos fédérations et à nos unions patronales une recommandation forte sur la tenue des salaires dès la fin du mois.

Mais je rappelai à mes collaborateurs que les statuts mêmes du C.N.P.F. lui interdisaient de fixer les salaires. Les recommandations chiffrées des années précédentes étaient donc en contradiction avec nos propres statuts.

En effet, ceux-ci précisent depuis longtemps à l'article 2: « Le domaine des salaires relève des entreprises et de leurs organisations professionnelles. »

Jusqu'à la fin de mon mandat, le C.N.P.F. n'enverra plus de recommandations chiffrées, mais il n'en fera pas moins des mises en garde fréquentes et sévères pour que les entreprises évitent l'inflation salariale.

Lionel Stoléru, qui ne manque pas de perspicacité, notait dans son éditorial de *Temps fort* de décembre 1983, sous le titre « La peau de banane d'Yvon Gattaz », que « ... la décision d'Yvon Gattaz de ne pas adresser de recommandations salariales chiffrées aux entreprises pour 1984 est une manière non moins habile de renvoyer la balle dans le camp adverse... ».

Il faut dire que les lois Auroux, avec leurs obligations de négocier une fois par an dans les entreprises elles-mêmes, nous auront bien rendu service pour décentraliser ces négociations de salaires vers le bas, comme je le réclamais moi-même.

Dès la fin de l'année 1983, nombreuses furent les entreprises qui renégocièrent sévèrement les salaires et certaines purent même revenir sur des engagements trop largement optimistes qu'elles avaient pris auparavant. C'est vraiment à partir de cette date que le freinage des salaires français commença. Il se poursuivit en 1984. Et ce fut indiscutablement le début du ralentissement de l'inflation elle-même.

En somme, un scandale utile à notre pays.

SUPERCHERIE,
LA LETTRE TRONQUÉE DU *MATIN DE PARIS*

Si j'avais volontairement déclenché les scandales précédents, U.N.E.D.I.C. et salaires, dans le but de régler une situation gravement figée, par contre le scandale du *Matin de Paris* éclata tout seul, à mon insu, le 5 juin 1986.

Le gouvernement libéral était installé depuis plus de deux mois et le problème du chômage et de l'emploi semblait immobile, sans frémissement précurseur d'un changement prochain.

Le C.N.P.F. en général et moi en particulier, nous nous sentions directement concernés puisque nous affirmions sans relâche que les libertés qui nous seraient rendues ne créeraient ni inflation galopante ni débauchages massifs.

Depuis 1982, je réclamais sans cesse la liberté de gestion des effectifs à chacune de mes visites au président de la République, au Premier ministre et au ministre des Affaires sociales, en leur démontrant que, malgré les apparences, cette liberté de licencier pourrait créer des embauches nouvelles.

C'est le 16 août 1983 que j'avais fait ma première déclaration sur ce sujet brûlant et considéré comme tabou par les syndicats. Je sortais d'un entretien avec le président de la République à l'Elysée et, devant la presse, je réclamais la « liberté de licencier » paradoxalement favorable à l'emploi. Bien sûr, nos S.P., nos « syndicalistes patronaux », tournèrent de l'œil et annoncèrent les pires conséquences à mes déclarations inconsidérées: réactions violentes des syndicats (qu'il faut toujours ménager) et éventuellement grèves dans nos entreprises. Les tempêtes annoncées n'eurent pas lieu. Et curieusement l'expression « liberté de licencier » devint d'un coup moins blasphématoire avant d'être banalisée quelques années plus tard.

J'étais persuadé que cette liberté essentielle allait nous être accordée compte tenu des engagements formels qu'avaient pris les candidats avant les élections législatives du 16 mars 1986. J'avais donc lancé dès le 17 mars, avant même que Jacques Chirac ne soit désigné comme Premier ministre par le président de la République, un appel aux entreprises françaises qui eut un certain retentissement.

Le message était clair: « Ayez une pratique responsable des

libertés qui vous sont ou vont vous être accordées. » Nuance, je le reconnais, fort importante qui créa quelques hésitations parmi nos chefs d'entreprises de toutes tailles.

Dans le même temps, j'entreprenais mon « Tour de France de l'emploi » dans plusieurs villes de province où nos unions patronales réunissaient le plus grand nombre de dirigeants pour recevoir mon message d'encouragement à embaucher. Vingt-cinq villes visitées entre le 27 mars et le 5 décembre 1986.

A chaque réunion, j'expliquais que la situation de l'emploi devait s'améliorer, mais il n'était pas question pour le président du C.N.P.F. de pousser sans discernement les chefs d'entreprise à embaucher des effectifs supplémentaires. En effet, le but des entreprises n'est pas d'embaucher, mais de satisfaire les besoins des clients avec la meilleure rentabilité du compte d'exploitation. De plus, j'ai toujours dénoncé moi-même vigoureusement les sureffectifs, une des plus graves perversions d'une gestion laxiste, et cause de nombreux naufrages.

J'incitais donc les entreprises à embaucher, mais mon message ne s'adressait qu'à celles qui pouvaient augmenter leurs activités, prendre des commandes supplémentaires en France ou à l'exportation, et qui, pour agir, attendaient des mesures devant leur permettre de réduire ultérieurement leurs effectifs sans difficultés si ces commandes venaient à diminuer. Cette certitude, ils ne l'avaient pas et ils préféraient attendre des jours meilleurs avant de courir le risque d'embaucher.

Je tentais de les convaincre d'anticiper une situation que je qualifiais de « sans risque » puisque des assurances formelles nous avaient été données sur cette prochaine liberté de gestion des effectifs.

Ma conviction profonde a toujours été que les entreprises, et en particulier les plus petites, hésitent à embaucher par crainte de ne pouvoir réduire leurs effectifs par la suite. Je restais persuadé que des emplois disponibles seraient ainsi libérés.

C'est le 26 mai 1986 que j'envoyai à des dizaines de milliers de chefs d'entreprise ma traditionnelle *Lettre du Président*, éditée tous les deux mois environ.

Celle-ci se voulait une incitation à l'embauche, comme le

prouvent les trois passages ci-dessous particulièrement éloquents :

« ... Embaucher ! voilà le maître mot... »

« ... Investissons, exportons et surtout embauchons autant que nous le pouvons... »

« ... La marche vers le libéralisme économique est commencée. Nous devons tout mettre en œuvre pour qu'elle aboutisse et que la France gagne la bataille de l'emploi. »

Bien sûr, un passage était consacré à la suppression de cette fameuse autorisation de licenciement par une loi qui serait, je l'espérais, « votée dans quelques jours et permettrait de licencier jusqu'à dix personnes par mois et par établissement sans autorisation et dans les conditions de procédure plus simple du licenciement individuel ».

Ces propos étaient, je le répète, destinés à rassurer pleinement les chefs d'entreprise pour leur permettre d'embaucher plus facilement de suite.

Cette *Lettre du Président* arriva bien entendu dans les mains des journalistes de tous bords et le journal *Les Echos* lui consacra un article le 28 mai, *Le Figaro* un autre le 29, en interprétant cette missive comme une ardente incitation à l'embauche.

Pour ne pas compromettre Jacques Chirac, je n'ai pas diffusé l'aimable lettre de soutien qu'il m'a adressée dès le 3 juin pour « approuver les termes de ma lettre et notamment le conseil que je donnais aux chefs d'entreprise d'investir et d'embaucher pour que la France gagne la bataille de l'emploi ».

Le sens de ma lettre circulaire avait donc été parfaitement compris par le gouvernement lui-même.

Trahison

Ce n'est que plus tard, le 5 juin, soit huit jours après l'événement, que le journal *Le Matin* titrait à la une sur cinq colonnes et en très gros caractères :

« LICENCIEMENTS : LA RECETTE DE GATTAZ ».

Je me serais bien passé de cette publicité personnelle, même tardive.

Contrairement à ses deux confrères, *Le Matin* avait, croyait-il, découvert dans mes lignes le véritable message: « Licenciez ». Et pour mieux faire passer son interprétation tardive, *Le Matin* publiait, page 5, un curieux fac-similé de ma lettre tronquée et truquée:

— la date avait été supprimée;

— les trois pages avaient été réduites à une seule avec les extraits qui lui semblaient les plus intéressants;

— précisément, le passage incriminé avait été soigneusement souligné, alors que le texte original ne comportait aucun passage souligné.

Privé d'une partie de son contexte, le message était largement déformé et chacun pouvait y aller de son interprétation.

Le Matin obtint ce qu'il souhaitait: un beau tollé chez les syndicalistes et chez certains politiques. En somme, le C.N.P.F. jetait le masque et, comme le disait depuis longtemps le Parti communiste, il ne pensait qu'à licencier et à réduire l'emploi en France. Trahison! Trahison!

Devant notre indignation et le soutien de journalistes choqués par ces méthodes, *Le Matin* se vit contraint de publier le lendemain 6 juin la véritable lettre sans coupures, sans traits pour souligner et avec sa date, rectifications peu courantes constituant une sorte d'aveu, même si le titre de la première page, toujours sur cinq colonnes, restait accusateur: « Tollé contre Gattaz ». Décidément, on parlait beaucoup de moi. L'affaire Gattaz ou l'affaire du *Matin,* comme on voudra, défraya plusieurs jours la chronique.

Les syndicalistes ne manquèrent pas l'occasion facile de faire parler d'eux en parlant de moi en termes peu amicaux. Il paraît que c'est la règle du jeu. Beaucoup d'observateurs trouvèrent curieux cette bombe à retardement, au moment précis où l'on discutait de ce sujet à l'Assemblée. A qui voulait-on faire peur?

D'autres journalistes parlèrent de « manipulation », constatèrent que « les syndicats s'engouffraient dans la brèche », trouvèrent qu'« on faisait beaucoup de bruit avec cette histoire » et qu'on publiait « des extraits choisis sans grand scrupule avec une présentation où ne transparaît pas le souci de la vérité ».

Un journal titra : « Ciseaux et pots de colle socialistes ». Un autre : « La lettre de Gattaz était truquée ». Un autre : « Flagrant délit de désinformation ». Un autre enfin : « Gattaz trahi ».

Une revue sociale donna plus de détails : « Une information fausse avait été répandue dans l'opinion publique et la rectification du lendemain n'avait réparé qu'une partie du mal fait la veille. L'auteur de cette falsification n'a aucune excuse, pas même celle qu'on pourrait trouver à Bismarck falsifiant la dépêche d'Ems. Tout le monde sait, et le faussaire du *Matin* le savait comme tout le monde, qu'on peut faire dire à quelqu'un le contraire de sa pensée en tronquant le texte où cette pensée s'est exprimée. »

Hors du scandale du moment et avec le recul du temps, que peut-on retenir de cet épisode tragi-comique de notre incessante bataille pour l'emploi ?

Cet incident tapageur fit connaître aux chefs d'entreprise qui pouvaient l'ignorer que les libertés qu'ils attendaient étaient proches et que leurs craintes devant l'embauche d'effectifs supplémentaires (lorsqu'ils étaient nécessaires bien sûr) étaient vaines.

Un point fait au C.N.P.F. le 23 juillet 1986, c'est-à-dire deux mois plus tard, nous montra que l'embauche « frémissait » enfin chez les petites et même chez les moyennes entreprises.

Paradoxalement, le scandale du *Matin* aurait-il été favorable à l'emploi ?

CHAPITRE VIII

L'EMPLOI, L'EMPLOI, L'EMPLOI

LES TROIS F DE L'EMPLOI

Pendant mon mandat de cinq ans, je dois avouer que la plus triste des besognes du président du C.N.P.F. a été de dissiper les innombrables illusions des chômeurs, et particulièrement des jeunes chômeurs, persuadés que l'homme de France qui connaît le plus d'emplois disponibles, c'est le patron des patrons, celui qui « préside » l'ensemble des professions et l'ensemble des entreprises de toutes catégories et de toutes tailles. Combien a-t-il d'emplois disponibles sur son bureau ?

La vérité est trop triste pour être avouée. Les nombreuses lettres, parfois émouvantes, souvent navrantes, de ces chômeurs désespérés à la recherche d'un emploi sont toujours éprouvantes. Et ceux qui m'écrivaient n'étaient pas ceux qui font semblant de chercher en espérant qu'ils ne seront pas pris, pour avoir simplement le label de recherche et continuer à toucher leurs indemnités. Non, ces correspondants me racontaient leurs recherches sans fin dans les branches les plus diverses. Parfois, c'étaient des pères ou des mères qui écrivaient pour leurs enfants.

Souvent, la lassitude me gagnait et je me demandais si je ne devrais pas leur dire la vérité, c'est-à-dire que mon poste stratégique pour l'économie ne l'était pas pour la recherche d'un emploi particulier. En ai-je fait des démarches avec les membres de mon cabinet : lettres, coups de téléphone, pour tenter de placer quelques demandeurs suppliants. Je dois dire ici que mes deux chefs de cabinet, Denis Zervudacki puis Philippe Rousselet, ont été, dans ce domaine, d'un rare dévouement.

Et parfois le miracle réussissait. Généralement d'ailleurs pour ceux qu'on connaissait le moins. La chance est ainsi faite.

Souvent, nous allions d'échec en échec. A tout hasard, je demandais à notre propre société, Radiall, si telle candidature ne pourrait pas convenir à un prochain besoin. Mais il ne m'était pas possible, bien sûr, de recommander des sureffectifs, une des plus graves fautes de gestion que les salariés eux-mêmes ne pardonnent pas lorsqu'une entreprise connaît de ce fait des difficultés. Radiall, cependant, a souvent montré l'exemple tant pour l'instauration des horaires souples dès 1971 que pour les stages de formation des jeunes en alternance en 1985 et 1986.

Voilà pourquoi, pendant cinq ans, nous nous sommes tant préoccupés du chômage et de l'emploi. En arrivant, j'avais choqué une fois de plus par ma déclaration, paraît-il, excessive : « Responsables de l'emploi, nous ne pouvons nous désintéresser du désemploi. » Mais plus j'ai martelé cette phrase, plus elle a été acceptée.

Quelques chefs d'entreprise me répondaient : « L'emploi, c'est nous, mais pas le chômage. »

Discussion sans intérêt en réalité. Le problème des responsabilités est dépassé. Il a cédé depuis longtemps la place à l'initiative de tous pour combattre le chômage.

Il est vrai que, si le chômage est un problème social, l'emploi, lui, est un problème économique.

Oui, mais voilà, ce sont les théoriciens qui donnent des leçons en la matière : ministres ou syndicalistes qui n'ont jamais créé un seul emploi eux-mêmes. Et ils oublient de demander conseil aux seules personnes compétentes, les dirigeants d'entreprise, vrais créateurs de vrais emplois.

Un des facteurs d'emplois nouveaux est à l'évidence la remontée de certains seuils sociaux particulièrement abrupts et traumatisants pour les responsables d'entreprise dont les effectifs arrivent au voisinage de ces seuils.

D'ailleurs, la courbe des contraintes sociales légales en fonction des effectifs que nous avions établie au mouvement E.T.H.I.C., et qui avait été refaite avec beaucoup plus de détails par Claude Archambault au C.N.P.F. quelques années plus tard, a prouvé qu'il y a deux pics abrupts dans cette courbe, l'un aux alentours de 10-11 salariés puisque les seuils ne sont pas les mêmes entre les contraintes fiscales et les contraintes sociales, et l'autre à 50 salariés qui est le seuil de la création d'un comité d'entreprise, changeant ainsi les règles de représentation du personnel.

Ces courbes permettent de démontrer que la contrainte sociale est quelque vingt fois plus forte, toutes proportions gardées, pour une entreprise de cinquante personnes que pour une entreprise de 5000 personnes, la courbe s'atténuant peu à peu pour reprendre un régime à peu près normal au fur et à mesure de la montée des effectifs.

Inlassablement, je répétai cette théorie à Jean Auroux, je lui apportai les courbes et je lui expliquai que ces entreprises voisines de dix personnes ou de cinquante personnes avaient vraisemblablement des emplois disponibles mais qu'elles étaient terrorisées par le franchissement de ces seuils même s'il y avait dans cette crainte un caractère psychologique que nous n'avons jamais nié.

Des études qui ont été faites ultérieurement ont prouvé effectivement que quelques dizaines de milliers d'emplois pouvaient être créés par remontée significative de ces seuils.

Je pensais être arrivé peu à peu à convaincre Jean Auroux de la nécessité de remonter ces seuils pour déclencher quelques emplois.

— Je crois que vous m'avez convaincu et il va falloir que nous prenions des mesures dans ce sens. L'emploi est totalement prioritaire, me dit-il un jour où j'étais seul dans son bureau.

Il semblait bien décidé à convaincre les syndicats de la nécessité de cette mesure. Malheureusement, quelques jours après cette conversation, Jean Auroux était remplacé au ministère des Affaires sociales par Pierre Bérégovoy.

Bien entendu, je me précipitai chez le nouveau ministre et lui fis état des récentes conversations que j'avais eues avec son prédécesseur, mais le nouveau ministre n'avait entendu parler de rien; son entourage non plus; tout était à remettre en question. Une occasion était perdue pour l'emploi.

E.N.C.A. de malheur

Obsédé par ce problème de l'emploi, je proposai alors à Pierre Mauroy lors d'une de mes visites à Matignon, le 22 février 1984, une formule choc que certains qualifièrent même d'électrochoc, les E.N.C.A., les Emplois Nouveaux à Contraintes Allégées, sigle improvisé dans l'instant et qui aurait gagné à être transformé en E.S.C.A., car il s'agissait en réalité d'emplois supplémentaires à créer.

De plus, ce sigle prêtait aux plaisanteries faciles que le journal *L'Unité* du 17 juillet 1984 ne manqua pas : « E.N.C.A. de malheur ». Inévitable !

Le principe des E.N.C.A. était simple. Devant la situation sans cesse aggravée du chômage, il fallait réagir par des mesures propres à inciter les chefs d'entreprise à embaucher. Or, nous savions que des emplois étaient disponibles et véritablement gelés par des rigidités traumatisantes. Ce sont les quatre murs de contraintes qui arrêtent les entreprises dans leur course à l'expansion, donc à l'embauche :

— le mur des contraintes administratives, bâti à l'envi par l'administration la plus intelligente du monde, donc la plus efficace, donc la plus productive en formulaires de toutes sortes ;

— le mur des contraintes sociales. Le Code du travail a plus de 2000 pages et les décrets, circulaires d'application et conventions collectives beaucoup plus de 10000. Quel chef d'entreprise en connaît le centième ?

— le mur des contraintes fiscales. La fiscalité française est de tradition une des plus soupçonneuses, des plus répressives et des plus démotivantes des pays modernes ;

— et enfin, sur ces triples murs de soutènement, les chefs d'entreprise ont construit, je le reconnais, un mur d'inhibitions psychologiques. Mais qu'on ne s'y trompe pas, les exhortations du président du C.N.P.F. ne peuvent abattre ce quatrième mur si les trois murs de dessous ne sont pas sensiblement abaissés.

Les E.N.C.A. proposaient une suspension pour une durée expérimentale de trois ans :

— de quelques taxes basées sur les salaires,

— des seuils sociaux de 10-11 et de 50 salariés,

— et surtout de l'autorisation administrative de licenciement.

Les réactions syndicales et politiques firent de ces E.N.C.A. une bombe et un scandale, un de plus.

J'allais créer des emplois à deux vitesses, paraît-il.

Jack Ralite, dans *L'Humanité* du 17 juillet 1984, ironisa en comparant mes promesses « vraiment pas sérieuses » avec le « Picon-citron de César, de Pagnol: 1/3 de Picon, 1/3 de citron, 1/3 d'orgeat, 1/3 d'eau de Seltz, c'est-à-dire pas d'eau. Ici on a 1/3 de liberté de licenciement, 1/3 de suppression des seuils, 1/3 d'exonération des charges sociales et 1/3 d'emplois, c'est-à-dire pas d'emplois ».

Jack Ralite a eu, je le reconnais, le mérite d'introduire l'humour chez les communistes qui y étaient peu préparés.

Or on sait que l'humour vient aux communistes comme l'esprit vient aux filles.

Pour que nos propositions soient considérées comme sérieuses, j'avais confié une étude au cabinet Pragma spécialisé dans les enquêtes sociales pour connaître le nombre approximatif d'emplois supplémentaires qui pourraient être ainsi créés.

L'enquête, terminée en juillet 1984, a été faite auprès de 230 chefs d'entreprise par des entretiens de longue durée.

Les résultats chiffrés furent étonnants et donnèrent des fourchettes que les statisticiens et commentateurs transformèrent immédiatement en « chiffres médians » plus frappants, chiffres contestés sans cesse et ressortis à chaque occasion comme « dangereusement optimistes ».

Avec le recul du temps, on peut tirer quelques leçons de cette proposition d'E.N.C.A. et de leurs performances prévues qui n'ont pas été atteintes, car notre étude avait été faite avec un taux de croissance pour l'économie française qui n'a pas été tenu, loin de là. Or on sait qu'un point de croissance en moins correspond à 150000 à 200000 emplois en moins également.

Tout d'abord, la suppression de l'autorisation administrative de licenciement accordée définitivement par le gouvernement Chirac le 1er janvier 1987 n'a pas eu les effets craints par les adversaires de cette suppression, c'est-à-dire :

— diminution brutale du nombre d'emplois réels,

— augmentation massive des licenciements,

— embouteillage des tribunaux des prud'hommes par l'explosion des litiges.

Au contraire, ce nombre a diminué.

Par ailleurs, les emplois totaux n'ont pas régressé comme les années précédentes après cette suppression.

On peut dire, je crois, que les flexibilités que j'avais proposées sont et seront toujours des remèdes partiels, mais des remèdes tout de même au chômage.

Il faut reconnaître que le gouvernement socialiste en 1981 désirait sincèrement s'attaquer au problème du chômage qu'il avait admis comme une priorité. Son erreur fut de ne pas comprendre assez vite la corrélation indéfectible entre chômage et emploi. En dehors des expédients, des subventions, des aides, du traitement social, le chômage dépend de l'emploi en priorité même s'il est affecté en plus par la démographie, le travail des femmes et quelques autres facteurs de société. Quant à nous, chefs d'entreprise, notre rôle direct est de créer des emplois.

Notons que la crise de l'emploi que connaît la France depuis des années aura eu à terme un effet imprévu. Le travail si longtemps décrié s'est trouvé réhabilité par sa rareté même, tout comme l'entreprise a été réhabilitée au moment où l'on a craint sa disparition. Autrefois aliénant, le travail est aujourd'hui libérateur. Il n'est plus un strict besoin matériel mais un besoin psychologique, promotionnel, social et affectif. Il n'est plus un mal nécessaire mais un but indispensable dans la vie.

Espérons qu'il gardera cette noblesse quand il sera redevenu moins rare, comme nous le souhaitons tous.

Un exemple entre cent : mis à la retraite à 60 ans, un de nos bons collaborateurs de Radiall vient de publier un long poème dans le « journal du personnel » de la société avec ce vers symbolique : « Travaillez, travaillez, c'est là le paradis. » On est loin de l'« enfer » dénoncé par tel détracteur de l'entreprise lors d'une de mes conférences à des jeunes il y a quelques années.

Des remèdes, pas de panacée

Bien sûr, l'expansion reste la meilleure source d'emploi. Malheureusement, elle ne se décrète pas. Mais on peut l'inciter en rendant nos entreprises plus compétitives.

D'ailleurs, certains assimilent le E d'emploi avec le E d'expansion, non sans raison.

En fait, il s'agit du triple E de « l'emploi, l'emploi, l'emploi », priorité obsessionnelle que j'avais exposée dans *Le Monde* du 5 mars 1986, article dont j'appris par la suite, non sans fierté, qu'il servait de base pour des sujets d'écoles et d'universités.

Face à ces trois E, il fallait afficher les trois F de Formation, de Fiscalité et de Flexibilité.

Ces trois F se retrouvent sous une forme différente dans l'excellent rapport de décembre 1985 que j'avais moi-même demandé à l'Institut de l'entreprise, étude dirigée sous la présidence de Jacques Lemonnier et intitulée : « Comment faire pour que le chômage ne soit plus une fatalité ». Quant au titre du très bon ouvrage d'Octave Gélinier, *Le chômage guéri si nous le voulons*, il est lui-même un programme de flexibilités et de volonté.

Ces recettes ne sont sûrement pas exhaustives ni radicales.

Le chômage est un cancer qui ne se guérit pas facilement. Mais nous avons aujourd'hui un arsenal de médicaments. Il est indispensable de les employer tous, même si certains provoquent quelques réactions secondaires plus ou moins bien supportées.

L'erreur est de penser que quelques mesures partielles ou légères donneront des résultats proportionnels.

L'impact est souvent insignifiant, voire nul.

Comme pour les antibiotiques, l'effet n'est atteint qu'avec une certaine dose de médicaments. Au-dessous, c'est totalement inutile.

Ce qui est certain, et je crois que les syndicats eux-mêmes l'ont bien compris, c'est que le vrai progrès social, c'est l'emploi.

Il mérite la coalition de tous les Français.

Notre premier F est celui de Formation. Elle est capitale, est-il besoin de le rappeler encore une fois ? Les enquêtes effectuées début 1987 par la fondation Jeunesse et Entreprises ont prouvé que 48 % des jeunes chômeurs de moins de 25 ans étaient sans formation aucune, et que le taux de chômage baissait régulièrement avec l'élévation du niveau de formation.

Le plan gouvernemental pour l'emploi des jeunes mis en place en 1986 a pris en compte ces impératifs et la nouvelle loi sur l'apprentissage du 23 juillet 1987 est un tournant important dans cette formation de base qui ne sera plus considérée comme celle de l'échec renouvelé, mais une adaptation à un métier, tout comme en Suisse ou en Allemagne fédérale.

Le deuxième F de Fiscalité est également important pour la compétitivité et la croissance de nos entreprises et de leurs emplois.

Malgré les allégements récents, qu'il faut saluer, il reste encore beaucoup à faire pour aligner notre fiscalité d'entreprise sur celle des pays les plus modernes, et la rendre moins démotivante pour l'entrepreneur de croissance et pour le créateur d'entreprise nouvelle.

Le troisième F est celui de la Flexibilité.

L'EMPLOI PAR LA FLEXIBILITÉ

Ce nom de « flexibilité » a fait couler beaucoup d'encre et il était devenu la phobie des syndicats.

A la vérité, ce mot est pourtant anodin et figure depuis très longtemps dans le dictionnaire. Il était employé également dans le domaine technique et technologique et nous parlions souvent de flexibilité des ateliers, de flexibilité de la production. Restait à l'acclimater dans le domaine social.

Nous avions décidé, aux *Quatre Vérités* et à E.T.H.I.C., de l'utiliser dans le domaine social bien avant 1982 puisque les horaires souples étaient appelés parfois horaires flexibles. Dans mon discours d'intronisation du 15 décembre 1981, j'employai volontairement cette expression qui n'avait pas encore franchi les grilles de l'avenue Pierre-Ier-de-Serbie.

L'un de mes collaborateurs, qui ne manque pas d'humour, me déconseilla vivement d'introduire ce néologisme, « car personne, disait-il, ne sait comment il s'écrit ni comment il se prononce ». C'est grâce au talent de vulgarisation de Michel

Albert, dans son livre *Le Pari pour l'Europe*, que ce terme fut relancé un peu plus tard et définitivement adopté en France et même en Europe.

La flexibilité est difficile à définir, et il me semble que sa meilleure définition, c'est l'inverse de la rigidité ou plutôt l'inverse de toutes les rigidités tant celles-ci sont innombrables dans tous les domaines, et particulièrement dans le domaine social.

La flexibilité, c'est l'adaptation, le changement, la déréglementation, la désétatisation, la libéralisation, l'accord décentralisé.

Longtemps, les salariés, et surtout les syndicats qui tentaient de les représenter, ont prétendu que la sécurité de l'emploi ne pouvait venir que de réglementations contraignantes, de rigidités les plus diverses qui constituaient une sorte de parapluie protecteur.

Il y a longtemps que c'est faux, comme l'a prouvé la bataille d'Azincourt en 1415. On se rappelle en effet que la cavalerie française était harnachée, que nos chevaliers avaient des armures réputées les plus solides du monde, et nos troupes se sont trouvées confrontées à des archers anglais souples, légers, peu protégés, mobiles, en un mot flexibles. On connaît le résultat : les troupes françaises furent décimées. On a eu dès le début du XVe siècle la démonstration que la rigidité n'était pas synonyme de résistance.

Plus tard, La Fontaine n'a-t-il pas dit des choses semblables à propos du chêne et du roseau ?

Les rigidités introduites par le gouvernement début 1982, par exemple sur les contrats à durée déterminée, le travail à temps partiel et le travail intérimaire, furent des mesures anti-emploi notoires, comme je l'ai signalé plusieurs fois au président de la République. Pris entre son intention de créer des emplois et son désir de ne pas mécontenter ses syndicalistes-électeurs, le gouvernement de l'époque ne sut pas trancher même s'il devinait que l'emploi était son plus grand problème et qu'il constituait à l'évidence à lui seul le vrai progrès social de notre temps.

Curieusement, si le mot n'était pas officiellement reconnu, et même s'il était toujours combattu, la flexibilité s'introduisait subrepticement dans les entreprises, souvent par des accords directs dits « accords d'entreprises » entre la direction et les représentants syndicaux s'il y en avait, ou plus simplement entre dirigeants et personnel.

Une anecdote prouve cette évolution inéluctable vers la souplesse.

Le 20 juin 1985, je reçois la visite de Gérard Morin, d'Antenne 2. Il souhaite créer avec François-Henri de Virieux une grande émission économique télévisée. Acceptation enthousiaste de ma part, bien sûr. L'émission s'appellera finalement « Actions » et sera diffusée une fois par mois le jeudi. Une séquence intitulée « Donnant-donnant » montrera des accords d'entreprises les plus variés.

J'acceptai bien volontiers de faire partie du jury avec le ministre des Affaires sociales, Michel Delebarre, et un responsable syndicaliste tournant. L'émission commença en septembre et nous fûmes amenés tous les trois à noter et à commenter des « accords de flexibilité » signés dans des entreprises, souvent en marge des lois et même de certaines conventions collectives.

Cette seule diffusion était pour nous une immense victoire. Qu'elle soit jugée par un ministre socialiste et un syndicaliste était encore plus surprenant. Bien entendu, si je mis dans tous les cas des notes excellentes de 15 à 19, mes deux partenaires sévirent parfois par des notes éliminatoires contre tel accord pris contre l'avis de tel ou tel syndicat ou, ô horreur, sans consultation des syndicats.

Parfois, à la séance de maquillage, je me penchais vers Michel Delebarre pour lui susurrer :

— Voilà bien un accord totalement dérogatoire du droit commun !

— Non, simplement à la limite, me répondait le ministre non sans humour.

Voilà des limites élastiques, qui auront bien participé à la vraie flexibilité : celle des lois et celle des esprits. Pour le plus grand bien de l'emploi, seul vainqueur de cette joute.

Si l'entreprise française meurt des rigidités, elle peut renaître des flexibilités.

Il est simplement dommage que ce mot de flexibilité ait connu une attitude de rejet de la part des syndicats qui considéraient que là encore il s'agissait d'un « Gattazisme » provocateur, alors qu'il ne s'agissait que d'une méthode simple pour améliorer les conditions de travail des salariés eux-mêmes. Car si cette flexibilité est nécessaire aux entreprises pour adapter leurs produits à leur marché, flexibilité dans les horaires, flexibilité dans la production, indispensables à l'époque d'une concurrence mondiale implacable, on oublie souvent de dire que cette flexibilité peut être également un élément de vie familiale ou personnelle améliorée pour les salariés qui, d'ailleurs, la réclament eux-mêmes de plus en plus souvent.

C'est précisément dans ce domaine de la flexibilité avant la lettre que les syndicats ont connu leur première grande défaite psychologique en France.

En effet, dans les années 70, nous étions un certain nombre de chefs d'entreprise français à tenter d'organiser dans nos bureaux et même dans nos ateliers des horaires souples ou variables.

La mise en route en fut laborieuse et souvent coûteuse pour les entreprises. Ce fut le cas pour le siège de la société Radiall, à Rosny-sous-Bois où, dès 1971, nous avons tenté une mise en route d'horaires variables un peu hasardeuse.

Le système est aujourd'hui très connu : les salariés disposent de plages libres d'arrivée et de départ assez larges pour leur permettre des horaires de travail souples et adaptés à leurs contraintes familiales ou personnelles.

Comme certaines entreprises innovatrices, nous avons commis, à la société Radiall, l'erreur d'instaurer des plages trop larges qui ont désorganisé le travail pendant quelque temps. Expérience coûteuse que nous ne regrettons cependant pas.

Les salariés ont vite compris l'intérêt immense de cette méthode mise en place pour leur confort personnel beaucoup plus que pour la productivité de l'entreprise elle-même. Ils ne s'y trompèrent pas.

Aujourd'hui, les salariés français, dans leur majorité, se sont habitués à ces horaires souples qui sont parfois simplement personnalisés en fonction des besoins de chacun, et ils considèrent qu'il s'agit là d'un des plus grands progrès sociaux réalisés depuis la dernière guerre. Ne nous étonnons pas qu'ils gardent une rancune tenace aux syndicats qui se sont opposés à l'établissement de ces horaires souples, faisant la démonstration que leur conservatisme et leurs intérêts corporatistes passaient avant la défense des salariés.

Les salariés français n'ont pas la mémoire courte, et il est probable que cette erreur stratégique grave des syndicats français a contribué à la désaffection syndicale qu'on a connue dix ou quinze ans plus tard, comme nous le verrons dans la deuxième partie de ce livre.

Au C.N.P.F., nous avons mené un dur combat et nous avons eu beaucoup de peine pour faire comprendre que la flexibilité est pour l'entreprise le corollaire inévitable des changements qu'elle subit sans cesse: changement de commandes, de clients, de fournisseurs, de structures, de méthodes. L'entreprise, c'est le changement. Et le changement, c'est la vie. Les Assises du 30 septembre 1986 au Zénith l'ont magnifiquement démontré, sur le monde en mutation et l'entreprise en mouvement.

Mais la flexibilité n'existe pas que dans le domaine des conditions et des horaires de travail. Pour qu'une entreprise puisse adapter ses coûts salariaux à son activité du moment, les flexibilités peuvent s'appliquer aux effectifs, mais aussi aux horaires, et même aux salaires. On a vu telle flexibilité préférée à d'autres par les salariés eux-mêmes de telle entreprise ou de tel pays. Rappellerai-je qu'aux Etats-Unis on a vu les salariés de grandes entreprises accepter de très fortes baisses provisoires de salaires pour préserver leur emploi? Cette méthode n'est pas acceptée partout, mais on voit que les flexibilités sont directement liées à l'emploi.

Avec un peu de recul, on peut se demander pourquoi cette « flexibilité » a tant heurté les syndicats qui ont organisé contre elle une véritable coalition. Peut-être, comme pour les horaires variables, a-t-elle été présentée comme une initiative trop « patronale ». Peut-être aurait-il fallu introduire cette inévitable notion de flexibilité de façon plus souple, peut-être même avec un détour diplomatique par un syndicat qui en serait devenu le découvreur génial.

Quoi qu'il en soit, l'anathème fut immense et on me dit qu'il subsiste encore malgré l'intérêt que les salariés manifestent eux-mêmes pour ces aménagements.

L'échec patronal de 1984

Les « Etats généraux des entreprises au service de la Nation » de décembre 1982 à Villepinte ont émis huit propositions « pour la survie des entreprises, la compétitivité, l'investissement et l'emploi ».

Plusieurs reprenaient le thème de la flexibilité et dans l'année 1983, « année de l'après-Villepinte » animée par Michel Maury-Laribière qui répétait avec force que « rien n'était plus comme avant pour le C.N.P.F. », ce sujet fut abordé avec les centrales syndicales de nombreuses fois. Ces pourparlers furent longs, car le mot de « flexibilité » était chargé de connotations péjoratives.

Ce n'est qu'en mai 1984 que débutèrent les grandes négociations pudiquement appelées « négociations sur l'aménagement du temps de travail », suite logique et tardive de Villepinte.

Elles durèrent jusqu'en décembre 1984.

Un protocole en cinq chapitres fut rédigé le 16 décembre par le C.N.P.F. : mutations technologiques (très demandée par les syndicats), durée et aménagement du temps de travail, procédure de licenciements, seuils, travail différencié.

Nos représentants avaient dû abandonner deux demandes pressantes des entreprises : « mes » E.N.C.A., Emplois Nouveaux à Contraintes Allégées, qui donnaient des boutons aux syndicats, et la suppression de l'autorisation administrative de licenciement qui transformait ces boutons en abcès. Concessions majeures que beaucoup d'entreprises regrettèrent vivement.

Malgré ces concessions, les membres les plus raisonnables de notre délégation patronale (ils étaient nombreux de cette catégorie et je tiens à leur rendre hommage une fois de plus pour leur contribution discrète et efficace) étaient pessimistes sur la signature de cet accord par les syndicats.

Trop rapidement, le chef de notre délégation fit à la presse des déclarations optimistes sur cet accord « presque signé », ainsi qu'à l'assemblée générale du C.N.P.F. du 18 décembre. Félicitations. Congratulations. Reconnaissance. Portrait télévisé avec sa famille sur TF1.

Un responsable Force ouvrière rencontré par hasard à la Maison de la Radio m'avait cependant mis en garde :

— Nous ne signerons pas.

Patatras ! Après la C.G.T. opposée depuis le début sans ambiguïté, la « base » de la C.F.T.C., de la C.F.D.T. et de F.O. refusa. Seule la C.G.C. maintenait son accord de principe mais refusait de signer seule.

La presse fut sévère : « Grave échec pour le C.N.P.F. », « là s'achève sans doute l'ère Chotard » (*Le Nouvel Economiste* du 3 janvier 1985). Effectivement c'était un échec grave.

Il ne me restait qu'une solution : reprendre moi-même les affaires en main. Soutenu par la C.G.P.M.E., je déclarai début janvier 1985 que ce protocole faisait un tout non renégociable par petits bouts, ce que le gouvernement et les syndicats auraient vivement souhaité.

On prétendit bien sûr que nous étions inflexibles sur la flexibilité.

C'était exact car nous demeurions persuadés que la flexibilité ou plus exactement les flexibilités, car elles peuvent être très nombreuses, sont toujours des facteurs d'emploi donc de progrès social. C'étaient les pays qui avaient le plus déréglementé les rigidités sociales et administratives qui avaient créé le plus d'emplois, constatation sans équivoque.

Que s'était-il passé ? Les grand-messes patrono-syndicales nocturnes et télévisées avaient impliqué les états-majors syndicaux, mais ceux-ci ont été désavoués cruellement par leur base.

Si la flexibilité des salaires n'a pas été abordée lors des négociations de 1984, elle reste cependant un élément important de créations d'emplois et surtout de petits emplois que nous appelions nous-mêmes depuis fort longtemps des « petits boulots », avec discrétion toutefois car nous jugions, peut-être à tort, cette expression un peu péjorative. Comme ces petits emplois doivent avoir une fluidité telle qu'ils s'infiltrent dans tous les interstices du travail, je les avais appelés des « emplois colloïdaux ».

Le S.M.I.C. est un des éléments majeurs de rigidité de salaires et d'emplois. Il s'agit là d'une mesure qui avait été prise pour éviter les trop bas salaires et améliorer le sort des plus défavorisés, mais personne n'avait prévu à l'époque ses effets pervers qui sont de plus en plus connus aujourd'hui.

Il est certain que ce salaire minimum appliqué à toutes les

branches, à toutes les catégories, à toutes les régions de façon uniforme a des conséquences néfastes.

Tout d'abord, ce S.M.I.C. général est, lors de hausses rapides, inflationniste par son « effet de vague », c'est-à-dire sa répercussion inévitable sur les catégories voisines.

A l'origine, « salaire minimum interprofessionnel de croissance », il aurait dû être transformé en « salaire de crise ou plutôt de compétitivité ».

Par ailleurs, il entraîne la compression par le bas des catégories professionnelles. Au cours d'un de mes voyages en province, j'ai été interpellé par une ouvrière d'un atelier de couture de Toulon qui était venue me raconter son aventure professionnelle. Se disant très spécialisée, elle était, paraît-il, dans son atelier de couture en catégorie 3. Puis le S.M.I.C. montant et comprimant peu à peu les catégories supérieures, elle s'est retrouvée en catégorie 2, puis en catégorie 1, et enfin à catégorie égale avec les employées sans aucune qualification entrées au S.M.I.C. dans l'entreprise, ce qui créait chez elle une immense frustration.

Enfin, il freine les petits boulots car, dans ce cas, le chef d'entreprise se doit de calculer quelle est la rentabilité possible de ces petits travaux, en fonction de leur prix de revient. Si, dans ce prix, le coût de la main-d'œuvre est trop important, il ne les fera pas et le poste n'existera pas. Le problème du S.M.I.C. est donc de savoir s'il vaut mieux créer des postes moins rémunérés ou ne pas les créer du tout. Comme l'a dit Jacques Plassard : « Dans un monde fortement intégré, l'emploi se développe là où il est bon marché et recule là où il est cher. » Toute relance de l'emploi sous-qualifié est donc particulièrement difficile en France.

Je ne pensais pas le 15 décembre 1981, à l'assemblée générale du C.N.P.F. qui m'élut, que le mot-surprise de « flexibilités » que je lançais dans le domaine social connaîtrait autant de vicissitudes pendant les cinq ans de mon mandat et qu'il ne pourrait s'imposer peu à peu qu'après les échecs qui ont sans doute banalisé l'expression et accoutumé les esprits à une novation incontestée dans le domaine de l'emploi.

DEUXIÈME PARTIE

... A LA NOUVELLE ENTREPRISE PERFORMANTE

Je suis connu pour ne penser qu'au futur et ne jamais me pencher sur le passé, ce que ma famille me reproche affectueusement. Comme le disait le maréchal Gaston de Lévis: « Le passé est soldé, le présent vous échappe, il faut songer à l'avenir. » C'est vrai que le présent, simple point de transition entre passé et futur, n'existe pas. Le passé, lui, est inutile et ne sert qu'à la préparation du futur.

Malraux l'a dit fort élégamment: « Le futur est un présent que nous fait le passé. »

C'est pourquoi je me suis toujours passionné pour l'entreprise, non pas celle d'hier, mais celle de demain, évolutive, transformable, améliorable, pleine d'espoir. Car les hommes vivent d'espoir. Le drame du passé c'est que, s'il rassemble des souvenirs, il ne contient plus d'espoir.

L'espoir est à ceux qui croient en l'avenir, qui parient sur l'avenir, qui forcent l'avenir.

Le déclin est à ceux qui, fatigués du passé, sont aussi et déjà fatigués de l'avenir.

Et si Guillaume d'Orange revenait parmi nous, il serait contraint d'inverser sa formule car je persiste à croire qu'il est « indispensable d'espérer pour entreprendre ».

Si la première partie de ce livre a tenté de décrire nos combats pour l'entreprise de 1981 à 1986, je souhaite transformer ces souvenirs en espoirs, car il serait dommage que des événements aussi exceptionnels ne servent pas de leçon pour la conduite de l'avenir, avenir de nos organisations professionnelles, avenir des syndicats, avenir des entreprises elles-mêmes, avenir des jeunes Français frappés par la crise de l'emploi, et avenir des Français eux-mêmes désorientés par les joutes politiciennes.

CHAPITRE IX

DEMAIN LE C.N.P.F.

« Chez les ouvriers, les meilleurs deviennent syndicalistes, chez les patrons, ce sont les moins bons. »

Cette anecdote assassine circule depuis longtemps avec fluidité chez les chefs d'entreprise, ceux-ci oubliant dans leur ironie facile qu'ils sont les responsables de ce bruit. S'ils s'engageaient eux-mêmes dans la vie publique, ils n'auraient plus besoin de critiquer ceux qui les défendent.

Henri Weber, dans son livre *Le Parti des patrons*, prétend que le C.N.P.F., dans son histoire, a toujours su trouver le président qui convenait à la période qu'il traversait. Il est probable que cette faculté d'adaptation se poursuivra.

Premier groupement patronal, le Comité des forges fut créé en 1864. En 1919, immédiatement après la Première Guerre mondiale, ce fut la création de la Confédération générale de la production française (C.G.P.F.), puis, en 1936, transformation en Confédération générale du patronat français de mêmes initiales.

Le Conseil national du patronat français (C.N.P.F.) naquit après la Seconde Guerre mondiale en 1946.

De 1946 à 1966, Georges Villiers a été un entrepreneur créatif et non conformiste qui pouvait seul « créer » le C.N.P.F. après les difficultés de la guerre et la dégradation de l'image des entreprises françaises. Européen convaincu, il sut préparer nos entreprises au traité de Rome. C'est lui qui mit en place l'essentiel des structures de l'organisation patronale. Sa plus grave erreur fut de rester trop longtemps à ce poste parisien en même temps qu'il tentait de rester un véritable chef d'entreprise lyonnais en activité. Son entreprise trop abandonnée connut de graves difficultés. Son trop long dévouement à la cause nationale lui a donc été fatal.

Ce fut la période du C.N.P.F. corporatiste et rassembleur.

De 1966 à 1972, Paul Huvelin, véritable chef d'entreprise lui aussi, qui avait été désigné par Georges Villiers pour lui succéder, alors qu'il était président de Kléber-Colombes, eut la sagesse de prendre le poste lors de sa retraite de l'entreprise, donnant lui-même l'exemple de ceux que nous appellerons plus tard des J.R., des Jeunes Retraités, alliant les deux qualités réputées habituellement incompatibles : la compétence et le temps disponible.

Homme d'imagination, Paul Huvelin créa le bureau d'études économiques Rexeco, le Centre français de promotion industrielle en Afrique (C.F.P.I.A.), négocia en 1968 des accords impossibles en tentant de limiter les dégâts, et eut l'idée de transformer l'effort financier de participation du général de Gaulle en provision déductible fiscalement pour investissement, mariage exceptionnellement heureux pour des années même si cette provision à 100 % fut peu à peu grignotée par les gouvernements successifs et totalement annulée par le gouvernement socialiste en 1984.

Ce fut la période du C.N.P.F. imaginatif mais secoué par 68.

De 1972 à 1981, François Ceyrac, poussé contre son gré par Paul Huvelin qui avait détecté ses qualités en tant que président de la Commission sociale, sut faire oublier sa carrière de fonctionnaire patronal. Et s'il eut la faiblesse d'abandonner la fonction sociale qu'il connaissait remarquablement bien et où il aurait pu limiter lui-même les dégâts de par sa compétence, il eut le mérite, grâce à Michel Frois, de lancer le C.N.P.F. dans l'arène médiatique sans laquelle il n'y a pas de consécration majeure.

Ce fut la période du C.N.P.F. médiatique mais syndicaliste et coûteux.

De 1981 à 1986, je fis l'impossible pour mener un combat inexorable contre les charges financières et les contraintes multiples, pour faire traverser par les entreprises françaises cette période tourmentée qui aurait pu voir leur naufrage, et surtout les réhabiliter dans l'esprit des dirigeants politiques et, je pense, de tous les Français.

Ce fut, je crois, la période du C.N.P.F. mutant, du nouveau C.N.P.F. des entreprises elles-mêmes.

Il est exact que, pour les ouvriers les meilleurs et les plus débrouillards, le syndicalisme est un mode de promotion sociale rapide. Plus rapide en tout cas que celle possible dans l'entreprise elle-même. Les mauvaises langues ajoutent à ces catégories les « planqués », version récente du syndicaliste qui sait profiter de la protection des élus et qui est bien éloigné de l'aventurier exposé du début du siècle.

Chez les chefs d'entreprise, la démarche est toute différente. Un vrai patron doit se consacrer à son entreprise qui a bien besoin de lui en permanence. En termes d'intérêt de son entreprise, et de ce fait de son intérêt personnel, il ne doit participer aux travaux d'intérêt général que dans la limite du « décitemps », nous l'avons vu.

— C'est vrai que financièrement ça ne lui rapportera rien et que ça lui coûtera. Il risque en effet d'affaiblir par ses absences son résultat d'exploitation.

— C'est vrai qu'un patron-propriétaire comme moi abandonne quelques points de rentabilité (et de dividendes) en acceptant des responsabilités nationales.

— C'est donc vrai que son intérêt strictement personnel est opposé ici à l'intérêt collectif.

— C'est vrai que le premier président du C.N.P.F., Georges Villiers, est resté, de par son dévouement à notre cause, trop longtemps éloigné de son entreprise lyonnaise qui a finalement sombré corps et biens.

— C'est vrai que l'imaginatif et efficace président Huvelin dont l'engagement a été total au C.N.P.F. a failli provoquer dans l'entreprise qu'il avait dirigée des grèves de représailles.

On peut donc prétendre, un peu vite, je crois, que le syndicalisme apporte beaucoup aux salariés, et surtout aux ouvriers, et coûte cher aux chefs d'entreprise, ce qui expliquerait le poncif des meilleurs et des moins bons de part et d'autre.

A la vérité, nous avons démontré depuis longtemps que les chefs d'entreprise avaient intérêt, pour leur entreprise elle-même, à sortir un peu de leur entreprise-citadelle, à abaisser le pont-levis, à se mêler à l'environnement, à discuter avec leurs confrères et à échanger leurs expériences.

Tout cela à la condition que le temps consacré demeure raisonnable et ne dépasse pas la limite du « décitemps ».

Je sais bien que j'ai donné moi-même un exemple excessif (avec mon engagement total au C.N.P.F. pendant cinq ans), mais l'organisation même de notre entreprise et sa solidité financière autorisaient cette exception.

QUELS PRÉSIDENTS POUR LE C.N.P.F. ?

Lorsque j'ai souhaité organiser ma propre succession au C.N.P.F., j'ai contacté de brillants chefs d'entreprise français en activité. La réponse fut unanime :

— Il n'est pas question d'abandonner mon entreprise qui pâtirait trop gravement de mon absence.

On peut alors se demander si la solution d'avenir ne sera pas, pour l'organisation patronale, semblable à celle des membres du gouvernement. De même que des hauts fonctionnaires deviennent des « professionnels » de la politique, de même des permanents pourraient devenir des professionnels de la patronique.

Mais les patrons risquent d'y perdre leur âme. C'est la différence essentielle avec la politique : le fonctionnaire d'Etat est lui-même un citoyen, alors que le fonctionnaire patronal n'est pas pour autant un patron.

Pourtant, devant la carence des vocations chez les chefs d'entreprise, il faudra bien que nos permanents de talent accèdent à ces postes qui leur étaient autrefois interdits. Déjà, quelques fédérations professionnelles ont élu comme « présidents salariés » des délégués généraux ou des directeurs généraux de qualité et elles s'en portent bien.

L'un d'entre eux a eu la courtoisie de me rendre visite avant d'accepter cet honneur tant il était persuadé de mon opposition irréductible. Devant ses qualités incontestables, je le rassurai et lui donnai un accord dont sa fédération aurait très bien pu se passer. Sa présidence est tout à fait efficace.

On a souvent dit du mal des fonctionnaires « patronaux », taxés péjorativement d'apparatchiks, de maires du Palais plus royalistes que le roi. On a tort.

J'ai beaucoup travaillé avec les dirigeants et les cadres

salariés du C.N.P.F., bien sûr, mais aussi avec ceux de nos fédérations et de nos unions territoriales, et je peux témoigner de leur haute qualité générale, de leur niveau de culture, de leur dévouement à la cause des entreprises et de leur capacité de travail. Ils ont d'ailleurs donné au C.N.P.F. un président qui n'a pas démérité, malgré les attaques personnelles de quelques grands dirigeants qui persistaient à le considérer comme un employé salarié. Ce qui n'a pas facilité sa tâche.

Les permanents de nos organisations verticales et horizontales sont quelque cinq mille à travers la France. C'est beaucoup, mais c'est nécessaire. Et si on les appelle permanents, c'est qu'ils restent. Avantage important quand on sait que leurs présidents, eux, disposent de mandats courts, qu'ils ne souhaitent souvent pas eux-mêmes renouveler par égard pour leur entreprise et pour son compte d'exploitation.

Permanents, ils doivent l'être, mais pas inamovibles.

Fonctionnaire patronal n'est pas une charge qui s'achète pour la vie. Ce serait d'ailleurs mauvais pour l'intéressé lui-même.

Si nos organisations veulent avoir en permanence des hommes de talent, elles doivent engager des cadres ayant déjà une expérience de l'entreprise et capables d'en parler ensuite en connaissance de cause. Et elles doivent savoir également les rendre à l'entreprise qui tirera profit de cette expérience hors normes.

La carrière de fonctionnaire patronal est comme celle de fonctionnaire d'Etat, et particulièrement de cabinet ministériel: passionnante, mais elle doit déboucher sur autre chose de plus directement opérationnel.

Que la théorie est belle lorsqu'elle se révèle applicable!

J'ai engagé moi-même des directeurs du C.N.P.F. ayant fait carrière en entreprises. Celles-ci se sont reconnues en eux.

C'est une tendance qui devra se développer.

On voit que les deux catégories stratifiées «élus» et «permanents», longtemps non mixables, peuvent de plus en plus être mélangées, si le permanent a la classe d'un président. Ce serait pour lui un avantage considérable d'avoir connu les responsabilités d'une entreprise... qui n'aurait pas fait faillite. Quadrature du cercle patronal.

Comme il est probable que les meilleurs patrons en activité

refuseront dans l'avenir la présidence du C.N.P.F., il faudra bien trouver d'autres solutions.

Rappelons qu'aux Etats-Unis les présidents des grandes organisations d'employeurs ont été débauchés à grands frais de postes de directions importantes, et qu'on les paie, pour les conserver, au prix des grands managers. Il est certain que notre bénévolat français, s'il est estimable moralement, ne pourra pas régler un problème aussi sérieux pour l'avenir.

LA « DÉCADENCE TRIOMPHANTE » DE LA FRANCE

Une de mes divergences avec Henri Weber, auteur du *Parti des patrons* dont le travail d'historien est sans reproche, réside dans son essai de synthèse de l'histoire du C.N.P.F. qu'il croit culminante dans la période 1970-1980, sommet des grandes négociations patrono-syndicales, abusivement appelée période d'or de la politique contractuelle. En réalité, nous l'avons vu, l'attitude exigeante des syndicats n'était que la conséquence des événements dramatiques de 68 dont personne n'avait su tirer les vraies conclusions et les réelles conséquences. Tous les Français sans doute, du président de la République aux fonctionnaires, en passant par l'ensemble des salariés et les négociateurs patronaux eux-mêmes, ont feint de croire que les Glorieuses, comptées abusivement pour trente ans alors qu'elles n'avaient été que de vingt ou vingt-cinq ans, se prolongeaient sans défaillance, avec montée inéluctable du pouvoir d'achat, de la redistribution, du temps libre et de la consommation, et tout cela aux frais des entreprises, de l'investissement et de l'épargne.

Si cette période fut bien celle du triomphe des syndicats, plus médiatisés que jamais par les grand-messes nocturnes de l'avenue Pierre-Ier-de-Serbie, ce fut pour nos entreprises celle de la décadence économique dans l'indifférence générale et pour la France celle de la « décadence triomphante ».

A mon avis, le C.N.P.F. a joué un très mauvais rôle dans cette période, non pas par complicité, encore moins par lâcheté, mais simplement par manque de lucidité et de résistance aux idées qui courent, même si, je le reconnais volontiers, l'environnement socio-politique le poussait fort dans cette direction.

J'avais lancé depuis longtemps mes attaques contre la B.B.F., la Bureaucratie de Bonne Foi, la pire de toutes car elle a bonne conscience. Je découvris à cette époque, autour du président du C.N.P.F., les N.B.F., les Négociateurs de Bonne Foi, d'autant plus dangereux pour les entreprises qu'ils les sacrifiaient au nom d'une pseudo-paix sociale dont le prix était sans limites.

Erreur funeste de gens qui connaissaient peu les entreprises elles-mêmes, où ils auraient appris que la paix sociale ne s'achète jamais. Elle se gagne et elle se mérite.

Et les enjeux de société ne furent plus que des jeux de société.

A cette époque, le mouvement E.T.H.I.C. tenta à la fois de promouvoir le dialogue direct dans l'entreprise et de défendre celle-ci de façon non poujadiste, mode de défense difficile et peu connu. C'est ce mode de défense non poujadiste de l'entreprise que je tentai moi-même de déployer dès 1981, au C.N.P.F., contre les mesures néfastes du gouvernement et avec les succès variables que j'ai tenté de décrire objectivement.

Mon action constante a été de ramener le C.N.P.F. vers les entreprises elles-mêmes, ce que certains ont considéré un peu vite comme une descente d'altitude stratégique. Ils furent d'ailleurs surpris que je m'entoure de véritables hommes d'entreprise, tant comme élus exécutifs, Brana, Maury-Laribière, Bellon, Martin, Douillard, Montagnon (de plus, caricaturiste de talent), que comme permanents, Archambault, Sarre, Giroire.

Une telle structure plus proche de la base ne nous ôtait aucune vision stratégique de l'organisation, et elle nous permettait non seulement de la gérer avec rigueur et efficacité, mais surtout de ne jamais perdre de vue l'intérêt direct des entreprises elles-mêmes dans nos démarches et nos travaux.

Mais il ne faudrait pas, par un réductionnisme abusif, assimiler l'ensemble du C.N.P.F. au seul établissement central de l'avenue Pierre-Ier-de-Serbie. Il s'agit en réalité d'une vaste famille dont la branche « verticale » comprend 84 fédérations professionnelles souvent remarquablement organisées et la branche «horizontale» quelque 140 unions patronales interprofessionnelles territoriales, lien direct et efficace avec les entreprises elles-mêmes sur tout le territoire.

On oublie souvent de rappeler que nos unions patronales sont chargées de la mission difficile de répartir auprès des chefs d'entreprise locaux environ 500 mandats patronaux par département et que ce sont les plus dévoués d'entre eux, toujours les mêmes, qui acceptent ces lourdes charges, souvent multiples, pour le plus grand bien de la communauté.

Je tiens à rendre hommage à ces unions patronales interprofessionnelles, ces U.P.I. qui, sous la houlette avisée de Michel Maury-Laribière, jouent un rôle de plus en plus important au C.N.P.F., même si elles ne lui ont été rattachées officiellement que depuis quelques années. Relais direct entre C.N.P.F. parisien et entreprises du terrain, elles jouent un rôle discret et essentiel, sans mesure avec les faibles cotisations qui leur sont réservées. Leur rôle ira croissant et c'est pourquoi j'ai milité pour obtenir, non sans difficultés, que le nombre de représentants des U.P.I. dans les différentes instances soit sensiblement augmenté dès 1982.

LE SOCIAL DANS LE FUTUR C.N.P.F.

Ayant légué à mon successeur un nouveau C.N.P.F., proche des entreprises, on peut se demander si sa structure actuelle pourra perdurer et si son audience ne risque pas de s'affaiblir dans le temps, par une sorte de symétrie avec la perte d'influence incontestable des syndicats de salariés.

Je n'aime pas que nos organisations professionnelles soient assimilées à des syndicats, même si certaines portent ce nom, car ce mot me semble déjà annexé sans espoir de le libérer. J'ai même toujours sursauté lorsqu'on me traitait de «syndicaliste patronal», sorte de barbarisme linguistique.

Un syndicaliste est un syndicaliste.

Et comme il en est fier, laissons-lui son appellation.

Certains observateurs trop rapides pensent que la décentralisation des négociations vers les entreprises, avec les fédérations professionnelles comme étape intermédiaire, ce que j'ai appelé des «conventions de moins en moins collectives », devrait enlever au C.N.P.F. un de ses rôles principaux. Ce n'est pas mon avis, loin de là.

Si le rôle « syndical » ou prétendu tel du C.N.P.F. est de négocier avec les syndicats, il faut savoir ce que représentent vraiment, dans l'activité des 150 membres de l'organisation centrale de l'avenue Pierre-Ier-de-Serbie, la préparation, la négociation et le suivi de ces grandes rencontres auxquelles les participants directs, tant syndicalistes que patronaux, cherchaient toujours à donner un lustre particulier. C'est ainsi que ces négociations devinrent peu à peu, à partir de 1968 et surtout de 1972, interprofessionnelles, nationales, grandioses, médiatisées, souvent nocturnes et toujours télévisées. La gloire !

Pour en avoir le cœur net, j'ai fait effectuer une enquête d'activité dans les services. Les résultats furent surprenants. Ils donnaient le pourcentage de temps-homme (ou femme) consacré sur l'année moyenne à chaque grande activité de la maison.

Cette répartition du temps de ces 150 collaborateurs directs (hors services généraux) était la suivante :

— 40 % pour les problèmes économiques (dont 18 % pour l'international) ;

— 20 % pour l'information et la presse ;

— 20 % pour l'ensemble des problèmes sociaux dont 3 % seulement (oui, 3 %) pour la préparation des négociations, les négociations elles-mêmes, et le suivi de ces négociations.

Bien sûr, la surprise fut immense et les incrédules nombreux.

Il était pourtant nécessaire de détruire un mythe : la vocation essentielle du C.N.P.F. n'est pas « syndicale », même si elle est la plus voyante. C'est l'arbre un peu raviné qui cache une forêt pourtant luxuriante.

On peut ajouter que ce chiffre déjà faible sera encore réduit dans l'avenir par la décentralisation des négociations vers le bas, que j'ai eu tant de peine à promouvoir malgré l'aide efficace du mouvement E.T.H.I.C.

J'ai posé cette petite devinette à des ministres et à des hauts fonctionnaires compétents. Ils pensaient tous que les négociations sociales étaient l'essentiel de l'activité du C.N.P.F. et ils la chiffraient entre 40 % (pour les plus réalistes) et 80 %

(pour les plus mal renseignés) de l'activité totale de notre organisation.

On peut en conclure que l'activité réelle du C.N.P.F. était totalement méconnue et on peut s'interroger sur de telles distorsions d'opinion. Elles proviennent à l'évidence de l'apparente importance donnée par les syndicalistes à leurs interventions.

D'ailleurs, j'ai toujours été choqué lorsque, à l'occasion d'événements strictement économiques, on donne l'opinion du C.N.P.F. comme simple « partenaire social », au même titre que tel ou tel syndicat, en feignant d'oublier son rôle économique majeur et spécifique.

Sans parler du rôle important en matière économique et internationale très sous-estimé, il est curieux que les autres interventions sociales du C.N.P.F., cinq fois plus importantes que les négociations elles-mêmes, soient cinq fois moins connues.

C'est là que la pseudo-symétrie s'arrête entre organisations professionnelles et syndicats.

Ces derniers connaissent une véritable crise d'audience, de représentativité, d'adhésions, donc de survie, car leur rôle n'existe que par l'entreprise elle-même et par la défense des salariés de l'entreprise, même si cette défense a été souvent plus corporatiste que désintéressée.

Par contre, l'organisation professionnelle ne vit pas que par les syndicats. Les négociations sociales ne sont qu'une partie de ses attributions qu'on a crue majeure pendant longtemps mais qui n'était qu'accessoire. C'était la partie illuminée, sonorisée, diffusée, médiatisée et carillonnée de l'iceberg patronal.

Si le « social » est tout à fait décentralisable vers les fédérations professionnelles d'abord, puis vers les entreprises elles-mêmes, au grand dam des centrales syndicales, ce transfert n'affecte pas les autres responsabilités du C.N.P.F.

Ces négociations nationales et centralisées, n'était-ce pas en réalité le résidu de ce centralisme étatique, de ce nationalisme étroit issu de la contre-réforme et de la révocation de l'édit de Nantes en 1685 ? Depuis trois siècles en vérité, après l'exil des plus non-conformistes des Français, nous sommes restés plongés dans un colbertisme qui n'avouait pas toujours son nom.

C'est ce nationalisme qui a dicté à l'organisation professionnelle son sigle imprononçable C.N.P.F. (le jeune fils d'un de mes amis l'a toujours appelé le S.N.C.F.), plutôt un pléonasme car le N et le F sont redondants. On a cru bon, sur quatre lettres, de rappeler deux fois qu'on était « National » et « Français ». Complexe de supériorité ou d'infériorité ? Complexe d'individualisme hexagonal, sûrement.

Les Français sont traditionnellement contre l'Etat mais réclament son appui à chaque instant. Certaines entreprises, pourtant irritées par cette pesante tutelle, ne peuvent s'empêcher de frapper aux portes des ministres à la moindre difficulté. C'est ce qu'on appelle les « liens d'inimitié » entre les entreprises et l'Etat.

Avons-nous vraiment, nous Français, depuis 1685, un cerveau en forme de pyramide que nous escaladons sans cesse avec l'espoir d'arriver au sommet ?

Cette personnalisation du pouvoir et cette tendance à l'escalade vers le sommet, réputé seul compétent, sont-elles responsables de cette double mission du C.N.P.F. au nom des entreprises péjorativement appelées « de la base » :

— négociations sociales avec des centrales syndicales souvent bien éloignées de leurs propres bases (depuis combien d'années les dirigeants syndicaux ne sont-ils plus ouvriers ?) ;

— négociations avec l'Etat (pour les prix, par exemple, jusqu'en 1986), lui-même bien éloigné des citoyens.

Cette triple connivence donnait parfois, outre les discussions deux à deux, des négociations dites tripartites, où, comme dans les matches de catch à trois ou dans les ménages d'un même nombre, il y a toujours deux acteurs coalisés contre le troisième.

Or, les trois centraliseurs abusifs devront se rapprocher inéluctablement de leur base.

Les centrales syndicales y perdront de leur exclusivité de représentation qu'elles n'ont pas la possibilité de remplacer par d'autres responsabilités.

L'Etat y gagnera en audience, malgré ce que pensent certains fonctionnaires, et changera peut-être d'objectifs. Il abandonnera peu à peu ses fonctions d'inspiration, de direction, de commandement et d'arbitrage pour acquérir celles de service de ses concitoyens et de ses entreprises, comme dans beaucoup de pays modernes.

Quant à l'organisation professionnelle, elle a déjà évolué. Aujourd'hui, le libéralisme s'est peu à peu imposé et l'environnement des entreprises est celui des libertés recouvrées. Le rôle de l'organisation patronale est donc obligé de se modifier dans le sens que nous souhaitons nous-mêmes depuis longtemps et que nous avons conseillé avec ténacité.

Elle saura garder un leadership moral sur les entreprises en leur recommandant sans cesse d'exercer une « pratique responsable des libertés », mon expression que je me suis réjoui de voir adopter à l'identique par mon successeur à la tête du C.N.P.F.

L'organisation professionnelle continuera, bien sûr, à négocier quelques accords nationaux lorsqu'il s'agira de sujets qui nécessitent de grands regroupements comme l'U.N.E.D.I.C. et les retraites dont les cotisations et la répartition participent de la structure d'une véritable assurance.

LES FUTURES VOCATIONS DU C.N.P.F.

Mais, demain, le C.N.P.F. devra se consacrer à deux vocations essentielles.

Tout d'abord, il continuera à assurer la défense non poujadiste des entreprises auprès de l'Etat et de ses innombrables services, surtout dans le domaine économique et fiscal, car la fiscalité est un élément stratégique majeur de la réussite ou de l'échec de l'économie d'un pays.

Il interviendra dans ce sens auprès des instances européennes dont l'importance remplacera peu à peu celle des douze pays eux-mêmes.

Toujours en économie, il poursuivra, pour le plus grand profit des entreprises, ses études financières, bancaires, ses travaux sur l'énergie, les transports, les relations entre l'industrie et la distribution, sur les services, sur les rapports entre les différentes tailles d'entreprises, sur les problèmes juridiques, l'environnement, les normes et les problèmes internationaux.

En second lieu, le C.N.P.F. de demain assurera de plus en plus la promotion de l'entreprise. Bien que créée à l'origine pour la défense corporatiste, l'organisation professionnelle trouvera vraiment dans la promotion son second souffle, rôle qui la rapprochera de la plupart des organisations patronales du monde moderne. Ce rôle éminent lui a pourtant été refusé pendant longtemps, malgré l'article 2 des statuts qui précise notamment qu'il « a pour mission permanente... de promouvoir les progrès de la gestion des entreprises, notamment par la réalisation et la diffusion des études nécessaires et par la mise en œuvre des moyens de formation correspondants... ».

En prenant l'exemple des pays les plus industrialisés, on peut constater que la France était bien le seul pays où les négociations sociales se faisaient au sommet et semblaient constituer l'essentiel de la vocation de l'organisation.

Les Etats-Unis n'ont pas une grande organisation unique et centralisée. Les grandes entreprises ont des cercles de réflexion uniquement économiques. La Business Round Table, où j'ai moi-même rencontré John Opel à l'époque président du groupe I.B.M., regroupe quelque deux cents entreprises. L'U.S. Council for Industrial Business est plus spécialement préoccupé par les problèmes internationaux des groupes américains. Enfin, A.B.C., American Business Conference, de constitution assez récente inspirée, semble-t-il, par l'exemple d'E.T.H.I.C., regroupe cent entreprises de croissance particulièrement performante avec croissance simultanée du chiffre d'affaires et du bénéfice. Sous l'impulsion de son dynamique président John Albertine, A.B.C. connaît un grand succès et une liste d'attente impressionnante de candidats.

Les industries, et particulièrement les plus grandes, ont constitué la N.A.M., National Association of Manufacturers, avec laquelle j'ai eu de très bons rapports, ainsi qu'avec son président Alexander B. Trowbridge. Enfin, l'organisation la plus importante et la seule décentralisée dans tous les Etats est l'U.S. Chamber of Commerce dont les moyens financiers sont très importants. Elle possède une organisation médiatique remarquable avec immenses studios de radio et de télévision, lui permettant de jouer un rôle capital de lobbying que sait très bien remplir son président Richard L. Lesher.

C'est avec ces deux groupements N.A.M. et U.S. Chamber

of Commerce que le C.N.P.F. avait organisé les rencontres « au sommet » des entreprises européennes et américaines, la première à Paris en avril 1983 et la seconde à Washington en mars 1985, dont les résultats ont été, je crois, intéressants pour les plus grandes entreprises des deux côtés de l'Atlantique.

En Allemagne, le patronat est divisé en deux branches distinctes, bien que géographiquement voisines à Cologne, le Bundesverein Der Deutschen Industrie (B.D.I.) qui regroupe les industries et le Bundesverein Der Deutschen Arbeitgeberverbände (B.D.A.) qui s'intéresse spécifiquement aux problèmes sociaux. Ces deux organisations ont en général des présidents différents, sauf à l'époque de courte durée de la présidence double de Hans Martin Schleyer qui fut assassiné en 1977 dans les circonstances dramatiques que l'on sait. Il est à remarquer que, outre cette séparation par fonctions économiques et sociales, les organisations professionnelles allemandes ne négocient pas au sommet avec les syndicats mais uniquement par branches professionnelles avec des dates programmées longtemps à l'avance, batailles rangées qui n'en sont pas moins rudes pour autant.

En Angleterre, la principale organisation patronale est la C.B.I., Confederation of British Industry, qui, comme le B.D.I. allemand, ne négocie pas de problèmes sociaux avec les trade-unions.

Au Japon, enfin, l'organisation patronale est très forte et centralisée. Le Keidanren est une institution avec laquelle il faut compter, et on prétend que le Premier ministre japonais ne peut être nommé sans l'accord du bureau exécutif du Keidanren. De quoi faire rêver le président du C.N.P.F.

A l'époque de ma présidence, mon homologue du Keidanren était Yoshihiro Inayama, l'ancien président de Nippon Steel qui, malgré ses quatre-vingts ans, conservait une agilité intellectuelle remarquable. Il était entouré d'un bureau d'âge voisin. Aujourd'hui cette institution vient de se rajeunir un peu en nommant Eishiro Saito, lui-même successeur de Inayama, à la présidence de Nippon Steel. Les traditions sont solides. Malgré cette puissance incontestée, le Keidanren ne négocie pas les salaires et les conditions de travail avec les syndicats, peu puissants nationalement, mais plutôt organisés par entreprises. Par contre, le Keidanren joue un rôle économique capital auprès du gouvernement nippon.

On voit que le rôle économique joué par les organisations professionnelles étrangères est souvent plus important que celui joué par le C.N.P.F. L'inflexion que nous avons imposée est sans doute la bonne. Les études économiques de Jacques Plassard à Rexeco créé par Paul Huvelin, celles d'I.P.E.C.O.D.E. créé plus tard sur une idée d'Alain Chevalier et de Laurent Boix-Vives, les études annuelles *Cartes sur table* initiées par Guy Brana et attendues chaque année par tous les responsables économiques de notre pays, le point trimestriel de conjoncture économique du C.N.P.F., les études de plus en plus nombreuses sur les économies étrangères et les missions de prospection dans de nombreux pays, toutes ces initiatives du C.N.P.F. vont dans le sens de l'Histoire. J'avais moi-même demandé à Rexeco une étude de prospective économique qui fut remarquablement réalisée en février 1985 par un groupe de dirigeants et d'économistes animé par André Giraud et Jacques Plassard.

Deux orientations économiques majeures s'imposeront dans les années qui viennent : les ventes à l'étranger, et particulièrement en Europe, notre prochain marché « intérieur » dans cinq ans, et les progrès du management des entreprises qui conditionneront d'ailleurs le succès de nos exportations.

Inéluctablement, le social cédera le pas à l'économique.

Il faut dire que cette différenciation m'a toujours choqué. Pourquoi parler « d'économique et de social », ou de « socio-économique » en inversant l'ordre ?

En réalité, et nous le verrons à propos des facteurs de réussite des meilleures entreprises françaises, il n'y a pas de social sans économique et l'économique ne peut réussir que si on attache suffisamment d'importance aux hommes et à leurs motivations. Je crois l'avoir démontré [1] en annonçant la troisième race de patrons, celle des « animateurs ».

Alors pourquoi ne pas admettre que le mot « économique » au sens large comprend inéluctablement le social et qu'il n'est plus nécessaire de l'exprimer ?

Faut-il, pour ce faire, créer obligatoirement un néologisme rappelant les deux origines du mot, « econosial » par exemple ?

1. *La Fin des patrons,* Editions Robert Laffont, 1980.

La première grande orientation économique du C.N.P.F. de demain sera celle du grand large, déjà annoncée depuis longtemps et développée dynamiquement par Claude-Noël Martin pendant sa présidence de la Commission internationale.

Il y a encore dans ce domaine beaucoup de stimulation à donner, car nombreuses sont les entreprises françaises de qualité qui se contentent encore du marché français en déplorant naïvement les coups portés par des concurrents étrangers qui viennent indûment leur arracher des parts du marché national contre tous les bons usages.

Nos origines agricoles et sédentaires seraient-elles à ce point dominantes que nous n'arrivions pas à devenir un peuple marchand? C'est vrai que nous sommes passés plus facilement de l'agriculture à la technique sédentaire, puis à la gestion également sédentaire qu'à la vente obligatoirement voyageuse. Cette mutation de l'agriculteur au nomade semble avoir été plus difficile à réaliser en France que dans beaucoup d'autres pays... peut-être moins attachants.

Mes durs avertissements aux écoles de commerce, qui, contrairement à leur raison sociale, fabriquaient des gestionnaires et des financiers mais pas de vendeurs, ont un peu porté leurs fruits.

H.E.C. depuis dix ans a compris que la vente était une activité de grande noblesse qui méritait une réhabilitation.

Les jeunes, dont nous nous occupons tant à la fondation Jeunesse et Entreprises, ont également viré leur cuti: leur nouveau goût du risque les pousse vers la connaissance des langues, les voyages, les séjours à l'étranger et la vente. Enfin! Révolution un peu tardive mais éminemment bénéfique.

Le C.N.P.F. jouera dans cette révolution des esprits des chefs d'entreprise français un rôle important d'incitation. Ses études par pays, ses publications, ses séminaires d'information, ses missions à l'étranger ont déjà donné quelques fruits. Il se devra d'intensifier cette action économique majeure.

Déjà, beaucoup d'entreprises françaises, en particulier de taille moyenne, ont déclenché des opérations d'exportation à la suite d'un voyage de leur dirigeant dans une mission du C.N.P.F.

La France a des atouts dans cette compétition par la

qualité même de ses hommes et surtout des jeunes, de ses nouveaux jeunes tournés vers l'effort et la réussite. Son déficit commercial et en particulier son déficit des échanges industriels méritent d'être comblés. C'est tout à fait possible et nos meilleures entreprises ont déjà montré aux autres la voie de la réussite internationale. Seul le C.N.P.F., qui a la chance de représenter les entreprises de toutes tailles, de tous secteurs et de toutes régions, peut créer l'engouement susceptible d'entraîner ce retournement de position commerciale.

La deuxième grande mission du C.N.P.F. de demain sera celle que nous avons mise sur pied avec Pierre Bellon: les progrès des entreprises. Quel est le chef d'entreprise qui ne souhaite ardemment faire progresser son entreprise par un management plus moderne et plus efficace? Mais ce vœu pieux et universel n'est pas facile à réaliser et il subsiste beaucoup d'entreprises françaises confites dans des modes de gestion dépassés. Si elles ne s'adaptent pas, elles ne conquerront pas de marchés étrangers et ne résisteront pas à l'Europe de 1993.

Ce management moderne n'est donc pas une mode, mais un problème de survie. Je crois que la plupart des dirigeants français l'ont compris.

Des craintes se sont manifestées de voir le C.N.P.F. concurrencer les conseillers en management. Je crois qu'il lui est facile de rester dans un domaine où il est irremplaçable, en créant des clubs de management pour échanges d'expériences, en utilisant sa compétence nationale et internationale, et même ses moyens de pression sur le gouvernement et aussi sur les organismes communautaires ou internationaux.

LE C.N.P.F. AURA-T-IL UN NOUVEAU NOM?

On voit donc que le C.N.P.F. sera obligé de se transformer sous la pression des événements pour jouer le nouveau rôle que nous lui avions indiqué clairement.

La réforme des structures que j'avais tentée sans succès en 1982 deviendra inévitable. Et tant mieux.

Quant au nom, l'ambiguïté du mot «patronat» ne pourra subsister encore longtemps. C'est vrai que mes tentatives renouvelées pour remplacer ce substantif par « entreprises » ont été vaines. Dès le jour de mon élection, cette proposition dans mon discours inaugural avait été accueillie par des mouvements divers, suivant l'expression de courtoisie consacrée. Octave Gélinier m'avait proposé le titre tout à fait libéral de « Groupement des Entreprises Qui Peuvent Faire Faillite ». Si le sigle G.E.Q.P.F.F. était difficile à prononcer, par contre l'idée était explicite sur la caractéristique principale, la plus noble et la plus meurtrière, des entreprises privées.

A la vérité, les chefs d'entreprise sont attachés au mot « patron ». Ils savent que ce mot est dévalué lorsqu'il concerne les entreprises elles-mêmes alors qu'il a gardé sa notoriété chez les boulangers, les médecins, les policiers et les marins-pêcheurs, mais ils pensent sincèrement pouvoir le réhabiliter car la noblesse de ses origines étymologiques et de sa fonction elle-même est incontestable.

Attachés au mot « patron » et on les comprend, ils acceptent moins bien le mot « patronat » dont la définition est moins claire. S'agit-il de défendre les patrons, personnes physiques ? ou les entreprises, entités beaucoup plus larges ?

Finalement, ce mot n'existe pas à l'étranger où les organisations « patronales » portent le nom d'entreprises ou mieux d'employeurs.

C'est d'ailleurs sous cette forme que je traduisais moi-même en anglais le sigle C.N.P.F, National Association of French Employers.

En France, il est dommage qu'« employeur » soit si peu employé. Chez les artisans, par exemple, que j'ai appris à connaître et à estimer au cours de mon mandat, j'ai découvert que les plus petits, ceux qui travaillent seuls, se considéraient comme des ouvriers indépendants, et jamais comme des « patrons ». Ils n'acceptent ce mot que lorsqu'ils engagent leur premier salarié et qu'ils deviennent des employeurs.

On aura donc le choix pour d'éventuelles nouvelles raisons sociales de notre organisation entre le mot « employeur », qui affiche clairement la couleur et met en évidence le rôle particulièrement noble de fournisseur d'emploi, et le mot « entreprises » qui présente, lui, l'avantage de ne pas circonscrire la représentation aux seuls dirigeants mais de l'étendre de façon assez large et interprétative au personnel et aux actionnaires, vaste famille dont les liens sont beaucoup plus serrés que ne l'ont fait abusivement croire les théories archaïques de la lutte des classes.

Si nos tentatives de participation active de tous au service de l'entreprise, de communauté d'objectifs et d'intérêts de l'ensemble du personnel prenaient corps peu à peu, il serait alors préférable d'adopter audacieusement le mot « entreprises » dans le sigle nouveau.

Pendant cinq ans, je n'ai jamais prononcé moi-même le mot de « patronat », ô honte ! Pendant une telle durée, éviter de prononcer le nom de la véritable raison sociale d'une organisation patronale qu'on dirige est, je crois, un tour de force que personne n'avait réalisé auparavant. Figurera-t-il dans le livre des records ? Par contre, je citais sans cesse les fédérations professionnelles, les unions patronales interprofessionnelles et les entreprises que nous tentions de défendre et de promouvoir.

Même si les entreprises sont généralement représentées par leurs patrons, patrons-propriétaires ou patrons-locataires, il ne semble pas indispensable que leur organisation soit assimilée à celle de patrons exclusivement. Ceux-ci n'ont même rien à y gagner.

Cette idée ne doit pas être aussi provocatrice qu'on l'a dit puisque, début 1980 déjà, dans mon livre *La Fin des patrons*, je développais cette théorie peu conformiste qui, malgré les apparences, ne gêna pas mon élection à la tête du « patronat » moins de deux ans plus tard ? Les membres du patronat ne sont pas rancuniers.

Et je suis persuadé que, sous une apparence trompeusement conservatrice, ils sont prêts à des évolutions pas trop rapides et qui n'en seront ainsi que plus irréversibles.

La différence entre le « conservateur » et le « progressiste » (hors toute notion politique, bien sûr), ce n'est que la vitesse d'adoption des idées nouvelles et de transformation des mentalités.

Nous, les mutants, nous ne sommes pas de dangereux révolutionnaires, mais des enthousiastes du changement. Or le changement est quotidien dans les entreprises et surtout dans les entreprises de pointe. Les chefs d'entreprise eux-mêmes sont donc plus aptes aux changements rapides que leurs propres représentants plus habitués qu'eux à la pérennité des structures, des représentations et peut-être aussi des méthodes de travail.

Si le mot patronat est ambigu, il est souvent pris dans le sens de l'ensemble des organisations qui « représentent » les entreprises. Cette représentation est elle-même restrictive et variable suivant les structures où elle est admise. On ne peut cependant parler des entreprises françaises sans citer les Chambres de commerce et d'industrie qui, malgré leur statut para-étatique et leurs ressources de même origine, jouent un rôle économique important en liaison avec le C.N.P.F. La Confédération générale des petites et moyennes entreprises est fréquemment associée aux accords sociaux du C.N.P.F.

D'autres groupements ou mouvements me semblent jouer un rôle capital dans l'évolution des mentalités patronales et me pardonneront de les lister rapidement malgré la haute estime que je leur porte: E.T.H.I.C. à qui je porte une affection particulière, Entreprises et Progrès, le Centre des jeunes dirigeants, le Centre français du patronat chrétien, l'Association des femmes chefs d'entreprise, le S.N.P.M.I. et quelques autres, sans oublier deux remarquables centres de réflexions et de propositions: l'Institut de l'entreprise et l'Institut La Boétie qui ont bien voulu m'associer parfois à leurs travaux.

En résumé, je crois pouvoir rassurer ceux qui s'inquiètent pour l'avenir même de l'organisation professionnelle, et ceux, encore plus pessimistes, qui prédisent sa disparition progressive.

Les entreprises, elles, ne risquent pas de disparaître. Tout le monde le reconnaît. Leurs organisations doivent s'adapter comme les entreprises elles-mêmes dont le changement est la loi quotidienne et leur meilleure chance de réussite.

Le risque majeur de perversion pour le C.N.P.F. de demain serait un retour au corporatisme d'antan.

Le rôle du C.N.P.F. évoluera, me semble-t-il, comme celui de l'Etat auprès duquel il continuera à jouer un rôle de lobbying. De la compétence exclusive et présomptueuse, il s'orientera vers la promotion, le conseil, l'incitation, le service aux entreprises. Rôle de plus en plus économique, tourné sans cesse vers le progrès du management et la réussite par la croissance et l'exportation.

Le C.N.P.F. s'adaptera ainsi aux facteurs irremplaçables de la croissance de demain par « l'offre créatrice et compétitive » qui remplacera les essais infructueux de relance par la seule consommation et par la seule demande.

CHAPITRE X

DEMAIN LES SYNDICATS

Y A-T-IL ENCORE UN SYNDICALISTE DANS LA SALLE?

Un mauvais dicton prétend, à propos des syndicats, que ce sont les sociologues qui en parlent et les entreprises qui en souffrent. Permettra-t-on à un chef d'entreprise d'en parler, lui aussi?

A ses débuts, au XIXe siècle, le syndicalisme a été une aventure. De la masse des salariés happés — et quelquefois broyés — par la révolution industrielle du XIXe siècle, des pionniers militants n'ont pas hésité, dans certains cas, à sacrifier leur carrière pour défendre un « prolétariat accablé ». On a connu à cette époque glorieuse des élans du cœur, des gestes spectaculaires de solidarité, des abandons évidents d'avantages personnels pour le plus grand bien de la communauté des salariés.

Cette origine altruiste et généreuse a donné au mouvement syndical ses lettres de noblesse et lui a permis d'acquérir une réputation qui s'est perpétuée pendant des décennies.

En fait, l'origine du syndicalisme est plus complexe qu'on ne le croit. Certains trouvent simpliste l'explication d'une réaction à l'industrialisation naissante qui, dans ses problèmes et son élan, en avait oublié les hommes. Ils pensent que le syndicalisme serait plutôt une réaction pure et simple à la Révolution française, à l'individualisation acquise, à l'interdiction des corporations par la Constituante en février 1791, à la proclamation de la liberté du travail. En somme, une réaction de solidarité, d'association, de « corps » pour tout dire. Voilà bien l'origine corporatiste des syndicats.

Or le terme « corps » en France cache toujours des connotations inavouées : le corps a un statut et un statut est souvent « protégé » et même « privilégié ». Les grands corps de l'Etat n'échappent pas à cette règle et même la renforcent.

C'est en 1884 que la loi reconnut officiellement les syndicats. Depuis, des lois et de nombreux textes ont officialisé et renforcé leurs rôles.

Mais les premiers syndicalistes ont fait preuve de goût du risque et de sens du sacrifice. On a pu détecter à cette époque des points communs entre les syndicalistes et les entrepreneurs eux-mêmes :

— désir d'indépendance,
— goût de l'autorité,
— sens du commandement,
— recherche d'initiatives souvent non conformistes,
— sentiment de réalisation de soi-même par une voie non traditionnelle.

Le syndicalisme s'est révélé une voie particulièrement rapide de promotion sociale pour les meilleurs parmi ceux qui étaient condamnés à une progression lente et parfois sans espoir. Là encore on trouve une similitude avec les créateurs d'entreprise qui ont été souvent des autodidactes de talent, désireux de sortir de la norme des collaborateurs appointés.

Je tiens à dire que les dirigeants syndicaux que j'ai bien connus sont eux-mêmes des hommes intelligents et charismatiques dont l'ascension dans le monde syndical n'est pas un simple hasard tant est forte la compétition. Mais les mandats sont électifs et la part de démagogie obligatoire reste grande. C'est pourquoi il est surprenant de discuter calmement et intelligemment en privé avec un responsable syndical et de l'entendre quelques jours plus tard proférer des invectives qui sont, paraît-il, « mobilisatrices pour les troupes ».

Eux-mêmes se rendent bien compte aujourd'hui de l'avenir obscur de leurs organisations.

Tout d'abord, le produit le plus apparent de l'action syndicale pour le public a été la grève, même si les syndicalistes s'en défendent et la taxent de simple « dernier recours pour situation sans issue ».

Pour certains chefs d'entreprise trop absolus, les entreprises fabriquent «des richesses et des emplois» et les syndicats du «mécontentement et des grèves», parallélisme un peu simple, je le reconnais.

Quant à la grève, elle est vieille comme le monde et elle fut sans doute inventée par Lysistrata, cette femme grecque qui, pour arrêter une guerre qui s'éternisait entre Athéniens et Lacédémoniens, avait convaincu les femmes grecques de pratiquer la «grève du repos du guerrier» jusqu'à ce que la guerre soit interrompue.

Dans le secteur privé, les grèves ont constamment baissé depuis des années et nous sommes loin, par bonheur, des 300000 journées perdues chaque mois de ce fait, même si on peut constater depuis le début de l'année 1988 une légère reprise des «actions», pardon, des inactions.

Tout triomphalisme patronal dans ce domaine serait déplacé car il se pourrait que nous ayons déjà dépassé le point bas des grèves et le point haut du calme social.

Au début, le syndicalisme fut à la fois la guérilla et une éthique de justice et de sacrifices. Souvent aujourd'hui il ne lui reste que l'odeur de la poudre sur fond de sécurité et de protection contre tout licenciement. L'aventure près d'un guichet de Sécurité sociale en quelque sorte.

Nul ne saurait nier qu'alors l'action des syndicats ait été bénéfique aux salariés de notre industrie naissante, ce qui explique qu'ils aient recueilli toute la sympathie populaire tandis que, dans le même temps, se forgeait la mauvaise réputation du «capitalisme sauvage».

Image d'Epinal qui va en s'estompant alors que les représentants des syndicats restent entourés d'une aura quasi religieuse et sont devenus une sorte de tabou. A notre époque où peu de valeurs sont respectées, où la famille est dénigrée, l'armée vilipendée, la religion raillée, l'Etat et la nation bafoués, les professeurs chahutés, les cadres séquestrés, les gouvernants contestés, les partis politiques méprisés, on continue de parler des syndicats avec respect. Les syndicalistes, eux, restent «oints du Seigneur».

Ce tabou syndical a la vie dure. Nos compatriotes feignent de ne pas voir que le syndicaliste d'aujourd'hui ne court plus beaucoup de risques pour sa famille et pour lui-même, qu'il est au contraire un «salarié protégé» qu'on ne peut plus licencier comme les autres, que ces avantages suscitent de nos jours plus de vocations que la défense courageuse des « salariés opprimés ».

Marcel Aymé avait intitulé l'une de ses nouvelles *L'Auréole*, et il expliquait le cas curieux d'un homme dont les mérites étaient immenses et que Dieu, pour le récompenser, avait affublé d'une auréole. Celle-ci le gênant, et même le ridiculisant dans la vie courante, il avait décidé de la faire disparaître et plongea peu à peu dans la turpitude. Malgré cela, il conserva son auréole et fit fortune en exploitant les autres, et la nouvelle se termine par des remerciements à Dieu pour la parfaite gratuité de ses dons.

L'auréole syndicale est également tenace et brillera sans doute encore longtemps, malgré la désaffection des militants. Et il est probable qu'un chansonnier qui tenterait de ridiculiser un cégétiste en grève ne ferait pas rire la salle.

Le cinéma, le théâtre, la littérature, la presse continuent à renvoyer des syndicalistes une image qui paraît indestructible, imperturbable. Ce qui n'est pas le cas, hélas ! pour les chefs d'entreprise, hommes d'affaires, professions libérales... dont les défauts, les faiblesses, les vices, réels ou supposés, continuent à nourrir récits, pamphlets, anecdotes et films.

Les syndicats se sont organisés en structures de plus en plus puissantes avant de conquérir, de haute lutte et par grignotages successifs, des subsides de plus en plus importants leur assurant un pouvoir de plus en plus grand.

1936 et, surtout, 1945-1946 ont été marqués par une formidable poussée syndicale (en 1936, la C.G.T., à elle seule, comptait près de cinq millions d'adhérents) qui a été encore renforcée par la mise en place d'une législation sociale lui accordant des prérogatives nouvelles.

Ainsi l'octroi, en 1946, d'une représentation officielle, réservée à cinq centrales syndicales, les transformait de ce fait en partenaires privilégiés et obligés des dirigeants d'entreprise et des pouvoirs publics. Les autres syndicats n'ayant pas droit à cette appellation contrôlée, cela revenait en fait à empêcher toute création de nouveaux syndicats.

Curieusement, lorsqu'en 1968 le général de Gaulle autorisa la création des sections syndicales d'entreprise — représentantes officielles des syndicats dans l'entreprise elle-même —, cette représentativité se trouvait confirmée et, logiquement, le privilège d'exclusivité de 1946 aurait pu être supprimé. Mais il n'en fut rien (en raison, peut-être, des événements) et, depuis, aucun gouvernement n'a osé prendre cette décision : un « monopole » ne se lève pas aussi simplement.

Ce terme de « monopole syndical » est violemment contesté par les dirigeants syndicaux. Il ne s'agirait en fait que d'un privilège de présentation de candidats au premier tour des élections professionnelles.

Quant à la représentativité des organisations syndicales, elle a été fixée par une décision ministérielle du 8 avril 1948, puis par la loi du 1er février 1950, avec les critères suivants dont certains font sourire à notre époque :

— les effectifs,
— l'indépendance,
— les cotisations,
— l'expérience et l'ancienneté du syndicat,
— l'attitude patriotique pendant l'Occupation (*sic*).

Après la scission C.F.T.C.-C.F.D.T. en 1964, un arrêté du 31 mars 1966 définit précisément les cinq organisations représentatives, pas une de plus, et une fois pour toutes :

C.G.T., C.F.D.T., C.G.T.-F.O., C.F.T.C. et C.G.C.

Il est exact que ce privilège de présentation de candidats n'est pas totalement exclusif et supporte quelques exceptions très réglementées, mais il est curieux que les syndicats qui se réclament souvent de l'abolition de tous les privilèges de la nuit du 4 août supportent fort allégrement celui-ci. Ce privilège de candidature est injuste car, si la baisse d'audience des cinq syndicats représentatifs actuels continuait, il n'y aurait pas de solution pour les faire remplacer par de nouveaux syndicats éventuellement plus performants. Tout le monde est convaincu de l'injustice de cette disposition et chaque nouveau ministre du Travail (hors les socialistes bien sûr) a pensé supprimer ce privilège par souci d'équité, avant de reculer devant la peur d'affronter les syndicats et de déclencher des troubles sociaux.

Nous, chefs d'entreprise, sommes toujours surpris de constater la frayeur qu'inspirent les centrales au pouvoir politique, souvenir sans doute des troubles graves de jadis. La façon dont certains dirigeants syndicaux étaient reçus par nos gouvernants politiques était symbolique d'une surestimation notoire de leur puissance réelle.

Mais le véritable monopole syndical est celui de négocier, renforcé définitivement par la loi dite Auroux du 13 octobre 1982, monopole étendu au niveau national, professionnel ou local. Cette fois, même les associations ou les groupements de salariés capables de faire la preuve de leur représentativité sont privés de ce droit. Les délégués syndicaux appelés à négocier seront donc toujours désignés par leurs syndicats.

Nous verrons plus loin que cette disposition va à l'évidence en sens inverse de l'évolution des hommes dans l'entreprise.

1968 et les accords de Grenelle avaient déjà marqué un nouveau renforcement de la pression syndicale, qui continua de monter sous les présidences de Georges Pompidou et de Valéry Giscard d'Estaing.

C'est en effet 68 qui a créé l'ère du triomphalisme syndical.

On se souvient que les syndicats n'ont pas déclenché les troubles de 68, mais, comme d'habitude, ils les ont récupérés. Les semeurs de trouble, qui sont précisément craints pour cette réputation, se doivent de ne pas laisser passer des troubles sans en devenir acteurs. Des syndicats apaisants et anti-troubles seraient vite considérés comme inoffensifs.

S'accrochant aux jeunes en folie, les syndicats « récupérèrent », suivant leur expression consacrée. Ils avaient d'ailleurs un grief précis : le S.M.I.G., salaire minimum interprofessionnel garanti de l'époque, avait augmenté sensiblement moins que le coût de la vie et les célèbres négociations de Grenelle, conduites côté patronal par le président Paul Huvelin, durent accorder une augmentation de 35 % à cette catégorie défavorisée. Le coût salarial de cette mesure ne dépassa pas 1,5 % de la masse totale et finalement ne compromit pas l'expansion de 1968 et surtout de 1969. Mais nous verrons que 68 a eu des effets autrement néfastes sur les jeunes, sur les créations d'entreprises et sur le goût de l'effort de nos compatriotes.

Les syndicats, eux, triomphèrent.

Les négociations de Grenelle les avaient mis en évidence médiatique. Ils découvrirent en même temps le goût de l'exigence jamais totalement satisfaite et jamais totalement refusée et le goût du vedettariat télévisé. Deux virus qui sévissent encore.

Entre 1945 et 1968, deux grands accords seulement avaient été signés entre patronat et syndicats, l'un pour le chômage et l'autre pour la retraite, accords nationaux pour cause d'assurance intéressant le plus grand nombre.

Après 1968, ce fut le déchaînement des demandes syndicales sur tous les sujets, salaires, conditions de travail, régimes paritaires, etc.

La méthode de négociation avec le patronat avait ses règles : on demandait le plus pour avoir le moins, on se réunissait la nuit pour démontrer aux camarades jusqu'où peut aller le dévouement et aux télévisions jusqu'à quelle heure matinale on se sacrifie pour la cause commune.

Du côté patronal, les règles étaient symétriquement complices : on négocie dur pour accorder le moins en sachant que l'autre aura demandé trop, mais on accordait cependant au lieu de refuser catégoriquement la négociation.

Ce fut la période de la France coûteuse qui n'apercevait pas encore les limites des vingt-cinq Glorieuses dont Jean Fourastié lui-même avait surestimé la durée. On sacrifiait joyeusement les entreprises à la consommation des ménages et au pouvoir d'achat. On acceptait même de payer les chômeurs plus que leurs salaires nets de travail.

La décennie 70 fut la gloire facile des syndicats et la plus mauvaise période pour les entreprises, celle de la « décadence triomphante » de la France.

Le syndicalisme se sentait fort et respecté. Il pouvait demander beaucoup. Il ne risquait que le refus, généralement partiel, de négociateurs patronaux, connaissant peu les entreprises et s'appelant eux-mêmes des « syndicalistes patronaux ». Tout un programme !

Ces conséquences néfastes de 68 durèrent jusqu'à l'arrivée de la gauche au pouvoir en 1981. Beaucoup de socialistes étaient des soixante-huitards attardés, parfois de bonne foi, persuadés eux aussi que les entreprises « pouvaient payer », suivant une expression chère aux syndicalistes et même à quelques négociateurs patronaux inconscients, malgré les cris d'alarme du mouvement E.T.H.I.C. et de quelques autres groupements d'entreprises.

Les socialistes avaient la sympathie des syndicalistes et ceux-ci triomphaient. Le premier projet de loi Auroux a failli consacrer en même temps la suprématie syndicale en entreprises et le déclin de la performance économique de celles-ci. Notre vigilance et nos protestations évitèrent le pire.

Finalement, les lois Auroux renforcèrent les prérogatives syndicales, mais l'une d'entre elles, sur l'expression des salariés, fut le cheval de Troie. Elle exigeait une concertation annuelle entre direction et personnel des entreprises elles-mêmes, concertation que nous appelions de nos vœux depuis longtemps. Nous ne pouvions que regretter que cette concertation ait dû se réaliser par la contrainte d'une loi, au lieu d'être spontanément organisée par les dirigeants eux-mêmes.

Cette loi particulière fut un coup porté aux prétentions des syndicats d'être les seuls interlocuteurs de la direction et les seuls représentants des salariés.

On découvrit alors ce que nous savions: les salariés français n'étaient plus depuis longtemps les ouvriers soumis de l'industrie naissante du XIXe siècle. Ils avaient acquis une bonne connaissance globale des problèmes économiques grâce aux médias et ils désiraient vivement comprendre les problèmes économiques de leur propre entreprise.

De ce fait, ils devenaient de bons interlocuteurs motivés et compétents.

Le balancier social, qui depuis longtemps avait oscillé vers le syndical, revenait en arrière et se déplaçait vers l'humain.

Dans le passé, nos gouvernants, socialistes ou libéraux, ont généralement confondu social et syndical, au point d'utiliser indifféremment un mot pour l'autre.

Mais le marketing social (expression nullement péjorative, au contraire) suit les mêmes tendances que le marketing commercial: il tend vers la personnalisation. De même que l'acheteur d'une voiture veut une couleur de la carrosserie et des sièges « bien à lui », de même le salarié veut de plus en plus un travail personnalisé à responsabilités croissantes, un horaire personnalisé, un salaire personnalisé.

Cette individualisation est le strict contraire de la massification syndicale dont notre balancier s'éloigne inéluctablement.

Avec l'arrivée de la gauche au pouvoir, en mai 1981, et la mise en place des lois Auroux, les syndicats ont vu leur pouvoir officiellement renforcé. Pourtant, depuis plusieurs années déjà, le militantisme syndical connaissait une crise grave et l'on peut parler de déclin, voire d'effondrement. Le syndicalisme a perdu de sa crédibilité et connaît une réelle désaffection de sa « base ».

UNE CRISE D'IDENTITÉ

La perte de vitesse du syndicalisme français s'inscrit dans la crise que traverse actuellement le syndicalisme mondial, comme l'a très bien montré Mancur Olson, professeur à l'université de Maryland, aux Etats-Unis. Mais, en France, les choses sont encore plus graves qu'ailleurs.

Peut-être notre syndicalisme connaît-il vraiment cette fameuse « crise d'identité » dont parlent les sociologues.

Quoi qu'il en soit, en 1981, avec 20 % de salariés syndiqués, la France connaissait le taux de syndicalisation le plus faible de tous les pays économiquement développés (Belgique 80 %, Italie 50 %, Grande-Bretagne 50 %, Allemagne 40 %).

Ce taux comprenait d'ailleurs l'ensemble des salariés du secteur public ou para-public et du secteur privé. Or le taux de syndicalisation a toujours été sensiblement plus important dans le secteur public où les syndicats, forts d'un statut protégé, vivent tout à fait confortablement sans le moindre danger. Le syndicalisme en pantoufles.

Déjà, en 1981, nous pensions que dans le secteur privé le taux réel de syndicalisation n'était guère supérieur à 10 %. Aujourd'hui, il est sûrement très inférieur à 5 %. Il serait dans le secteur public de l'ordre de 15 %, avec une moyenne globale pour la France de quelque 9 % comme l'avance Pierre Rosanvallon.

On peut d'ailleurs se demander qui est syndiqué et quels sont les critères précis de syndicalisation. Le nombre des cartes d'adhésion annuelles est tombé très bas. Les timbres mensuels sont vendus de façon très irrégulière et les syndicats comptabilisent à la fois les militants et les sympathisants qui ne paient que deux ou trois timbres par an. Il faudrait, pour une comptabilité exacte, faire des comptes consolidés comme dans nos bilans d'entreprise, mais les syndicats restent sur ce sujet d'une discrétion fort compréhensible. D'où l'incertitude immense sur le nombre réel de syndiqués que je me garderai bien de chiffrer moi-même par centrales, malgré l'abondance de documents dont nous disposons.

Une réalité n'est pas contestable, la syndicalisation est insignifiante dans les petites entreprises de moins de cent salariés où le dialogue s'instaure spontanément, ainsi que dans les services et dans les entreprises de forte croissance.

Est-ce parce qu'elles n'ont pas de syndicats qu'elles sont en forte croissance ou l'inverse?

Plusieurs chefs d'entreprise prétendent qu'il ne s'agit là ni d'une réduction ni même d'un effondrement, mais d'une véritable disparition. Ce phénomène peut réjouir ceux qui font à tort de l'antisyndicalisme primaire, mais aussi tous ceux qui regrettent depuis longtemps les excès de certains syndicats ou le pouvoir trop important qu'ils détenaient face à leurs responsabilités réelles.

Le seul syndicat qui ait prospéré spectaculairement ces dernières années, c'est, si j'ose dire, le syndicat des non-syndiqués. Déjà en 1983, on estimait que, dans les élections des comités d'entreprise, la C.G.T. ne représentait plus que 24 %, la C.F.D.T. 18 % contre 37 % pour les non-syndiqués. L'audience syndicale, après s'être effondrée dans les ateliers, ne reste substantielle que dans les cabinets ministériels. Grâce à la complaisance du pouvoir, depuis bien longtemps, nous avons assisté à une institutionnalisation du syndicalisme dans l'entreprise, le pouvoir des militants se fondant moins, désormais, sur la confiance des salariés que sur les prérogatives nouvelles accordées par un législateur bienveillant.

Les troubles sociaux de fin 1986 ont démontré la faiblesse des syndicats et leur incapacité d'encadrer les grévistes, malgré leur méthode de récupération par la surenchère. Ce fut pour eux un échec. La création spontanée de « coordinations » représentant directement la base des salariés loin de toute influence syndicale a bien démontré la méfiance nouvelle des salariés vis-à-vis des syndicats.

Un autre aspect gravement négatif du syndicalisme en France est son coût énorme pour la communauté.

En fait, le financement des syndicats, complexe au départ, est devenu peu à peu opaque et inextricable. On sait simplement que les cotisations volontaires des adhérents ne représentent qu'une faible partie de leur budget. Les subventions gouvernementales affluent de tous bords, Affaires sociales, Premier ministre, Agriculture, Affaires étrangères, Consommation, Commissariat au Plan, etc. Elles représenteraient à elles seules quelque quatre milliards de francs.

On peut y ajouter la mise à disposition d'hommes et de moyens par des ministères ou des grandes entreprises publiques. La seule E.D.F.-G.D.F. verse à sa Caisse centrale des activités sociales 1 % par an, non pas de la masse salariale, mais du chiffre d'affaires, c'est-à-dire 7 à 8 % de la masse salariale, montant qui a largement profité de la hausse de l'énergie au moment des chocs pétroliers. A cette manne s'ajoutent quelques ressources supplémentaires portant le budget de cette caisse contrôlée par la C.G.T. à plus de deux milliards de francs, montant exorbitant géré en totalité par la C.G.T. et le P.C.

La C.G.T. a fermé soigneusement son monopole et contrôlé sévèrement toutes les activités sociales de l'E.D.F.-G.D.F. dans une « politique culturelle » précise où les militants ou simples sympathisants peuvent « bronzer avec leur syndicat ».

On m'a expliqué plusieurs fois l'origine de cette hémorragie : l'Etat ayant généreusement indemnisé les anciens actionnaires, il accepta d'être aussi généreux avec les représentants des salariés. Depuis lors, l'indemnisation des actionnaires a été réglée par le mécanisme des bons de la Caisse nationale de l'énergie. Celle des salariés demeure entière et il manque simplement à l'Etat l'« énergie » suffisante pour éteindre ce privilège scandaleux qui draine vers le P.C. des aides de toutes sortes aux frais du contribuable. Il suffit de comparer ces dépenses au chiffre d'affaires, pardon ! au bénéfice de deux milliards que réaliserait une entreprise privée et les contrôles dont elle serait l'objet pour l'utilisation de telles sommes. Ici, liberté totale d'utilisation pour le plus grand bien du parti.

On pourrait signaler également les avantages importants accordés à la C.G.T. de la S.N.C.F. par Charles Fiterman lorsqu'il fut ministre des Transports, les subventions tirées de la participation à la gestion paritaire d'une trentaine d'organismes nationaux, les petits et grands avantages en nature tirés des entreprises publiques. C'est ainsi que je recevais à la présidence du C.N.P.F. des centaines de lettres circulaires de pétition toujours timbrées gratuitement dans les plus grandes administrations.

On le voit, le système est touffu et pervers, et la complicité est grande entre syndicats et pouvoir.

Curieusement, on ne semble pas manifester en France un grand souci d'éclaircissement.

On peut ajouter que les seules heures de délégation accordées par la loi représenteraient, pour l'ensemble des entreprises françaises, le travail à temps complet de 100000 salariés.

Mais peu à peu les Français ont pris conscience qu'il y avait là des avantages et des privilèges bien éloignés de la pureté des pionniers du syndicalisme naissant. De ce fait, l'image commence à se dégrader.

Par ailleurs, nos concitoyens savent que les syndicats ont manqué le train historique d'une des plus importantes conquêtes sociales de l'après-guerre: les horaires variables.

Ces horaires ont en effet été initiés par les dirigeants d'entreprise avec l'accord direct des salariés qui étaient demandeurs et voyaient là un immense intérêt personnel et familial.

Curieusement, les syndicats ancrés sur la défense de leurs prérogatives se sont au départ opposés à ces horaires souples pour trois raisons:

— les syndicats, toujours conservateurs, se méfient du changement;

— ils le supportent d'autant plus mal qu'il est proposé par les « patrons » dont le rôle est d'accepter ou de refuser leurs propres demandes, mais pas de faire des innovations sociales. Chacun son métier;

— ces horaires flexibles gênaient considérablement les fameuses réunions de portail à heure fixe avec distribution éventuelle de tracts.

A cette occasion, les syndicats ont joué leur propre intérêt corporatiste contre l'intérêt même des salariés.

Après avoir été contre les horaires variables, les syndicats se déclarèrent contre le travail à temps partiel, le travail différencié, les contrats à durée déterminée, le travail intérimaire. A l'époque où l'emploi devient la priorité nationale, les Français se tournent naturellement vers les entreprises, seule réelle source d'emplois, et vers leurs dirigeants. Pour la défense de leurs propres intérêts, il semble aujourd'hui que les salariés fassent plus confiance à leurs cadres, à leurs supérieurs hiérarchiques et même à leurs dirigeants qu'à leurs représentants syndicaux.

Révolution s'il en est!

Si la misère du siècle dernier suscitait une émotion dont le syndicalisme pouvait se servir pour fonder sa légitimité, il lui est de nos jours difficile de jouer la carte de l'ouvriérisme, du misérabilisme, de l'analphabétisme, compte tenu de la progression du pouvoir d'achat de l'ensemble des salariés français et surtout de l'ascension vertigineuse de leur compréhension des phénomènes économiques. C'est pourquoi on a vu les syndicats faire des assauts de clientélisme du côté des immigrés analphabètes, avec le succès que l'on sait.

De plus, certains syndicats continuent de jouer le mythe de la lutte des classes qui, de toute évidence, n'existe plus depuis longtemps, momie aux bandelettes effritées que quelques politiques tentent encore de sortir parfois du placard à naphtaline au risque de faire éternuer l'assistance.

Il existe bien sûr des « luttes de classes » diversifiées dans les entreprises elles-mêmes, et un responsable patronal prétend que la lutte interne que peuvent se livrer les ingénieurs de fabrication et les ingénieurs commerciaux d'une même entreprise est plus forte que celle qui oppose encore les salariés à leurs dirigeants.

La dualité historique et oppositionnelle des deux classes, dirigeante et laborieuse, retarde d'un siècle.

Enfin, la collusion notoire entre le gouvernement socialiste de la France et certains syndicats n'a pas joué à terme en faveur de ceux-ci. Nos gouvernants ont l'habitude de compter les syndicalistes parmi les « forces vives » principales de notre pays. Il s'agit là d'une erreur grave : ce sont les entreprises et leurs salariés qui sont les forces vives.

C'est sans doute la raison pour laquelle le taux de syndicalisation est extrêmement faible dans les domaines de forte croissance, les services, le tertiaire et les industries de pointe. Les syndicats vivent mieux dans les secteurs en décadence et dans l'industrie lourde à tradition ancienne où ils avaient fait leur nid. Or la clientèle ouvrière est elle-même en diminution rapide et les syndicats ne pourront continuer à se réclamer d'un mouvement ouvrier qui n'existera bientôt plus.

Anachronique, disent les historiens.

Ringard, dit un auteur dont les sympathies pour les syndicats ont été notoires.

En opposition de phases, disent les électroniciens.

D'autre part, on constate que l'effondrement de l'audience syndicale a principalement lieu dans les entreprises privées alors que, grâce à l'appui des pouvoirs publics, elle se maintient artificiellement dans les entreprises nationales et dans le secteur public.

On peut se demander si le syndicalisme n'est pas la sanction d'une éventuelle carence de la gestion sociale de la part des dirigeants d'entreprise. Car, dans les entreprises bien menées sur le plan social par des hommes charismatiques soucieux de motiver l'ensemble de leur personnel, la syndicalisation est non seulement faible, mais jugée inutile.

En revanche, qu'un patron, même excellent technicien ou gestionnaire, néglige le problème des hommes et manque de charisme, alors on voit éclore un syndicalisme de remplacement qui, finalement, ne fait qu'occuper l'espace libre.

Certains auteurs en tirent la conclusion que la syndicalisation montre la mauvaise qualité de direction et étendent cette théorie à l'Etat-patron, considéré comme le plus mauvais de tous.

En 1988, on peut affirmer que la crise du syndicalisme n'est pas terminée et que la crise de confiance des salariés vis-à-vis des syndicats s'accentue, comme en témoigne un sondage « R.E.S.-Gestion sociale » dont les résultats me semblent instructifs. A la question : quel est le syndicat qui vous inspire le plus confiance aujourd'hui ? les salariés répondent à 8,3 % pour la C.F.D.T., à 0,9 % pour la C.F.T.C., à 3 % pour la C.G.C., à 14, 6 % pour la C.G.T., à 19,8 % pour F.O... mais à 51,8 % pour « aucun syndicat ».

Pour certains chefs d'entreprise, le syndicat, c'est déjà le passé alors que les salariés, eux, sont vraiment l'avenir et beaucoup se posent la question : le syndicalisme est-il un mal encore nécessaire ?

Mais nous pourrions leur en poser une autre : sauront-ils vraiment négocier directement avec les salariés sans abuser de leur position dominante ?

Attention, l'effondrement de l'audience syndicale dans les entreprises privées ne doit pas conduire les dirigeants à profiter de la situation. Au contraire, ce vide relatif doit être intelligemment comblé.

Si du tout-social utopique nous passions au tout-économique prétendant se passer des hommes, la réaction serait inévitable et violente. Déjà une tendance se fait sentir dans ce sens, avec la résurgence du vieux poncif : quand l'économie va mieux, le social va plus mal.

Il est vrai que la réhabilitation de l'entreprise et de ses objectifs économiques de croissance, d'investissement, de compétitivité, de projets peut comporter des contradictions avec ses objectifs humains.

Il serait dramatique que la France, souvent secouée par des spasmes politiques, navigue socialement d'une révolution à une autre.

L'anxiété actuelle des salariés est grande, mais leur attente est immense.

Il ne faut pas les décevoir.

DES CONVENTIONS DE MOINS EN MOINS COLLECTIVES

Après ce constat sévère du déclin syndical en France, on doit se demander quel pourrait être l'avenir d'un syndicalisme utile dans notre pays.

Tout d'abord, a-t-on besoin encore d'un pouvoir syndical fort? Les avis sur ce point sont partagés, même parmi les libéraux. Certains professent que l'affaiblissement désiré de l'influence de l'Etat doit s'accompagner du renforcement de structures de négociations sociales: C.N.P.F. et syndicats. Ce sont les tenants d'un « syndicalisme fort et responsable ».

En réalité, la force n'entraîne pas *ipso facto* la responsabilité. Ce sont deux qualités inégalement partagées, donnant des résultats grandement divergents comme le démontre le « carré magique syndical » ci-dessous où sont représentées:

— sur un axe la force des syndicats,

— sur l'autre axe la responsabilité des syndicats.

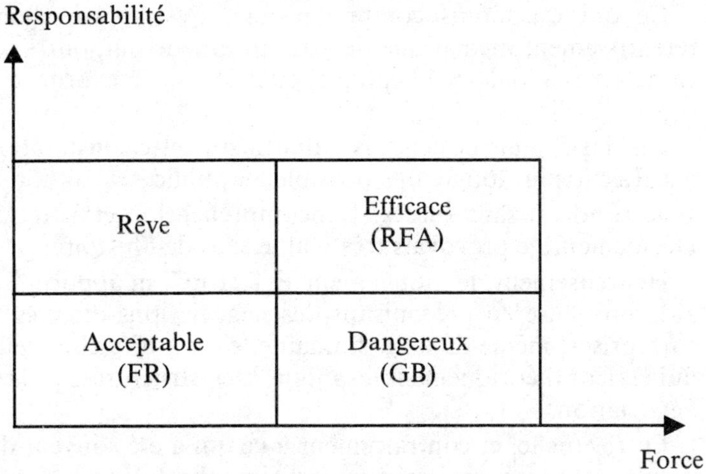

En Allemagne fédérale, les syndicats forts et responsables donnent une situation réputée efficace.

En France, des syndicats faibles et irresponsables ont donné une situation que certains considèrent aussi comme acceptable malgré ses défauts.

En Grande-Bretagne, des trade-unions puissants et irresponsables ont gravement déséquilibré le pays dans un passé récent.

Quant au quatrième carré magique, c'est celui de syndicats responsables bien que faibles, situation utopique et rêve inavoué de beaucoup de chefs d'entreprise.

On nous dit qu'il n'y aura pas de contrats sans contractants. C'est exact, mais qui doit contracter? Est-ce toujours les syndicalistes, seuls habilités d'après l'une des lois Auroux?

En fait, cette fameuse politique contractuelle, expression tabou à mon arrivée à la présidence du C.N.P.F. en 1981, a changé brusquement d'acception. Elle n'est plus aujourd'hui nationale, interprofessionnelle et syndicalisée.

J'avais lancé ma bombe la première fois à la Commission sociale du C.N.P.F. en proférant ce blasphème:

— A l'avenir, les conventions seront de moins en moins collectives.

Les négociateurs patronaux furent durement secoués et on les comprend.

Ce qui est moins compréhensible, c'est le très faible retentissement médiatique de cette prophétie qui, outre son caractère scandaleux à l'époque, était, paraît-il, exprimée de façon sibylline.

Une large pluie de cendres s'abattit sur cette constatation, occultée le plus longtemps possible au public.

Je récidivai sans succès. L'incompréhension était totale. Décidément, je prévoyais très mal le sens de l'histoire.

Heureusement, le mouvement E.T.H.I.C. m'apporta une aide précieuse en préconisant des négociations directes en entreprises, même de taille humaine, c'est-à-dire chez celles qui étaient théoriquement les moins bien structurées pour la négociation.

En revanche, et contrairement à ce qui a été souvent dit, je n'ai pas été moi-même partisan absolu du « tout à l'entreprise », car j'étais bien placé pour savoir que des transitions étaient indispensables entre le « national » et les « entreprises », transitions très bien effectuées par les fédérations professionnelles elles-mêmes et leurs accords-cadres. C'était même le sens profond de cette expression de transition : « des conventions de moins en moins collectives ».

Par ailleurs, l'échec des négociations de décembre 1984 sur la flexibilité démontra la fin d'une période et la volonté de la base salariale de ne plus suivre aveuglément les accords des grandes centrales. Ce fiasco retentissant et douloureusement ressenti par les membres de notre Commission sociale a été en fait le premier choc vers la décentralisation des négociations, véritable symbole du libéralisme lui-même.

Le double corporatisme syndical et patronal avait été plus sévèrement ébranlé par cet insuccès que par toutes mes pressions et mes mises en garde. On nous a dit gravement que la Politique Contractuelle (majuscules S.V.P.) se mourait, qu'elle était morte. C'était du Bossuet dépassé.

En réalité, cette politique contractuelle décentralisée et multiforme se porte très bien, soit au niveau de l'entreprise chaque fois que c'est possible, soit au niveau de la branche professionnelle.

Les chiffres de ce succès sont incontestables : en 1983, les entreprises françaises ont elles-mêmes signé 1 800 accords, en 1984 : 3000, en 1985 : 4889, en 1986 : 4911 et en 1987 : 6484.

Les conventions sont bien de moins en moins collectives puisqu'elles touchent de moins en moins d'intéressés, même dans une profession donnée, et elles sont de ce fait de plus en plus nombreuses.

Dès 1983, un sondage effectué pendant mon mandat avait prouvé que 58 % des Français considéraient qu'il valait mieux donner plus d'influence aux chefs d'entreprise qu'aux dirigeants syndicaux (21 %) pour régler les problèmes sociaux, y compris le plus grave d'entre eux, le chômage.

Mais cette désyndicalisation ne risque-t-elle pas de créer un vide social aux conséquences graves?

Tout dépendra de la capacité des salariés à concevoir dans l'entreprise leur défense propre. Il est probable que dans les grandes entreprises, bien que la présence syndicale y soit plus forte, ils sauraient s'organiser eux-mêmes. C'est précisément dans les plus petites qu'ils auraient besoin d'aide mais c'est là que le rôle des syndicats est actuellement insignifiant.

Cette démocratisation sociale peut être en réalité une chance pour les syndicats eux-mêmes s'ils savent se remettre profondément en cause et abandonner une fois pour toutes l'irréversibilité des avantages acquis sur laquelle ils sont couchés depuis des décennies.

D'ailleurs, si les conventions doivent devenir moins collectives qu'auparavant, elles doivent cependant le rester. Elles ne peuvent devenir totalement individuelles sans que l'employeur n'ait tendance à écraser l'employé. L'échelon collectif subsistera soit au niveau de la branche professionnelle, soit plus tard de l'entreprise elle-même lorsque celle-ci peut et veut négocier.

Ces négociations conserveront toujours un caractère symbolique de rapprochements, de discussions, de transition, de «fusible», exutoire indispensable à tout système. Le «dépérissement de la négociation syndicale au sommet» que déplorent tant les syndicats ne doit pas entraîner le dépérissement des autres négociations, au contraire.

Tournant le dos aux vieilles traditions de lutte anti-économique, de grèves souvent suicidaires, de mécontentement et de désordre soigneusement entretenus, les syndicats pourraient changer de cap et devenir à la fois des promoteurs de l'entreprise nourricière et des défenseurs avisés des salariés contre tout abus éventuel d'une direction qui pourrait oublier les hommes dans une recherche obsessionnelle des produits, des marchés, des techniques, des clients, des investissements et, bien sûr, des profits. De tels patrons seront de plus en plus rares car ils ne pourront sauver leur entreprise en sacrifiant les hommes et ils seront eux-mêmes condamnés à disparaître.

Les syndicats ne peuvent donc pas reconstruire leur avenir sur une seule défense exceptionnelle en entreprises exceptionnellement rétrogrades — car celles-ci disparaissent plus vite aujourd'hui qu'au début du siècle.

En réalité le mouvement, caractéristique de l'entreprise moderne, s'accélère et les syndicats, hautement conservateurs, auront beaucoup de peine à acquérir ce rythme de transformation.

C'est cette adaptation au changement rapide, à des remises en cause fréquentes, à l'image de l'entreprise performante elle-même, que les syndicats de demain devront acquérir.

Nous avons nous-mêmes tenté de transformer un patronat corporatiste en un « néo-patronat d'entreprises ».

Les syndicats corporatistes devront eux aussi devenir des « néo-syndicats de salariés ».

Loin d'être antisyndicaliste primaire ou viscéral, je crois au contraire que le syndicalisme est indispensable.

Tout d'abord il existe dans tous les pays, ce qui démontre que son extinction totale, souhaitée par certains, est utopique.

Par ailleurs, dans tout système il faut une « compensation » comme on dit en *high tech*, ce que certains appellent encore des contre-pouvoirs. Ce rôle est difficile à jouer et certains en ont abusé, perdant ainsi une partie de leur crédit. Mais il reste fort important.

En voici quelques lignes nullement exhaustives :

— promouvoir des flexibilités diverses dans l'entreprise en trouvant des aménagements indispensables à son succès en même temps qu'à la satisfaction des salariés eux-mêmes ;

— négocier et favoriser l'installation d'automatisations de tous ordres et de mutations technologiques qui enrichissent le travail des opérateurs, comme commencent à le faire les syndicats suédois ;

— informer les salariés pour leur faciliter la compréhension de l'environnement en évolution et s'y adapter ;

— contribuer activement (et non plus négativement) aux reconversions d'activités, comme en Suède;

— soutenir et encourager la formation professionnelle et en particulier l'apprentissage, chance importante pour l'emploi des jeunes de demain; sur ce point particulier, les syndicats peuvent avoir un rôle à jouer avec participation effective à cette formation;

— discuter avec la direction de la juste répartition avec les salariés des profits tirés précisément des améliorations qu'ils auront permises ou suscitées, etc.

Une ère nouvelle de syndicalisme délocalisé serait née.

Les naufrageurs de Lip, de Manufrance et de leurs salariés deviendraient des promoteurs et on retrouverait, par un curieux retour des choses, une similitude de dynamisme entre entrepreneurs et syndicalistes-pionniers du début de l'ère industrielle tel que nous l'avons décrit ci-dessus.

Transformer une défaite en victoire, ne serait-ce pas la plus belle des réussites?

LE SECRET DE DEMAIN: LA PARTICIPATION ACTIVE

Comme nous l'expliquons sans relâche, l'entreprise ne peut fonctionner qu'avec les hommes et par les hommes.

J'ai tenté de réaliser au C.N.P.F. cette « participation » qui, malheureusement, a des acceptions multiples.

Elle peut être une simple participation au capital, au sens gaullien du terme.

Elle peut être une participation financière aux résultats de l'entreprise.

Elle peut être une participation des salariés à la gestion de l'entreprise, généralement sollicitée par la présence de représentants du personnel dans les conseils d'administration.

Elle peut être enfin une participation des salariés aux responsabilités décentralisées, dans leur domaine de compétences. C'est cette dernière option qui était la mienne, et qui est toujours la mienne, car je crois qu'elle est prioritaire par rapport aux autres.

Nous aurions pu employer l'expression « gestion participative » déjà utilisée dans l'Association française pour la participation dans les entreprises (A.F.P.E.). Mais certains l'interprètent de façon erronée en pensant qu'il s'agit d'une éventuelle participation à la gestion elle-même. C'est pourquoi nous avons préféré l'expression « participation active » qui montre bien qu'il ne s'agit pas obligatoirement d'une participation financière, mais bien d'une participation par l'action.

Je dois dire que Serge Dassault, lui-même fondateur de l'A.F.P.E., avait accepté de très bon gré de présider la Commission « Participation active » que j'avais créée au C.N.P.F.

J'ai appris plus tard que cette expression dont j'étais fier avait été déjà employée littéralement et en latin par le pape Jean-Paul II dans son encyclique *Laborem exercens* de septembre 1981. Quel honneur pour moi d'avoir réinventé sans le savoir une expression papale !

Mais en quoi consiste cette participation active ?

A la vérité, elle tend surtout à établir entre la direction d'une entreprise et les salariés une « communauté d'objectifs et d'intérêts ».

Tout d'abord, la communauté d'objectifs doit être clairement affichée.

En effet, tout le monde sait que, pour motiver les hommes, il faut leur faire construire une tour ensemble, comme le disait si bien Saint-Exupéry, c'est-à-dire avoir un objectif de réalisation en commun. Seul un objectif accepté par tous peut donner l'enthousiasme suffisant pour marcher dans la même direction et effectuer une construction coordonnée.

Il n'est d'ailleurs pas toujours facile de faire admettre des objectifs communs par l'ensemble d'une entreprise, d'où la nécessité bien connue de nos jours d'un projet d'entreprise expliquant largement la tactique et la stratégie que poursuit l'entreprise à court, moyen et même à long terme.

Nous en reparlerons à propos des nouvelles entreprises performantes de demain.

Ces projets d'entreprise ont parfois fait sourire, mais ils sont bien nécessaires, et ils doivent être appuyés par toutes les ressources modernes de la communication dans l'entreprise qui ont fait des progrès immenses depuis quelques années.

En effet, malgré le paradoxe apparent, la décentralisation

des responsabilités dans l'entreprise exige un pouvoir central plus fort que pour l'exercice d'une autorité centralisée pour toutes les décisions. C'est en fait la théorie même du libéralisme que j'ai appelé « Foot-Ball » pour montrer que des règles strictes et intangibles sont indispensables pour assurer précisément un domaine de liberté aux joueurs.

Il est donc facile de faire connaître aujourd'hui les objectifs de l'entreprise à l'ensemble du personnel pour qu'il y adhère en formulant éventuellement en retour des critiques et des suggestions. C'est le dialogue interactif qui vient s'instaurer à la méthode du Ringi japonais, sorte de palabre interminable qui obtient finalement non pas une majorité, triomphant sur une minorité résignée, mais un consensus sans arrière-pensée.

La montée de la compréhension économique de l'ensemble du personnel, des cadres-dirigeants aux employés, permet qu'on les fasse participer de plus en plus à l'élaboration des décisions et qu'on ne les leur impose plus sans consultation préalable.

Le temps apparemment perdu est en réalité du temps gagné, gagné sur les mises en place, gagné sur les hésitations en cours de route, gagné sur les retours en arrière, gagné sur les échecs.

Il s'agit dans cette communauté d'objectifs d'un véritable enjeu, celui de libérer les énergies latentes et mal utilisées, les responsabilités potentielles et les initiatives possibles.

Le deuxième volet de la participation active, c'est la communauté d'intérêts.

Si l'ensemble des salariés d'une entreprise accepte l'objectif commun, il est normal que chacun puisse en retirer quelques fruits en cas de succès. Nous tombons alors dans le domaine de la participation financière, soit aux résultats de l'entreprise, soit au capital de l'entreprise et sous les formes les plus diverses qui peuvent être inventées au gré de l'imagination des dirigeants, des cadres, voire des salariés eux-mêmes.

Par bonheur, on voit aujourd'hui de plus en plus de salariés accepter les risques financiers inhérents au succès ou à l'insuccès d'une entreprise, tout en sachant bien que leur seul travail ne suffit pas à assurer ce succès. D'autres éléments extérieurs peuvent intervenir : le marché, la concurrence, la conjoncture et même des événements de politique extérieure ou intérieure totalement indépendants de leur volonté. Mais c'est un jeu que beaucoup acceptent de jouer, ce qui prouve que la notion de risque entrepreneurial réservé autrefois aux seuls créateurs ou dirigeants d'entreprise est en train de descendre peu à peu en passant d'abord par les cadres et l'encadrement.

Je ne perds pas l'espoir que ce goût du risque atteigne un jour les employés eux-mêmes qui, jusqu'à maintenant, comprenaient mal l'intérêt direct de leur propre travail sur le résultat du compte d'exploitation. Mais il est tout à fait compréhensible aussi que des employés ne souhaitent pas mettre tous leurs risques dans la même entreprise : risque pour leur emploi (risque qui devient malheureusement de plus en plus grand) et risque pour leurs économies personnelles. En cas de difficulté de l'entreprise (qui peut garantir qu'elle n'en connaîtra pas?), ils risquent de perdre simultanément emploi et économies. Leur réticence à être actionnaires s'explique donc bien. L'engouement pour l'actionnariat dans l'entreprise a été surtout fort lorsque les salariés pensaient gagner à tous coups une plus-value certaine. Un sursalaire assuré en quelque sorte.

Dès que le risque de perte apparut, on vit des employés demander de curieuses « compensations de salaire ». C'était une sorte d'interprétation à sens unique du risque financier, accepté joyeusement lorsque le solde est positif, compensé par d'autres gratifications en cas de solde malencontreusement négatif.

Ce réflexe n'est pas scandaleux. Il est normal que ceux qui vivent de leur travail qualifié n'aient pas acquis encore le sentiment du risque financier propre à l'entrepreneur. Quelques exemples audacieux semblent donner aujourd'hui des résultats encourageants. Une prise de conscience se fait peu à peu dans les bureaux et les ateliers, preuve indiscutable d'une évolution rapide des mentalités.

Il reste beaucoup à faire dans ce sens, mais des indices peuvent nous rendre optimistes sur l'élargissement de cette communauté d'intérêts financiers à moyen terme qui vient peu à peu compléter notre communauté d'objectifs, elle-même déjà largement diffusée.

Mais nos théories de « participation active » et de « communauté d'objectifs et d'intérêts », si souvent rabâchées au cours de mon mandat, ne s'opposent nullement à une forme de représentation du personnel à trouver ou à renouveler. Si la direction de l'entreprise prend aujourd'hui les initiatives « humaines » en s'appuyant sur les cadres, ceux-ci n'en restent pas moins en dépendance hiérarchique.

Sans parler de contre-pouvoir qui fait partie du langage syndical, je crois qu'une représentation collective du personnel à l'échelon de l'établissement ou du département constituerait un équilibre dans les points de vue, évitant la sensation d'« hégémonie patronale » ou de « paternalisme ». C'est là que le néo-syndicalisme de salariés (et non de corporations) et le nouveau groupement d'entreprises (et non de branches ou de représentation nationale) peuvent jouer un rôle important.

Le mot paternalisme à lui seul mérite un détour. Détour qu'il a curieusement effectué lui-même pour changer de connotation, d'abord élogieuse étymologiquement, puis gravement péjorative. Ce détour a été effectué chez les Anglo-Saxons qui ont pris un mot d'une rare noblesse, provenant lui aussi de *pater* comme le mot patron (également galvaudé par la suite), et qui nous l'ont rendu avec une définition infamante : « attitude faussement bienveillante des dirigeants vis-à-vis de leur personnel camouflant de noirs desseins de domination et d'extorsion ».

En somme les patrons se diviseraient en deux catégories :

— ceux qui affichent cyniquement leur intention d'exploiter leur personnel ;

— ceux qui cachent pudiquement les mêmes intentions sous le vocable de paternalisme, faux nez qui ne tromperait personne.

Par bonheur, depuis les horaires variables, initiés par les chefs d'entreprise eux-mêmes contre le gré des syndicats, la réputation d'humanité des patrons s'est sensiblement restaurée.

Les patrons ont-ils du cœur? Ce problème lancinant n'a jamais été résolu totalement. Certains posent même la question plus sévèrement : les patrons ont-ils un cœur? On passe là du sentimental au physiologique.

La réponse tient sans doute dans celle des salariés eux-mêmes : ils n'aiment pas les patrons en général, mais tiennent beaucoup au leur en particulier. Réponse qui ne facilite pas la tâche des statisticiens.

A la vérité, les patrons sont très attachés à leur personnel, parce qu'ils savent bien sûr ce qu'ils leur doivent dans les performances de leur entreprise, mais plus affectivement parce qu'ils les considèrent comme des membres d'une grande famille à objectifs communs, qui partage psychologiquement les mêmes succès et les mêmes échecs, qui est fière des mêmes réussites. Et puis beaucoup de ces salariés ont été embauchés par eux-mêmes, ce qui crée des liens très forts entre l'embaucheur et l'embauché, tellement forts que, lors de réductions d'activité de l'entreprise, les patrons français sont réputés pour freiner le plus possible les licenciements, mettant ainsi en péril le compte d'exploitation lui-même. Les étrangers prétendent qu'il s'agit là d'une indulgence coupable lorsqu'une entreprise connaît des difficultés.

Sans tomber dans l'attendrissement facile, il n'empêche que ces bons sentiments, peu exprimés et même souvent cachés aux intéressés eux-mêmes, n'arrivent pas à dissiper une psychose générale d'injustice sociale particulièrement tenace.

La régulation du «social» d'hier, de l'«humain» de demain, pourra se faire avec des patrons à nouveau paternalistes dans le bon sens retrouvé du terme et avec des syndicats passés du syndicalisme institutionnalisé comme organisation de résistance à une forme nouvelle de proposition.

La lutte des classes ayant eu entre-temps des funérailles nationales, on découvrira alors que *Germinal* a bien été écrit par Zola en 1885, c'est-à-dire il y a plus d'un siècle.

CHAPITRE XI

DEMAIN LES ENTREPRISES

En 1988, les Français, par bonheur, ne se demandent plus s'il faut faire l'Europe, mais bien plutôt comment il faut la faire. Ils sont convaincus que cette construction est indispensable pour sauver à terme nos vieux pays chargés d'histoire face aux triomphants Etats-Unis et surtout face à la toute nouvelle puissance japonaise dont la domination mondiale s'impose subrepticement et, semble-t-il, inéluctablement.

« L'Europe, l'Europe !, il ne sert à rien, disait le général de Gaulle, de trépigner comme un cabri. »

Aujourd'hui, les intentions existent... mais il ne faut pas qu'elles restent des velléités.

Combien de nos compatriotes et de citoyens de nos pays alliés souhaiteraient une Europe forte et conquérante, mais sans modification aucune des us et coutumes, des langues, des traditions, des lois, des impôts, des petits avantages et des grands privilèges. Malheureusement, on n'unit pas des Etats sans remise à plat de tout ce qui les compose, et les entreprises, seule et véritable « force vive » de tous les pays, devront être le fer de lance de cette mutation historique.

Les entreprises françaises que nous avons contribué à réhabiliter doivent opérer un redresssement spectaculaire pour assurer leur compétitivité avant 1993. Cette échéance sera celle du T.I.C. 93, du Test Implacable de la Compétitivité pour 1993.

COMPÉTITIVITÉ : UN MOT DIFFICILE

Compétitivité, ce mot de six syllabes est difficile à prononcer, et certains trébuchent non seulement sur la prononciation, mais plus souvent sur l'utilisation du terme.

La compétitivité n'est jamais que l'aptitude à la compétition, mot que tous les sportifs comprennent parfaitement : il ne faut pas être bon ou assez bon, il faut être meilleur que les autres. Compétitivité n'est pas une valeur absolue mais une valeur relative.

Akio Morita, le dynamique président du groupe japonais Sony, raconte volontiers l'histoire de ces deux chefs d'entreprise (dont il tait les nationalités par une pudeur qui l'honore) face à un lion dans le désert. On leur demande ce qu'ils souhaitent pour se tirer d'affaire, et le plus astucieux répond :

— Une paire de baskets.

— Mais une paire de baskets ne vous permettra pas de courir plus vite que le lion ?

— Non, mais plus vite que mon confrère.

La compétitivité est là : il suffit d'être meilleur.

Et comme les marchés sont, aujourd'hui, mondiaux, il faut être meilleur que les meilleurs de tous les pays, dans les quatre critères intangibles exigés par les clients-rois : les prix, la qualité, les délais, le service.

Ces quatre facteurs peuvent être hiérarchisés de façon différente suivant les produits et les clients, c'est vrai, mais ils subsistent. Malheur à ces producteurs de composants électroniques occidentaux qui, en surveillant étroitement leur qualité et leurs délais, en auraient oublié le prix de revient !

Le mot compétitivité est donc indissociablement lié à celui de concurrence. Il n'y a nul besoin de productivité dans les entreprises à monopole, comme le prouve la gestion des organismes étatiques, para-étatiques ou paritaires qui jouissent d'une exclusivité de droit ou de fait.

La compétitivité dépend de nombreux facteurs qu'on peut tenter de regrouper en trois catégories :

— ceux de l'entreprise elle-même ;

— ceux qui dépendent du gouvernement ou du législateur ;

— ceux relatifs à l'environnement économique, social, politique et monétaire mondial.

Nous ne donnerons pas ici en quelques lignes des recettes de productivité des entreprises. Sur ce sujet, les manuels sont nombreux qui traitent en substance de l'amélioration des performances de l'entreprise dans les quatre domaines clés : prix, qualité, délais, service au client. On cite souvent la maîtrise des coûts salariaux, l'efficacité de la négociation d'achat, la bonne gestion des stocks, les automatisations, les investissements productifs et immatériels, la formation du personnel, la recherche-développement, l'abaissement des coûts administratifs par une informatique adaptée (et non excédentaire !), une bonne gestion financière tenant compte des mouvements monétaires souvent erratiques... et beaucoup d'autres facteurs auxquels les spécialistes du management ont su donner des noms suffisamment complexes pour intriguer les clients.

Quels dirigeants ne poursuivent pas tous ces buts à la fois, eux qu'on considère souvent sur le plan psychiatrique comme des « monomaniaques peu dangereux », maniaques de leur entreprise, bien sûr ?

Le gouvernement, lui, a une large responsabilité dans la compétitivité des entreprises puisqu'il détermine la fiscalité et les charges sociales qui en sont un élément déterminant. Oserai-je rappeler encore une fois que les charges, taxes et impôts sur les entreprises françaises représentent un prélèvement obligatoire de 17 % du P.I.B., alors que dans les autres pays modernes ce prélèvement est de 8 à 10 % ? Même si les salaires nominaux sont parfois plus bas (cause ou conséquence ?), cette charge est un frein considérable à la compétitivité. Rappellerai-je aussi que la taxe professionnelle, spécialité bien française, se comporte comme un véritable Droit de Douane à l'Envers, un D.D.E., suivant l'expression de Jean Montagnon, puisqu'elle freine nos exportations et favorise les importations ?

Quant à l'environnement international, il a un rôle incontestable. En effet, les meilleurs dirigeants et les meilleurs ingénieurs ne peuvent pas toujours assurer à l'entreprise cette compétitivité face à certains concurrents tels que la Corée ou autres pays du Far-East dont les conditions de salaires et de protection sociale sont insignifiantes par rapport à celles de nos pays occidentaux.

Dans la course au trophée, certains coureurs portent des

maillots beaucoup plus lourds que d'autres, et dans ce genre de course de haies, il n'existe pas de handicap.

Certains prétendent même que la concurrence mondiale est faussée et n'est plus loyale.

Mais que faire contre les très bas salaires et le manque de protection sociale (et de coût social) de certains pays en voie d'industrialisation accélérée? Rien, sinon attendre.

Attendre, car ces phénomènes, quels qu'ils soient, ne sont jamais indéfiniment auto-accélérateurs. Il y a au contraire et dans tous les domaines, pas simplement économiques, une autorégulation céleste qui se manifeste parfois tardivement mais qui arrive toujours.

En attendant de hauts salaires, une Sécurité sociale dévorante et quelques grèves en Corée et à Taiwan, les entreprises occidentales risquent de souffrir d'un manque de compétitivité et de perdre ainsi de nombreux marchés.

Quelques bons esprits prétendent, non sans réalisme, que le rétablissement de l'équilibre compétitif peut être obtenu par abaissement relatif de nos propres coûts, donc de nos avantages actuels. Mais nos compatriotes seraient-ils prêts à accepter ce que certains appellent déjà la « régression sociale » ? S'ils ne l'acceptent pas de bon cœur, ils la subiront de toute façon par déclin économique de nos pays industriels.

La compétitivité, nous l'avons dit, n'est pas dure qu'à prononcer.

Le constat que nous faisons depuis 1983, date du tournant socialiste vers la reconnaissance de l'entreprise, se résume dans cette phrase :

« Mieux qu'avant, mais moins bien qu'ailleurs. »

Aveu tout à fait inquiétant.

Il est évident que les mesures prises depuis quelques années ont apporté aux entreprises françaises le ballon d'oxygène qu'elles attendaient. Les comptes se sont un peu améliorés. Mais la réputation d'« optimiste pathologique » dont on m'a affublé longtemps ne résiste pas à l'analyse des faits : nos entreprises en meilleure santé aujourd'hui sont inquiètes pour le proche avenir, formule inversée de celle que nous considérons comme la bonne : « l'optimisme inquiet », c'est-à-dire soucieux du présent pour garantir un avenir plus prospère.

Saint Augustin disait :
« Rien n'est perdu tant qu'il reste l'inquiétude. »

DU CONSOMMATEUR-ROI AU COMSOMMATEUR-OIE

Il n'empêche que notre déséquilibre commercial, inquiétant, ne pourra être guéri que par l'offre créatrice et compétitive, et sûrement pas par toute relance d'une prétendue consommation dont on a vu déjà les effets néfastes. Prendre les consommateurs-rois pour des consommateurs-oies en les gavant ignominieusement n'est qu'un fantôme de solution. Consommez, consommez. C'est le slogan à la mode. Il faut consommer plus, encore plus, toujours plus.

A l'évidence, nous dit-on, les Allemands et les Japonais ne consomment pas assez. Ils épargnent trop et ce n'est pas bien pour le reste du monde. Ils investissent ou prêtent à l'étranger : c'est inquiétant.

On nous démontre que l'épargnant devient usurier et que celui-ci est plus nocif que le prodigue, car ce dernier est un malade finalement encouragé par l'usurier lui-même. C'est donc l'épargnant qu'il faut punir.

Les Américains, qui consomment 5 % de plus qu'ils ne produisent, doivent être plaints et... soutenus.

Un élément essentiel de l'économie est la consommation des ménages. Tout le monde se réjouit quand ceux-ci s'endettent. Et la France est ravie d'avoir, pour les fêtes de fin d'année 1987, battu ses records de consommation de foie gras. Or, celui-ci est précisément obtenu par gavage des oies, procédé barbare. On voit poindre aujourd'hui le gavage du consommateur par des procédés plus élégants mais aussi efficaces : chèques, crédits, cartes bancaires, prêts, paiements différés et mille autres astuces qui font croire aux naïfs (et ils sont nombreux) qu'ils peuvent acheter sans payer. Ils découvrent, bien sûr, le drame tardivement. Et le nombre d'impayés de toutes sortes de croître inéluctablement.

L'insolvabilité est d'ailleurs un problème insoluble.

L'insolvabilité des Etats est apparemment sans conséquences directes, puisqu'ils ne peuvent ni disparaître, ni aller en prison..., ni rembourser. Les étalements, renégociations, restructurations des dettes et autres moratoires cachent mal l'absence de solutions autres que les politiques de rigueur imposées et surtout l'inflation, pudique manteau de Noé permettant de rembourser en monnaie de singe.

L'insolvabilité des entreprises a une conséquence judiciaire précise, le dépôt de bilan, pouvant se terminer par une liquidation de biens, c'est-à-dire la disparition totale de l'entreprise. L'agonie est toujours longue et les vraies victimes sont les créanciers, qui ne sont pour rien dans cet état de fait, et les salariés de l'entreprise.

L'insolvabilité des particuliers semble plus sévère pour le responsable direct, qui risque amende et prison. En réalité, la mansuétude des juges et de l'opinion est grande pour ces « abusés du crédit », qu'ils ont mal compris ou mal utilisé. Une petite erreur d'interprétation, somme toute.

Beaucoup de financiers nous expliquent qu'aujourd'hui le vrai problème est celui du financement : développement pour les pays, investissements pour les entreprises, achat d'appartement pour les particuliers. Or ce mot de financement me paraît tout à fait abusif. Il devrait être toujours associé au mot « remboursement », pour constituer un mot définitivement composé : « financement-remboursement ».

Les grands économistes (en connaissez-vous de petits ?) nous parlent plus de consommation que d'épargne, tant il est vrai que l'épargne assoupit et que la consommation réveille.

Le thésauriseur a toujours été présenté dans l'Histoire et la légende comme un usurier rapace, le consommateur abusif comme un joyeux drille, inconscient et sympathique, « faisant tourner les affaires ».

Les images d'Epinal ont la vie dure. Et l'on nous explique que le Japon et l'Allemagne fédérale sont grandement coupables d'épargner trop et de consommer trop peu. Que diable, qu'ils boivent un peu plus, et non pas du saké ou de la bière, mais du vrai champagne, qu'ils équipent mieux leur domicile, qu'ils auront entre-temps agrandi, bien sûr.

Et le bonheur des cigales serait parfait si ces fourmis travaillaient moins et moins bien, si elles faisaient plus de politique ou de syndicalisme et si le « café professionnel », grande conquête des ateliers et des bureaux de la fin du siècle dans le monde entier, était partout consommé dans la fameuse « pause-café » bien française, où le premier mot est plus important que le second.

Le monde est passé de l'économie (qui, avec la modestie, est restée une vertu familiale mais est devenue un grave défaut professionnel) à la prodigalité, qui, par une démarche inverse, est passée du crime à la vertu.

Et le chauffeur-livreur qui, sans rien connaître, avait acheté trop d'actions à la Bourse se plaint amèrement : « Il est plus facile de conduire un gros porteur que de se conduire en petit porteur. »

Nos *golden boys,* devenus *silver boys* et bientôt *tin boys*, vont tenter de lui rendre le goût de la surconsommation. Ils ne l'épargneront pas, si j'ose dire.

L'O.C.C., L'OFFRE CRÉATRICE ET COMPÉTITIVE

Ces théories de croissance par la demande s'inspirant depuis cinquante ans de celles de J. M. Keynes ont montré leurs limites par l'inflation.

Combien d'investissements publics réalisés au nom d'une pseudo-relance de la consommation se sont révélés non rentables et même inutiles ?

Cette théorie de la demande a dû naviguer entre deux écueils principaux: l'inflation et le chômage, qu'on a cru longtemps opposés comme le démontrait la célèbre courbe de Philipps qui a été vraie sur une assez longue période.

Mais l'apparition de la stagflation entraîna la disparition corrélative de cette théorie puisqu'on a connu, ô surprise, à la fois l'inflation et le chômage.

Ce sont des économistes californiens qui, les premiers, développèrent la nouvelle théorie de la croissance par l'offre.

En effet, l'histoire prouve que la demande des consommateurs ne peut se faire que sur des produits qu'ils connaissent déjà, et que la nouveauté, le progrès sont le fruit de l'imagination créatrice d'un « fournisseur » d'avant-garde. On sait depuis le développement des grandes surfaces commerciales que c'est l'offre qui crée la demande dans les secteurs évolutifs.

On « invente » le client, comme le disent Pierre Barazer,

P.-D.G. d'I.B.M.-France, et Octave Gélinier dans l'excellent rapport qu'ils ont réalisé à l'Institut de l'entreprise sur l'offre créatrice, avec l'aide de Michel Drancourt. C'est ainsi qu'on peut renouveler le marché, ce qui est tout à fait à la portée des entreprises françaises réputées pour leur imagination.

Cette imagination créatrice trouvera son essor si l'esprit d'entreprise souffle partout, aussi bien dans nos grandes entreprises qui doivent assurer des positions acquises que dans les entreprises de taille humaine et particulièrement dans les entreprises nouvelles, créées précisément sur une idée originale à la recherche d'un marché.

Mais cette offre créatrice se doit d'être en même temps compétitive, car la nouveauté d'un produit ou d'un service ne s'imposera que si l'« élément nouveau » a un prix raisonnable par rapport aux produits existants. On ne peut perdre de vue un seul instant cette notion contraignante, envahissante et sans appel de compétitivité, même dans l'offre réellement créatrice.

C'est pourquoi le succès d'une entreprise viendra finalement de sa capacité à développer simultanément l'O.C.C., l'Offre Créatrice et Compétitive.

RÉHABILITER L'INDUSTRIE ET L'INVESTISSEMENT INDUSTRIEL

Cette offre ne se fera que par l'entreprise. Aujourd'hui, les jeunes en particulier reconnaissent l'entreprise comme la vraie source de richesses et d'emplois, et ils souhaitent non seulement y rentrer, mais souvent en créer.

Mais cette entreprise rêvée à ce jour par les jeunes est une entreprise idéale, prospère, croissante, exportatrice, informatisée, conviviale, rentable, « sanitized »... et tertiaire.

Très peu sont ceux qui pensent à une entreprise industrielle fabriquant des produits ou des pièces. L'entreprise industrielle doit-elle, elle aussi, être réhabilitée?

Le cheminement intellectuel est facile.

Le secteur primaire de l'économie n'attire plus personne puisque les industries d'extraction sont récessives et que l'agriculture a, en quarante ans, perdu les deux tiers de ses effectifs pour cause de mécanisation. Mais qu'on ne s'y trompe pas, le primaire dans l'économie, c'est comme le primaire dans l'éducation, c'est essentiel et ça conditionne toute la suite. S'il faut moins de monde dans le secteur primaire, il y faut des hommes de qualité. Ce qui est le cas, par bonheur.

Le secondaire, c'est-à-dire l'industrie, a été l'objet de la sollicitude des entrepreneurs depuis le XIXe siècle avec le succès que l'on sait. A tel point que certains produits sont fabriqués en très grande série par des ateliers très automatisés utilisant finalement assez peu de personnel. Il est probable d'ailleurs que cette automatisation se poursuivra, entraînant encore des réductions d'effectifs. D'où l'image déformée d'une industrie récessive parce que utilisant de moins en moins de monde, donc finalement porteuse de peu d'espoir. Nos meilleurs jeunes risquent de s'en détourner, eux qui depuis longtemps déjà ont été orientés vers la voie sécurisante de l'Administration.

C'est alors qu'ils ont découvert le tertiaire avec ses innombrables possibilités et ses espoirs d'avenir, que nous ne contestons nullement. C'est vrai qu'il y a beaucoup à inventer dans ce domaine. C'est vrai que le tertiaire créera, dans les années qui viennent, beaucoup plus d'emplois que l'industrie.

Mais le risque d'une telle réputation, c'est que nos meilleurs esprits dédaignent notre industrie où il y a encore beaucoup à faire.

Les Allemands, eux, ont choisi une voie différente. On a beaucoup dit qu'ils n'avaient pas misé sur les produits de pointe et qu'ils restaient cantonnés, de façon rétrograde, dans la mécanique et la machine-outil, mais ils ont su concevoir les machines-outils nécessaires pour fabriquer les composants les plus sophistiqués. Ils sont donc à la pointe par l'amont. Et malgré le coût du deutsche Mark, leur balance commerciale demeure insolemment prospère, alors que notre balance reste un fléau, si j'ose risquer cette triste plaisanterie.

Les Japonais ont bâti, on le sait, leur prospérité radieuse sur une industrie d'abord plagiaire, puis innovatrice et toujours de qualité, à des prix hautement compétitifs.

Quant aux Etats-Unis, on le sait moins, ils ont vu leur production industrielle croître de 40 % de 1982 à 1986.

La leçon à en tirer, c'est que l'industrie bien adaptée reste une activité d'avenir... et de profits.

Mais une fois de plus les observateurs ont été surpris par le faible taux de croissance de l'investissement industriel français en 1987 : quelque 2 % seulement alors que les prévisions du début de l'année faisaient état de 6 % environ. Les chefs d'entreprise ne tiendraient pas leurs promesses. Ils seraient frileux. Mais, par hasard, ne pratiqueraient-ils pas la grève de l'investissement ?

Cette surprise me surprend.

Je demande depuis longtemps à l'I.N.S.E.E. de ne plus pratiquer en début d'année des « enquêtes d'intention » auprès des chefs d'entreprise, ou tout au moins de ne pas les diffuser car elles sont toujours erronées.

Erronées non pas par la mauvaise foi des enquêteurs ou des entrepreneurs questionnés, mais erronées par l'optimisme des chefs d'entreprise, qualité obligatoire de la fonction.

J'ai moi-même demandé cent fois à des chefs d'entreprise de toutes tailles s'ils pensaient investir dans les mois qui venaient. La réponse était presque toujours positive, car les dirigeants désirent ardemment investir. Ils savent que ces achats de machines modernes seront le chiffre d'affaires de demain, amélioreront leurs prix, leur compétitivité et la qualité de leurs produits. En un mot, ces investissements sont indispensables et ils le savent.

Mais un investissement, même de productivité, ne se fait pas sans conditions.

Tout d'abord l'investissement doit être rentable, adjectif qui lui est indissociable. Une étude doit le démontrer.

Ensuite, il doit répondre à un besoin du marché. On n'investit pas pour un marché récessif et on cherche plutôt d'autres créneaux avec d'autres investissements éventuels.

Enfin, même si l'investissement est rentable et nécessaire, encore faut-il pouvoir le financer. Beaucoup d'entreprises empruntent pour investir. Or les taux réels, déduction faite de l'inflation, sont depuis 1982, de façon macro-économique et nationale, supérieurs à la rentabilité moyenne des capitaux investis. Les comptes de la Nation ont accepté de faire apparaître cet indicateur qu'ils ont appelé « indice de profitabilité », que nous reprenons dans le tableau ci-après :

	Rentabilité financière des capitaux investis (A)	*Taux d'intérêt réels (B)*	*Profitabilité (A — B)*
1971	7,2	2,8	+ 4,4
1972	7,9	1,9	+ 6,0
1973	7,6	1,5	+ 6,1
1974	6,6	0,6	+ 6,0
1975	6,7	− 2,1	+ 8,8
1976	5,8	0,7	+ 5,1
1977	5,0	2,3	+ 2,7
1978	5,7	1,3	+ 4,4
1979	6,3	0,5	+ 5,8
1980	5,5	1,6	+ 3,9
1981	3,9	4,5	− 0,6
1982	3,9	3,4	+ 0,5
1983	3,7	4,6	− 0,9
1984	3,6	6,2	− 2,6
1985	3,9	5,5	− 1,6
1986	5,1	4,6	+ 0,5

Bien sûr, un indice de profitabilité moyen négatif ne signifie pas que tous les investissements soient moins rentables que le taux de l'argent. Il y a par bonheur de nombreuses exceptions, et les investissements réalisés sont généralement de cette nature.

Mais cette explication donnée une nouvelle fois, le résultat de ce sous-investissement industriel n'en est pas moins inquiétant.

La France décroche industriellement.

La preuve nous en a été fournie par le déficit des échanges industriels de 1987: moins 11 milliards (avec le matériel d'armement) et moins 37 milliards pour le seul matériel civil, alors que cette balance est de tradition largement positive. Dans les seuls échanges de l'industrie mécanique, eux-mêmes généralement positifs, notre déficit 1987 a été de l'ordre de 10 milliards.

Les explications sont nombreuses et sans doute insuffisantes.

Sur le plan international, on peut citer en vrac la chute des industries d'armement européennes et la concurrence accrue dans ce secteur du Brésil et de nouveaux venus, les nouveaux cours du dollar qui rendent les entreprises américaines dangereusement compétitives, la montée, semble-t-il inéluctable, des produits industriels japonais et coréens qui allient les bas prix et la bonne qualité.

Sur le plan national, on peut regretter une fois de plus les innombrables rigidités fiscales, sociales et administratives de la France, ennemies principales des marchés d'exportation.

Du côté des entreprises elles-mêmes, on accuse aussi les managers français réputés trop sédentaires, trop monolingues, trop hexagonaux et trop monocultures, souffrant d'une inertie commerciale et d'un manque d'adaptation à la demande internationale. Ce fut vrai et nous devons le reconnaître. Mais, par bonheur, la nouvelle race de patrons qui apparaît depuis quelques années a surmonté ces handicaps héréditaires.

S'il est vrai que la France ne s'est jamais vraiment remise des deux chocs pétroliers, il est incontestable qu'elle a traîné plus de quinze ans les séquelles de 68 et de ses fausses valeurs : travailler moins, consommer plus. Donc épargner moins et prélever plus.

Si nous nous refusons à parler de déclin, car les Français ont des ressources immenses qui entraîneront le sursaut, il nous faut bien parler de recul et particulièrement de recul industriel.

Notre nouvelle jeunesse en est consciente et prête, j'en suis sûr, à l'effort de redressement qui s'impose.

LA CROISSANCE-OXYGÈNE

Pour l'entreprise, la croissance est donc une forme d'ambition. Ceux qui ont créé une entreprise à partir de zéro le savent bien : ils n'ont, pendant des années, pensé qu'à la croissance. Obsession de leur travail, obsession de leurs investissements, obsession de leurs embauches de personnel, obsession de leur agressivité commerciale proche ou lointaine.

Pour ces entreprises, la croissance, c'est l'attaque des marchés et l'attaque des concurrents déjà installés.

Lorsque ces entreprises deviennent moyennes, puis grandes, elles sont souvent plus soucieuses de conserver les parts de marché qu'elles ont conquises à la force du poignet que d'attaquer de nouveaux marchés. Elles sont alors contraintes de passer de l'attaque à la défense avec des méthodes fort différentes et généralement moins efficaces. De force, elles passent de la croissance à la stagnation.

Mais la croissance est autrement facile pour une petite entreprise que pour une très grande. Tout d'abord, il est infiniment plus facile de gagner des parts de marché lorsqu'on n'en a pas que lorsqu'on a déjà une position de leader. Mais de plus, le petit patron a tous les avantages de l'autorité centralisatrice unifiée: la vitesse de décision, l'unicité de pensée (la concertation avec soi-même est par bonheur instantanée), la ligne directrice constante, la suppression de toutes les pertes de charges dans l'information, la concertation, la décision, l'application. Tout se fait en temps réel. Pas de doute, le patron factotum est le plus efficace pour la croissance.

Malheureusement, ces immenses avantages disparaissent très vite, dès l'embauche des premiers collaborateurs, et surtout des premiers cadres. A moins d'être atteint du « complexe du garagiste », de celui qui prétend que tout salarié travaille plus lentement et moins bien que lui et qui se condamne à rester seul toute sa vie.

Notre créateur-innovateur-fonceur-conquérant de la croissance doit apprendre à utiliser la compétence et l'initiative des hommes, aptitude très différente de ses premières qualités.

Plus l'affaire grandira, plus il devra devenir un gestionnaire rigoureux d'abord, puis un animateur efficace. C'est cette mutation répétée qui est si rare et qui limite le nombre de ces créateurs devenant par la suite de grands gestionnaires. Mais, lorsqu'ils savent effectuer ces transformations, ils restent les meilleurs car ils allient ce qui est souvent considéré comme inconciliable:

— l'imagination créatrice qui est non-conformisme et parfois désordre;

— et la continuité de gestion qui est rigueur et ordre.

Cette quadrature de l'entrepreneur est parfois réalisée chez quelques personnages d'exception qui savent remarquablement compenser leurs propres carences par les qualités de leurs collaborateurs proches. Modestie en forme de réalisme.

Ils retrouvent ainsi cette croissance sans laquelle une entreprise se ramollit.

La croissance fait bouger les structures internes.

Elle dérange constamment. C'est un choc perpétuel. Mais la croissance, c'est la vie.

La non-croissance, elle, c'est l'engourdissement donc l'antichambre du déclin et de la mort.

L'histoire prouve que la croissance est toujours alliée à la performance. Non seulement parce qu'elle galvanise les énergies, mais aussi parce qu'elle atténue les plus grandes fautes de gestion, les surstocks, les surinvestissements, les sureffectifs et les surendettements, devenus par le miracle de la croissance de simples anticipations opportunes.

C'est la Croissance-Eponge-Qui-Efface-Les-Erreurs.

Il est probable que la France de la décennie 70-80, celle de la « décadence triomphante », a baissé les bras et n'a plus manifesté l'acharnement à la croissance des vingt années précédentes. Elle a plus recherché la sécurisation, la protection, le temps libre. Et la croissance est presque devenue un concept dangereux. Le Club de Rome connaissait alors un grand succès avec des théories totalement malthusiennes.

Mais le drame de la croissance, c'est que sa disparition crée des problèmes insolubles.

Aucun dirigeant dans le monde ne sait vraiment gérer la décroissance. Beaucoup de coûts sont prétendus fixes, car on n'a pas le courage de les comprimer, et ils donneront un point d'équilibre faussement mathématique, le *break even point,* comme on dit en F.M. (pas la modulation de fréquence, bien sûr, mais le « franglais managerial », le seul crédible).

C'est pour éviter ce piège que beaucoup de managers recherchent la croissance à tout prix et qu'ils commettent parfois l'erreur d'accepter des croissances non rentables « pour couvrir les frais ». D'autres vendent à perte pour conquérir des parts de marché.

Ces perversions de la croissance sont encore plus néfastes que la non-croissance.

Nous avons constaté avec surprise qu'apparaît parfois le

« démon de midi des chefs d'entreprise » aux environs de la soixantaine. Il ne s'agit nullement de nouveaux appétits pour les nymphettes, mais simplement pour la croissance verticale de leur entreprise.

Ces entrepreneurs qui ont géré honorablement leurs affaires pendant des décennies avec une croissance également honorable sont pris brutalement d'une frénésie incoercible de croissance tous azimuts. Est-ce la découverte tardive par eux de ce facteur indispensable à la réussite ? Est-ce l'action subreptice de nouveaux jeunes cadres amoureux de l'escalade rapide (à la fois bien sûr pour l'entreprise et pour leur situation) ? Est-ce le regret tardif de ne pas avoir fait assez dans le passé ? Ou le désir d'un feu d'artifice final ?

Et l'on voit ainsi quelques patrons tardivement déchaînés, saisis brutalement par la croissance forcenée comme M. Le Trouhadec l'était par la débauche, entraîner leurs entreprises dans des aventures dont elles ne sortent pas indemnes.

Gare à la croissance de la croissance, surtout brutale et tardive !

Mais les meilleures entreprises savent que, même en période de croissance molle, il existe des niches de produits rentables, des nouveautés à diffuser, des marchés nouveaux à détecter, art difficile réservé aux plus performantes.

LES CLÉS DE LA RÉUSSITE DES ENTREPRISES PERFORMANTES DE DEMAIN

Dans ce contexte de compétitivité exacerbée, on peut se demander quelles seront demain les entreprises vraiment performantes. Profitant de mes bonnes relations avec la plupart des chefs d'entreprises françaises de toutes tailles, j'ai fait une enquête personnelle auprès de cinquante-neuf d'entre eux, pas forcément les plus grands, mais ceux qui me paraissent avoir le plus d'efficacité pour garder ou acquérir une place de leader dans leur spécialité.

On sera peut-être surpris d'y trouver des entreprises de taille humaine, que je crois remarquablement gérées, et qui, généralement, ne figurent pas dans ce genre d'enquête, souvent réservé aux grandes entreprises.

J'ai interrogé les présidents des entreprises, par ordre alphabétique :

Accor (Gérard Pélisson), A.P.S. (Philippe Boisanfray), Axa (Claude Bebear), Bic (Marcel Bich), Bidermann S.A. (Georges Jolles), Boiron (Christian Boiron), Bolloré Technologies (Vincent Bolloré), Bongrain S.A. (Jean-Noël Bongrain), Bouygues (Francis Bouygues), Cap Gemini Sogeti (Serge Kampf), Cegid (Jean-Michel Aulas), Cegos (Yves Cannac), C.E.P. Communication (Christian Brégou), Club Méditerranée (Gilbert Trigano), Compagnie Bancaire (André Lévy-Lang), Compagnie Générale d'Informatique (Robert Mallet), Cora (Philippe Bouriez), Darty (Bernard Darty), Dollfus Mieg & Cie (Julien Charlier), Ecco (Philippe Foriel-Destezet), Elitair (Claude Douillard), Elis (Jean Leducq), Epéda-Bertrand Faure (Pierre Richier), Eurequip (Silvère Seurat), Essilor (Bernard Maitenaz), Financière Strafor (Henri Lachmann), Générale Sucrière (Bernard Dumon), Groupe André (Jean-Louis Descours), Groupe Carnaud (Jean-Marie Descarpentries), Groupe Demaegdt (Philippe Demaegdt), Groupe Maison Familiale (Robert Leroy), G.T.M. Bâtiment et Travaux Publics (Pierre Dazelle), Guerbet S.A. (Michel Guerbet), Hewlett-Packard-France (Kléber Beauvillain), Ingenico (Jean-Jacques Poutrel), Institut Mérieux (Alain Mérieux), Intermarché (Jean-Pierre Le Roch), Intertechnique (Jacques Maillet), Laboratoires Servier (Jacques Servier), La Compagnie Financière Edmond de Rothschild Banque (Bernard Esambert), Lafarge Coppée (Olivier Lecerf), Legrand (Edouard Decoster), Lenôtre (Gaston Lenôtre), L'Oréal (François Dalle), Maury Imprimeur S.A. (Jean-Paul Maury), Merlin-Gérin (Jean Vaujany), Moët-Hennessy (Alain Chevalier), Nestlé France (Philippe Véron), Normerel (René Tissot et François Martel), Promodes (Paul-Louis Halley), Rhône-Poulenc (Jean-René Fourtou), Sari (Christian Pellerin), Sélection du Reader's Digest (Henri Capdeville), Skis Rossignol (Laurent Boix-Vives), Sommer Allibert (Bernard Deconinck), S.V.P. (Brigitte de Gastines), Verrerie Cristallerie d'Arques (Jacques Durand), Louis Vuitton (Henri Racamier), Yves Rocher (D. Rocher).

D'autres entreprises performantes auraient pu être interrogées bien sûr. Qu'elles me pardonnent de les avoir oubliées.

Quelques-unes, interrogées, ne m'ont pas répondu: négligence ou modestie?

Ma question était simple: comment hiérarchisez-vous, dans votre entreprise, les facteurs qui entraînent sa réussite?

Je ne donnais aucune indication ni aucune limite dans le choix.

D'où une variété considérable de réponses dans le fond comme dans la forme: trois lignes sur une carte de visite pour l'un d'entre eux, de longues pages pour un autre.

A la vérité, cette question d'apparence anodine cache d'immenses difficultés et des chefs d'entreprise très performants ont eu de la peine à répondre. Je ne leur demandais pas de lister leurs « secrets », catalogue illustré pour parfaits petits managers. J'ai trop de respect pour mes meilleurs confrères pour leur tendre un piège aussi grossier. Il n'est pas question de rechercher les recettes de la gestion performante comme celles de la bonne cuisine. Ici, il n'y a pas de petits trucs ni de tours de main, ou, s'ils existent, ils ne sont pas suffisants pour créer le succès durable. La réussite est un mystère. Et je suis toujours admiratif devant ces auteurs, jamais chefs d'entreprise eux-mêmes, qui ont détecté les secrets des entreprises performantes et sont même parvenus à les classer et à les hiérarchiser.

Il n'y a pas un secret des entreprises de croissance, mais cent secrets, différents suivant les cas. Les classificateurs hâtifs ne détiennent qu'une vérité provisoire et ils sont étonnés des retournements de situation... qui leur permettent de refaire de nouveaux livres. Les recettes de cuisine des grands managers deviennent alimentaires pour leurs commentateurs.

J'ai eu la chance par mes fonctions de connaître les meilleurs chefs d'entreprise français et d'être considéré par eux comme un confrère. Il leur est donc difficile de trop embellir les réalités, de me faire « le coup du journaliste » qui consiste à idéaliser l'entreprise, à la présenter comme un paradis de vertus, de bonnes intentions, de réalisation des hommes, d'intérêt général en occultant soigneusement les sordides objectifs de rentabilité et de rémunération des actionnaires. Les trop belles légendes ne sont plus crédibles.

Dans les réponses des meilleurs chefs d'entreprise, il est donc nécessaire d'interpréter les facteurs entre les lignes:

— les « nobles » pour la communauté, ceux qu'on affiche volontiers ;

— les « utilitaires » pour l'entreprise ou ses actionnaires, qu'on minimise discrètement.

En fait, mes entretiens avec eux m'ont conduit à séparer trois critères bien différents de sélection : les objectifs de l'entreprise, ses valeurs, ses facteurs clés de réussite, les trois pouvant bien entendu s'interpénétrer.

— Tout d'abord, les objectifs de l'entreprise ont toujours été chronologiquement :

1. « Gagner de l'argent. » Pour éviter le pouah ! de certains lecteurs devant la brutale franchise de cette expression qui confine, paraît-il, à la vulgarité, on peut employer l'euphémisme : « équilibrer le compte d'exploitation », bien qu'en réalité c'est plus qu'un équilibre que souhaite le dirigeant mais bien un large excédent. C'est l'objectif « actionnaire » indissociablement lié à toute création d'entreprise nouvelle.

2. Trouver des produits ou des services qui peuvent se vendre. C'est l'offre créatrice et compétitive avec l'objectif « clients » et la recherche permanente du créneau « produit-marché ».

3. Utiliser au mieux les compétences, les initiatives et les responsabilités des hommes de l'entreprise, ce qui aura le double avantage de les satisfaire et d'améliorer leur efficacité pour l'entreprise elle-même. C'est l'objectif « hommes ».

Dans cette chronologie simpliste actionnaires-clients-hommes, le troisième facteur est indispensable au second, lui-même indispensable au premier, ce qui conduit certains auteurs à inverser la hiérarchie de ces trois points.

— Le second critère est celui des « valeurs de l'entreprise » qui peuvent constituer un système moral et même philosophique permettant de regrouper les hommes, dont on a vu la primauté, autour d'un esprit maison, d'une charte d'entreprise, d'une culture d'entreprise.

Ces valeurs se dégagent peu à peu d'une entreprise ayant déjà une certaine durée d'existence, et ayant surtout été dirigée longtemps par les mêmes hommes ou une même équipe.

Elles ne sont pas anodines et elles participent à l'évidence à la mobilisation des énergies dans une même direction. Elles sont donc à moyen terme, elles aussi, un facteur de réussite de l'entreprise.

— Le troisième critère est celui des « facteurs clés de la réussite elle-même ». C'est la question que j'ai posée pour ce livre.

Les réponses m'ont prouvé que ces facteurs sont très nombreux, spécifiques à chaque activité et même à chaque entreprise, peu extrapolables de l'une à l'autre et difficilement hiérarchisables. Les meilleurs dirigeants tentent de réunir tous ces facteurs à la fois sans indiquer une priorité rigoureuse.

L'un des plus performants par la rentabilité m'a dit avec simplicité que, dans sa course folle à la croissance, il n'avait pas encore eu le temps de tourner la tête vers le passé pour analyser les facteurs de sa propre réussite. En fait, il applique des principes intuitifs et évidents pour lui sans chercher à les connaître vraiment.

Il est vrai que, pour une entreprise de croissance, il vaut mieux élaborer l'avenir que philosopher sur le passé. On dit à ce sujet que, dans les entreprises longtemps stagnantes, les dirigeants passent plus de temps à des analyses brillantes des défaites successives qu'à la mise en place d'une stratégie forte de victoire pour demain.

En réalité, l'analyse du passé devient indispensable dès le premier échec (inévitable), pour tenter d'en tirer la leçon pour l'avenir, loin d'une contemplation exclusive et indéfinie.

Les auteurs abusifs de recettes ont souvent oublié que les beaux principes ne résistent pas à des pertes de parts de marché qu'il faut conserver à tout prix par l'innovation, l'offre créatrice et compétitive, l'agressivité commerciale et dix autres facteurs réputés élémentaires.

Il est vrai qu'un chef d'entreprise qui a remarquablement réussi souhaite « prendre de la hauteur » et dégager de son entreprise les vraies valeurs plutôt que les petites recettes du succès.

Malgré ces difficultés, j'ai tenté de rassembler ici les facteurs clés de la réussite de mes confrères et j'ai constaté que deux éléments prioritaires ressortent ex aequo de mon enquête :

— les « hommes » : animation, motivation, délégation,

épanouissement, responsabilisation, communication, information, esprit d'équipe, etc. ;

— et l'ensemble « créneau-produit-marché-client » : produits nouveaux, marchés nouveaux, satisfaction du client, qualité, etc.

1. — *Les « hommes ».* C'est le triomphe de ma théorie de la « troisième race de patrons » : celle des « animateurs » que j'avais lancée début 1980 et qui est déjà largement répandue à ce jour. On se souvient que j'avais prédit que cette race d'animateurs, déléguant technique et gestion, ferait suite à celle des gestionnaires qui avaient appris à déléguer la technique, elle-même faisant suite à la première race de patrons, celle des techniciens.

Les chefs d'entreprise ont compris que la résultante des forces de l'entreprise ne serait maximisée que par le parallélisme des idées, des objectifs, de l'enthousiasme. L'animation d'une équipe disparate, d'origines différentes, de formations différentes, souvent éparpillée géographiquement, n'est pas une mince affaire et le niveau de salaire n'est plus depuis longtemps l'élément déterminant de satisfaction dans le travail. Nos meilleurs patrons l'ont assimilé.

2. — *Le créneau produit-marché.* Mais ils n'ont pas oublié pour autant la finalité même de l'entreprise qu'ils dirigent : créer des produits ou des services pour satisfaire des clients dans une compétition mondiale de plus en plus féroce. A ce sujet, il est intéressant de constater au niveau des réponses que les « entrepreneurs » se distinguent des « manageurs ».

Les premiers sont des créateurs, des conquérants, des gagneurs, champions de la croissance. Et celle-ci ne peut se faire que par la création de produits nouveaux et la recherche de marchés nouveaux. Leur tropisme, c'est donc le créneau produit-marché, l'innovation et la recherche du client. Cette attitude prioritaire subsiste tant que l'entreprise reste en forte croissance, ce qui n'empêche nullement les meilleurs de pratiquer la délégation de responsabilités et l'animation des équipes. Ce sont les « entrepreneurs ».

Les seconds, des gestionnaires rigoureux, ont accédé à la présidence d'une entreprise de grande taille souvent performante. Leur stratégie est parfois la défense de positions acquises, déjà fort difficile, plutôt que l'attaque de marchés nouveaux par des produits nouveaux. Ils hiérarchisent leur priorité en sens inverse, et ils comptent beaucoup sur leurs collaborateurs pour assurer ce management. Ce sont les « manageurs ».

Dans notre liste, quelques créateurs *ex nihilo* ont su négocier toutes les mutations jusqu'à la grande entreprise, aptitude strictement exceptionnelle, très bien représentée par Francis Bouygues, leader incontesté, mais aussi par le docteur Jacques Servier, par Laurent Boix-Vives, Bernard Darty, Bernard Deconinck, Claude Douillard, Jacques Durand, Jacques Maillet, Gilbert Trigano, et quelques autres. Tous ceux-là connaissent mieux que personne la valeur du marché et du client, mais ils ne négligent pas pour autant les hommes qu'ils classent dans leurs toutes premières priorités.

Les autres facteurs de réussite sont également importants:

3. — *L'adaptabilité*. C'est une qualité essentielle et bien caractéristique des chefs d'entreprise. En effet, l'entreprise est une montagne d'aléas, de surprises, de chocs et il faut surmonter tous ces obstacles par des mesures diversifiées. Nous l'avons souvent dit, l'entreprise, c'est le changement, et la gestion de l'entreprise ne peut être qu'adaptée, évolutive, souple, flexible, pour reprendre un mot qui m'est cher.

4. — *La recherche de l'excellence*. Expression aussi vague qu'ambitieuse, sous-entendant que toute l'équipe se transforme en « pros » pour parler comme le show-biz qui a imposé cette expression synonyme de « compétence et conscience professionnelle ». L'excellence, comme pour le prix du lycée, oblige d'être performant en toutes les matières: marketing, recherche, études, production, vente, organisation. C'est une asymptote. Celui qui s'en approche le plus décroche le prix, c'est-à-dire le marché.

Beaucoup d'ouvrages sont consacrés à l'excellence, avec des cas précis d'entreprises qui, curieusement, ont parfois sensiblement reculé dans le temps. Nous avons vu que cette excellence n'existe qu'avec la croissance elle-même et qu'elle comprend, cela va de soi, la qualité de la gestion et de l'organisation.

5. — *La rentabilité et l'indépendance financière*. La seconde ne pouvant être acquise que par la première. Ces éléments sont considérés comme majeurs par d'excellentes

entreprises citées, auxquelles je me permettrai d'ajouter le groupe Radiall.

6. — *L'éthique.* Mot dont la noblesse et la grandeur rendent l'interprétation difficile. Il s'agit en fait d'un certain nombre de valeurs clairement affichées par l'entreprise et faisant partie de sa charte, écrite ou non écrite. La rigueur, la loyauté, le respect de la parole donnée, le respect des autres, l'honnêteté intellectuelle et l'honnêteté tout court en sont quelques exemples. Ces valeurs ne sont ni enfantines ni ingénues. Elles sont adultes, fortes et essentielles. L'honnêteté commerciale n'est même pas de la vertu, c'est de l'intelligence commerciale. L'éthique est ici à la fois une valeur morale et un facteur de réussite à terme.

7. — *L'internationalisation.* La recherche de marchés étrangers, la conquête de clients lointains, l'implantation de filiales dans d'autres pays sont un impératif de la gestion moderne qui sera affichée par l'Acte unique européen le 1er janvier 1993. Il est probable que les entreprises françaises qui ne seront pas européennes à cette date auront perdu leur marché intérieur avec l'effacement de l'hexagone économique.

8. — *La stratégie* à moyen terme et parfois à long terme. La recherche du profit d'exploitation immédiat n'est pas forcément la stratégie la plus audacieuse à terme. Souvent, il peut être préférable de réduire un peu les profits et les dividendes en investissant courageusement pour le marché de demain. Les Japonais prétendent être les tenants de cette méthode moderne de gestion.

C'est vrai que stratégie et tactique doivent se compléter: la première doit être rectiligne pour conserver la direction quelles que soient les intempéries, la seconde doit s'adapter au terrain et contourner les obstacles. Stratège dur, tacticien souple, le chef d'entreprise doit être moulé en matériaux composites souples-durs.

9. — *Les risques* qu'il faut savoir prendre à bon escient, au bon moment, avec l'intensité voulue. Un art bien difficile qui ne s'apprend pas. Le taux de risque, comme le taux d'hémoglobine, est congénital. On peut simplement le développer un peu par l'entraînement progressif. Il n'existe pas d'entreprises sans risques.

Le plus grand risque est de laisser péricliter une entreprise en refusant de prendre des risques.

10. — *L'environnement* est souvent cité car l'entreprise est de plus en plus citoyenne comme le proclame depuis 1976 le mouvement E.T.H.I.C. qui exige de ses membres le respect de l'intérêt général. Dans tous les pays modernes, cette vocation des meilleures entreprises s'affirme, comme le prouvent leurs actions en faveur du mécénat, de la formation des jeunes pour laquelle nous nous battons au sein de la fondation Jeunesse et Entreprises, de la lutte contre la pollution, de l'aide aux collectivités locales ou aux associations, etc.

Voici les dix points principaux qu'on peut isoler dans les facteurs de succès qu'ont bien voulu me communiquer mes amis. J'espère qu'on me pardonnera de les avoir numérotés en fonction du nombre de réponses les citant, tout en reconnaissant la présomption abusive d'un tel classement.

Un point capital n'est pas numéroté bien qu'il transparaisse dans toutes les réponses et figure implicitement dans le critère numéro un: les «hommes». Il s'agit du double rôle majeur des cadres: rôle économique et rôle humain.

Les cadres, de l'encadrement aux cadres dirigeants, sont les vrais acteurs du succès de l'entreprise car ils sont les metteurs en scène du scénario stratégique de la direction à la préparation duquel ils ont d'ailleurs participé. Ils réalisent les projets. Or la gestion de l'entreprise, comme la guerre, est un art qui est tout d'exécution.

Dans le domaine humain, ils constituent la charnière efficace entre les actionnaires et les employés en assumant la fluidité d'une information interactive, descendante et remontante, permettant la participation active de tous à la marche de l'entreprise. Un rôle irremplaçable.

Cette enquête, qui n'est pas un sondage à valeur statistique, conforte ce que de très nombreux chefs d'entreprises performantes m'ont confié, et j'ai pu y ajouter mon expérience personnelle de chef d'entreprise, expérience déjà longue de trente-six ans. Elle ne peut prétendre traiter réellement un sujet qui mériterait à lui seul des ouvrages entiers. Elle donne simplement quelques axes de réflexion.

Ces critères prouvent que nos patrons français sont bien

conscients des difficultés de gérer leur entreprise, mais que leurs méthodes et leurs objectifs sont capables d'en faire les meilleurs dans la compétition internationale de demain.

Si les entreprises françaises ont connu des difficultés, elles savent les efforts à développer pour remonter la pente. La race des nouvelles entreprises performantes de demain apparaît. Elle réussira.

Les chefs d'entreprise français, qui sont depuis longtemps les sherpas de l'économie (et les charges sont lourdes), peuvent en devenir les samouraïs.

CHAPITRE XII

DEMAIN LES JEUNES

Si, comme nous venons de le voir, l'entreprise performante est celle qui a trouvé son marché, qui a su innover et qui a réussi à mobiliser ses énergies, c'est aussi celle qui aura su se préoccuper des jeunes, les accueillir et les former.

Il est peut-être banal de dire que ce sont les jeunes d'aujourd'hui qui feront l'entreprise de demain. Mais c'est vrai, de tout temps les jeunes ont porté l'espoir des nations et les anciens le savaient bien qui les initiaient durement à un métier d'homme.

Or ces jeunes sont actuellement confrontés à une situation dramatique : celle du chômage. En effet, près d'un million de jeunes de moins de vingt-cinq ans étaient demandeurs d'emploi il y a peu de temps. Par bonheur, les chiffres se sont récemment un peu améliorés.

De 1980 à 1985, le chômage des jeunes a évolué de la façon suivante, d'après l'O.C.D.E. :

France	+ 13,50 %
Italie	+ 10,00 %
Royaume-Uni	+ 9,40 %
R.F.A.	+ 5,60 %
Japon	+ 1,15 %
Etats-Unis	— 0,80 %

Nous savons tous qu'un pays comme la France n'a pas le droit de laisser ses jeunes sans travail, sans métier. C'est un problème moral et, plus, un problème sociétal d'une extrême gravité.

Des jeunes sans travail pour la durée la plus longue de tous les pays modernes, c'est un autocuiseur placé sur un feu, doux peut-être, mais qu'on croit naïvement sans danger parce qu'on a enlevé le sifflet et la soupape. Gare à l'explosion, elle ne préviendra pas.

En effet, une éventuelle explosion sociale que les syndicalistes prédisent régulièrement avec délectation ne viendra pas des syndicats, dont la perte d'influence est notoire, mais bien d'un mélange détonant de jeunes et de chômeurs, qu'une étincelle peut allumer. Sans faire l'exégèse des troubles estudiantins de novembre 1986, on peut affirmer que les jeunes ont été mal informés et qu'ils sont inquiets. On peut s'occuper mieux de leur information concernant leur formation, les débouchés, les métiers, les évolutions de carrière et aussi de leur inquiétude compréhensible dans un pays qui compte presque un chômeur par famille.

Par ailleurs, les jeunes désœuvrés peuvent tomber dans la désespérance ou la délinquance et notre société dans la décadence.

L'Empire romain qui alimente notre littérature depuis des siècles est un modèle inépuisable, même dans ce domaine.

Pendant la grande période de la république romaine, les jeunes étaient instruits, initiés et formés par le « patronus ». L'ancêtre étymologique de nos « patrons » accueillait avec sollicitude dans les familles patriciennes les jeunes, les étrangers et les esclaves affranchis. Un rôle tout à fait noble que le terme moderne de « patron » devrait refléter encore de nos jours s'il n'avait pas été entaché de connotation syndicalo-politique péjorative.

Pendant le siècle d'or des Antonins, commencé sous Nerva le Sage, les Trajan, les Hadrien et les Antonin le Pieux eurent la sagesse de désigner comme successeur non pas un membre de leur famille, mais le meilleur pour régner. Ce fut le stoïcien Marc Aurèle qui, n'ayant pas lu *Les Hommes en gris*, ne sut pas organiser sa succession et laissa le trône à son fils Commode, dont le nom a sans doute facilité l'opération. Népotisme coupable car Commode était désœuvré, sans envergure, cupide et cruel, et donna le signal de la décadence de l'empire, qui, de haut, devint bas et le resta plus de trois siècles. Tant il est vrai que les descentes sont lentes mais inexorables lorsqu'il s'agit de civilisations.

Ce fut un jeune, un tout jeune empereur, Romulus Augustule, qui fut détrôné par le barbare Odoacre en 476, permettant ainsi aux historiens de fixer une date précise à la chute de l'Empire romain d'Occident.

C'est un jeune qui déclencha la décadence de l'empire. C'est un jeune qui le clôtura tristement.

Les jeunes d'aujourd'hui vivent des années difficiles, contrairement à leurs aînés de 68 blasés par la vie facile des « Trente Glorieuses » qu'ils avaient connue exclusivement.

A propos de la fausse révolution de 68, j'ai été fortement traumatisé par les événements du mois de mai, et les innombrables explications qui en furent données ne m'ont jamais satisfait pleinement. Je sais bien que l'insurrection de 68 ne fut pas uniquement celle des jeunes et que la récupération d'un mouvement spontané aux origines aussi floues que multiples ne se fit pas attendre de la part de tous ceux qui pensaient tirer un profit quelconque des troubles socio-politico-économiques.

Mai 68 a été sans doute un tournant de la France conquérante de l'après-guerre vers une France présomptueuse de la « décadence triomphante » des années 70 qui engendra finalement les événements de 81, suite logique de cette période de treize ans de doute, de culpabilisme, de présomption, d'hédonisme perpétuellement insatisfait mêlé à une mauvaise conscience sociale inhibitrice.

Mai 68 a été une fausse révolution sur de fausses valeurs : temps libre, interdit d'interdire, diplômes pour tous, permissivité, et surtout égalitarisme. Les émeutiers sans doctrine tentaient de s'en forger une, « progressiste, libératrice et révolutionnaire ». Ils prenaient l'égalitarisme pour l'équité alors qu'il est son inverse.

Daniel Halévy donnait comme définition de l'égalitarisme : les privilèges pour tous.

Il y a bien longtemps, le bandit grec Procuste avait une application précise de l'égalitarisme pour ses victimes : il les allongeait sur le lit égalitaire et, pour les adapter à la longueur standard, il étirait les plus petits et coupait les pieds des plus grands.

Pour ma part, je crois plus simplement que l'égalitarisme

est, le plus souvent, l'expression vertueuse de la jalousie sociale.

Comment, après vingt ans d'efforts, de reconstruction, d'augmentation du pouvoir d'achat, a-t-on pu déboucher en Mai 68 sur une telle explosion? Raymond Aron et Jean Fourastié ont tous deux prétendu que, par un curieux paradoxe, la morosité croît de la même façon que le niveau de vie. Donc l'insatisfaction apparente des foules serait parfois fonction de l'opulence. Et nos jeunes soixante-huitards n'avaient pas connu la dernière guerre, eux. Nés dans la croissance, ils la prenaient pour un phénomène naturel et irréversible, sans savoir qu'il s'agissait là, au contraire, d'une longue exception de l'histoire économique.

On peut se demander si le P.N.B. et le B.N.B., le Bonheur National Brut, ne sont pas opposés. Le bonheur serait-il l'inverse du produit? Il est vrai que le bonheur est diversifié, hétérogène, apparent, trompeur, surestimé ou sous-estimé. On prétend qu'un bonheur est toujours individuel et jamais national, ni même collectif. Et si on pouvait apprécier le Bonheur National Brut par un certain nombre de critères artificiellement déterminés, comment trouverions-nous le Bonheur National Net, net de toutes pressions, de tout environnement, de toutes manifestations extérieures?

Dans les années 70, un responsable communiste avait convaincu nos compatriotes que dix-sept millions d'entre eux étaient malheureux. Ce n'est que longtemps plus tard qu'on a découvert que ce chiffre était exact: c'étaient, outre les vrais malheureux ou les vrais pauvres laissés pour compte de toute civilisation, les Français dont la voiture ou le poste de télévision était en panne. Et leur morosité était sincère.

Contrairement à une idée répandue, Mai 68 fut pour les jeunes le triomphe d'un néo-conformisme, celui de la mode d'un instant. Les snobs de la mode intellectuelle, comme ceux de la mode vestimentaire, sont des conformistes esclaves de l'air du temps. A telle période, ils sont tous écologistes, anti-gouvernementaux, anti-administration, anticapitalistes, antiracistes, pro-syndicats, pro-nature, anti-ville, etc. En 68, on était pro ou anti, suivant des normes précises qui supprimaient les nuances d'interprétation.

Mais les jeunes par nature réellement anticonformistes ne pouvaient se contenter longtemps de ce moule de néo-conformisme. C'est par réaction à 68 et à ses dramatiques conséquences dès 1969 sur la presque disparition des créateurs d'entreprise que j'avais écrit *Les Hommes en gris*, pour tenter de restaurer l'image de l'entrepreneur et du créateur dans l'esprit des jeunes. Les graines semées début 1970 ne germèrent en réalité que beaucoup plus tard, les graines de patrons.

Depuis cette date, par mes propres enfants et leurs amis, par nos jeunes salariés ou stagiaires dans nos bureaux ou nos ateliers, par ceux, diplômés ou non, que nous fréquentons à la fondation Jeunesse et Entreprises, par les causeries que je fais dans des écoles ou des universités, j'ai tenté de comprendre les jeunes en gardant le contact avec eux.

Ils m'ont procuré de vives satisfactions par leur désir de comprendre, par leur dynamisme, par leur spontanéité, leur créativité et leur non-conformisme, en particulier lorsque j'ai lancé mon cri d'alarme sur la dénatalité industrielle et sur la nécessité de relancer la création d'entreprises même par les diplômés. Idée saugrenue à l'époque où la voie royale était pour eux la grande entreprise ou l'Administration. Ils répondirent rapidement, surtout dans les écoles commerciales, puis un peu plus tard dans les écoles scientifiques mais, curieusement, il fallut attendre les grandes difficultés économiques de 1982-1985 pour voir exploser cette notion de risque entrepreneurial enfin reconnu tout à fait « honorable », même socialement, ce qui n'était pas le cas, je peux le garantir, en 1952, lorsque, avec mon frère, nous avons créé la société Radiall.

LES JEUNES ONT CASSÉ LEUR COQUILLE

A la vérité, les jeunes de 1988 sont très différents de ceux de 68 qu'ils rejettent purement et simplement. On parle quelquefois des « nouveaux jeunes », comme on a parlé de la nouvelle économie, de la nouvelle Eglise, de la nouvelle cuisine, ou du nouveau C.N.P.F. depuis 1982. C'est vrai que, si des nouveaux systèmes de valeur apparaissent, c'est chez les jeunes, toujours non conformistes, qu'on les détectera le mieux.

Nos jeunes d'aujourd'hui sont plutôt trans-catégoriels, comme diraient les sociologues, ils ne dénoncent pas l'autorité mais la contestent dans les faits.

Comme les abeilles, ils s'agglutinent souvent en petits groupes, sans pour autant élire une reine ni partir essaimer ailleurs. Ce sont simplement des microstructures d'initiatives et parfois d'actions qui peuvent naître n'importe où, même dans les ateliers. Ils ont donc cassé le moule structurel, se sont dégagés des principes, de l'historique, de l'abstrait, de l'héréditaire, pour jouer spontanément l'initiative, la nouveauté, l'engouement, parfois le risque et même la responsabilité.

Oui, les jeunes ont cassé leur coquille. Ces attitudes nouvelles démontrent une fois de plus l'obsolescence de la défense syndicale massifiée, hiérarchisée et institutionnalisée, face à cette montée de l'individualisme.

En fait, nos jeunes viennent de faire la révolution anti-68 dans le calme et presque dans l'indifférence générale. J'avais annoncé moi-même cette prochaine révolution à plusieurs reprises depuis des années avec peu d'audience.

La fondation Jeunesse et Entreprises a effectué au printemps 1987 un sondage important sur les chômeurs de moins de vingt-cinq ans, véritable étude typologique de cette catégorie. Les résultats de cette enquête furent surprenants : malgré le drame de leur situation personnelle ou familiale, les jeunes chômeurs croient en l'entreprise, veulent entrer et faire carrière dans l'entreprise qu'ils tiennent en haute estime, et 48 % d'entre eux désirent même en créer une. Et quand on leur demande s'ils sont prêts à sacrifier une grande partie de leurs loisirs, vacances et week-ends compris, pour lancer leur affaire, la quasi-totalité répond oui. C'est la révolution à l'envers. Révolution réconfortante car, lorsqu'on interroge les parents sur l'avenir de leurs enfants, une majorité d'entre eux souhaite encore les voir devenir fonctionnaires. Ainsi les jeunes ont compris la nécessité d'une formation adaptée à un métier et ils sont prêts à la compléter.

Ils seraient même prêts à changer de métier et de domicile pour trouver un emploi venant ainsi contredire aujourd'hui ceux qui, depuis près de trente ans, s'insurgent contre le manque de mobilité géographique et professionnelle des Français. On nous a souvent dit que nous étions un peuple d'agriculteurs sédentaires et non de nomades. Ce qui a peut-être été vrai. Mais les choses changent. Nous revenons actuellement à une civilisation marchande où les jeunes acceptent de se déplacer pour trouver du travail. C'est capital.

De fait, les jeunes apparaissent dans leur majorité comme des battants, comme de véritables aventuriers. Ils manifestent une réelle volonté de s'en sortir.

Et ce fut la révolution psychologique anti-68 des jeunes, l'engouement pour le risque, l'aventure, la création d'entreprises à partir de zéro. Le compte d'exploitation n'était plus l'exploitation d'une classe par une autre. La réussite n'était plus la chance ou l'injustice, mais l'imagination et le travail.

Jean-Paul Sartre a prétendu, de façon désabusée, que nous vivions « au temps des révolutions impossibles ». C'est peut-être exact pour les révolutions-explosions qui n'apparaissent que par les cataclysmes. Mais il en est différemment pour les révolutions psychologiques profondes. Celles-ci ont une autre importance que les barricades et la liesse du défoulement, mais elles sont moins spectaculaires.

Quel film tourner sur une simple révolution des esprits ? Et pourtant ils tournent.

Il est difficile de dater de façon précise une révolution culturelle de cette importance. Par simplification, je la situe en 1986, car il y eut vers cette date un changement psychologique majeur et aussi, plus symboliquement, parce que 86 est le nombre inverse de 68, ce qui convient bien à une inversion des idées.

POUR LES JEUNES, LA CHAÎNE I.F.I. DES CHEFS D'ENTREPRISE

On le sait bien, les jeunes ont toujours besoin d'un héros. A chaque époque sa mode. Après avoir adulé Elvis Presley, leur admiration va plutôt aujourd'hui vers mère Teresa. Pourquoi les jeunes, inquiets de leur avenir, ne prendraient-ils pas comme modèle le chef d'entreprise qui a réussi, le patron devenant une sorte d'exemple que l'on voudrait bien imiter ?

Pour ces jeunes qui brûlent de construire, d'innover, de fonder, de fabriquer ou qui veulent tout simplement trouver un emploi (il est faux de dire que les jeunes ne font pas beaucoup d'efforts pour trouver du travail), nous avons nous, chefs d'entreprise, un rôle à jouer. Nous devons les former dans l'enthousiasme à des responsabilités futures.

Notre rôle est de leur fournir un emploi et les familiariser avec la vie professionnelle. C'était la cinquième proposition des « Etats généraux de Villepinte » en décembre 1982 : « Les entreprises feront tout ce qu'elles pourront pour aider les jeunes par des essais, des stages, des formations complémentaires. »

C'est dans le même esprit que, début 1986, j'ai proposé à mes collègues du Conseil exécutif du C.N.P.F. que le thème des prochaines Assises soit précisément « Jeunesse et Entreprises ». Si quelques grincheux ont tenté de s'y opposer, la très grande majorité des membres ont donné leur accord dans l'enthousiasme. Enthousiasme que nous avons retrouvé le 30 septembre 1986 au Zénith, temple habituel du rock plutôt que celui de notables, où 3000 chefs d'entreprise ont pique-niqué au coude à coude avec 700 jeunes de toutes catégories, y compris quelques chômeurs qui purent expliquer sur scène leurs démarches et leurs difficultés.

Dans la situation actuelle de l'emploi, une création d'entreprise par un jeune chômeur, ce n'est pas uniquement un chômeur de moins, c'est surtout un employeur de plus, et je persiste à affirmer que la multiplication des emplois passe par la multiplication des employeurs.

Si les jeunes se sont ainsi rapprochés spontanément de l'entreprise, il reste donc pour celle-ci à faire une démarche inverse. Les chefs d'entreprise devront prendre en compte dans leur stratégie le rôle sociétal particulièrement important qui leur incombe vis-à-vis des jeunes : Information, Formation et Insertion dans l'entreprise, trois objectifs que l'on pourrait résumer par les trois lettres I.F.I., véritable chaîne de solidarité.

Premier rôle du chef d'entreprise : l'information des jeunes. Elle n'est pas forcément coûteuse. C'est plutôt un effort de conviction à la portée des chefs d'entreprise et de leurs cadres, plus crédibles auprès des jeunes que tous les enseignants, même de haute qualité. Les jeunes aiment aujourd'hui entendre parler de l'entreprise par ceux qui y vivent. Ils savent que l'économie n'est pas toujours politique, que ce n'est pas une « science » comme on l'a si souvent écrit dans le passé, mais une succession de « théories » qui se réalisent ou se contredisent.

Par ailleurs, les jeunes se rendent aujourd'hui bien compte de leur très mauvaise information sur les métiers qu'ils devront bientôt choisir. Il faut saluer des manifestations comme « l'Aventure des métiers » à la Villette en mars 1987, qui a attiré quelque 80 000 jeunes désireux de connaître mieux ces métiers qu'on ne découvre pas dans les livres de classe. Succès éloquent qui traduit la curiosité et peut-être l'inquiétude de nos jeunes sur les métiers actuels que nos entreprises peuvent dès maintenant leur offrir.

Par contre, ayant moi-même participé il y a quelque temps à une émission de télévision sur l'échec scolaire, j'ai assisté, médusé, pendant plus d'une heure à un dialogue enseignants-enseignés où les mots « métier », « emploi », « entreprise » n'ont pas été utilisés une seule fois. Alors pourquoi enseigner? Pour une simple formation culturelle?

Je connais l'intérêt irremplaçable de la formation générale qui permettra plus facilement la formation spécialisée pour un métier. Mais celle-ci ne doit pas être indéfiniment générale, intellectuelle, désintéressée, dématérialisée et dissociée du réel.

Le second rôle du chef d'entreprise est précisément la formation. Le grand sondage de la fondation Jeunesse et Entreprises a prouvé que les jeunes sont conscients que leur difficulté d'insertion dans les entreprises est principalement due à leur manque de formation. Réalisme tout à fait positif.

De façon un peu abusive, la formation reste partagée entre formation générale, scolaire ou universitaire, et formation pratique, adaptée à un métier. Certains tentent de maintenir entre ces deux modèles un antagonisme dépassé.

La formation générale est en France le monopole de l'Education nationale, qui fait de gros efforts pour s'adapter aux exigences des professions de notre temps, même si elle en est encore très loin. Elle a, dans le passé, manifesté beaucoup de méfiance à l'égard de la « pseudo-formation en entreprise », suspecte de fournir simplement de la main-d'œuvre à bon marché.

C'est vrai que, dès 1919, la loi Astier réglementait l'apprentissage et que, depuis cette époque, cette méfiance s'est renforcée aboutissant *in fine* à un nombre d'apprentis en France de 230 000 en 1987 contre 1 700 000 en Allemagne fédérale.

L'apprentissage est aujourd'hui en France le symbole de l'échec au carré : échec des jeunes des « circuits longs » vers les lycées d'enseignement technique et second échec des lycées professionnels vers l'apprentissage ramasse-miettes. Celui-ci doit être réhabilité. La nouvelle loi du 23 juillet 1987 offre des ouvertures que les entreprises doivent saisir.

Car cette fausse querelle entre formation générale et formation pratique à un métier est aussi stérile que la dualité historique entre recherche scientifique fondamentale et recherche appliquée. La première, acquis de connaissances théoriques, est indispensable à la seconde. Et cette dernière s'épuise rapidement si elle ne peut s'appuyer solidement sur la première, comme l'a prouvé il y a quelques années l'échec de la recherche strictement appliquée en Chine populaire.

Mais il ne faut pas non plus que dans des centres de recherche nationaux l'expression R.D., qui en entreprise signifie Recherche-Développement, s'interprète comme Recherche Désintéressée, donc un peu inutile. Purisme dangereux et méfiance dépassée de ce que certains appellent encore péjorativement le « pilotage par l'aval ».

Les entreprises françaises et leurs organisations représentatives l'ont compris depuis longtemps. D'où leurs efforts méritoires pour organiser cette formation complémentaire permettant de déboucher sur un vrai métier. Les trois types de formation en alternance que nous avions mis au point au C.N.P.F. après un accord avec quatre syndicats de salariés, dès octobre 1983 (même si la réalisation de ces contrats a été malencontreusement retardée jusqu'au début de 1985), ont connu un grand succès. Les S.I.V.P. (stages d'initiation à la vie professionnelle), les stages d'adaptation et les stages de qualification sont aujourd'hui bien connus et largement utilisés.

Enfin, le troisième rôle du chef d'entreprise, l'insertion des jeunes (pour qui le changement scolarité-profession est parfois un seuil difficile), est un élément important de la réussite de ceux-ci.

D'ailleurs, les meilleures entreprises et pas uniquement les plus grandes améliorent chaque jour l'insertion des nouveaux en particulier par la qualité de l'accueil.

On en trouve de nombreux exemples dans le livre *Jeunesse et Entreprises* publié par la fondation[1] en mars 1988. Un parrainage du nouveau n'est pas obligatoirement cher et il peut rapporter gros. Un investissement en quelque sorte même s'il s'agit d'un investissement immatériel à moyen terme.

Je sais qu'il est difficile de faire admettre par certains chefs d'entreprise que l'insertion ou la formation sont des investissements. Certains sourient. Et pourtant des pays voisins comme la Suisse et surtout l'Allemagne fédérale l'ont compris depuis longtemps, eux qui investissent dans la formation des sommes deux fois ou trois fois plus importantes que celles des entreprises françaises.

Ils ont compris qu'il s'agissait d'une rentabilité différée mais d'une rentabilité quand même. C'est la fameuse courbe en J (J comme Jeunes) propre à tout investissement, car effectivement au début la courbe descend, l'investissement coûte, puis elle remonte, c'est la branche verticale du J, car l'investissement commence à rapporter.

Il n'y a pas en effet d'investissement qui ne soit pas coûteux dans la première étape. C'est sans doute cela d'ailleurs la définition même du mot « investissement » en termes économiques.

Un ami américain, très bon chef d'entreprise, avait trouvé une comparaison amusante pour l'investissement : il prétendait que la démonstration visible de l'investissement, c'était le temps passé par les femmes américaines à se couvrir de bigoudis de 8 heures du matin à 5 heures de l'après-midi pour être enfin élégantes (pensent-elles) à la *party* de la fin d'après-midi.

La fondation Jeunesse et Entreprises est née en 1986, alors que j'étais encore président du C.N.P.F., de réflexions que j'avais eues avec Patrice Leroy-Jay et Denis Zervudacki, l'ancien et le nouveau secrétaire général du C.N.P.F., sur la

---

1. *Jeunesse et Entreprises*, édité par la fondation Jeunesse et Entreprises, 44, avenue d'Iéna, Paris XVIe.

nécessité pour les entreprises françaises de participer plus à la formation et à l'insertion des jeunes.

Son but fut clairement affiché : « rapprocher les jeunes des entreprises et les entreprises des jeunes ». Double mouvement permettant aux deux parties de mieux se comprendre et de mieux s'estimer.

Une centaine de présidents de grandes entreprises ont accepté de constituer avec nous cette association comme membres-fondateurs. Plus tard d'autres entreprises, souvent de taille humaine, sont devenues membres actifs.

Entouré de Paul Simonet, administrateur-trésorier, de Gilbert Ioos, délégué général, d'une équipe de J.R. [1] motivés et dynamiques et de quelques jeunes qui nous apportent les vues de leur génération, je tente de coordonner et d'animer les travaux de notre association J.E.

Tous ensemble, nous essayons de démontrer à nos confrères chefs d'entreprise français que la formation dite dualiste, c'est-à-dire alternée, a pris en Suisse et en Allemagne fédérale une importance dont l'économie nationale est finalement la grande bénéficiaire.

S'il est vrai que les modèles étrangers ne sont pas transposables à l'identique, il est sûrement possible d'en tirer d'utiles leçons.

Un exemple entre cent : la formation des ouvriers qualifiés de part et d'autre du Rhin donnait déjà les résultats suivants dès 1978.

	France		R.F.A.	
	< *35 ans*	> *35 ans*	< *35 ans*	> *35 ans*
Sans diplôme...	38 %	66 %	4 %	8 %
C.A.P.-B.E.P.-équivalent...	61 %	33 %	91 %	82 %

C'est une confirmation de plus du gros retard que nous avons à combler dans ce domaine.

Il est encourageant de constater que les meilleurs chefs d'entreprise français ont compris l'importance de ce pro-

1. Voir « La légende des sigles ».

blème pour leur avenir, et la nécessité pour eux de ne pas abandonner à la seule Education nationale étatique la formation des jeunes qu'ils souhaitent embaucher plus tard et pour lesquels ils désirent une formation adaptée aux métiers qu'ils proposeront.

Un espoir récent est né, premier tournant dans le bon sens après des décennies d'incompréhension.

C'est pourquoi je lance à mes confrères chefs d'entreprise un appel à l'action en faveur de tous ces jeunes qui nous honorent de leur confiance. Ne les décevons pas.

En plus de l'intérêt véritable de leur entreprise à moyen terme, il s'agit de la responsabilité sociétale des chefs d'entreprise.

CHAPITRE XIII

DEMAIN LES FRANÇAIS RÉCONCILIÉS ?

Ce sont précisément les chefs d'entreprise qui peuvent indiquer la meilleure voie pour la réconciliation des Français.

L'entreprise elle-même est, malgré la grande diversité de ses éléments, une communauté de travail beaucoup plus fraternelle que certains ne le pensent, et, en 1982, je pense avoir contribué avant la lettre à la « cohabitation » économique, contre le gré de beaucoup de mes propres troupes.

L'entreprise est, avec la famille, le véritable pôle de rassemblement de nos concitoyens et une des cellules de base de la société civile.

Si la période de cohabitation politique 86-88 a été si appréciée de la plupart des Français, c'est qu'elle semblait constituer pour eux un début de réconciliation de ces deux camps qu'on dit irréductiblement opposés. Ils l'étaient peut-être dans les enceintes politiques mais pas tellement dans le métro et les cafés. C'était à la vérité les vestiges d'une espèce en voie de disparition, celle de la lutte des classes, des deux classes archéologiques.

On a vu que les socialistes de 1981 étaient peu à peu passés du « socialisme utopique et tranchant » au « socialisme arrondi et responsable », et que, de ce fait, ils étaient devenus tout à fait fréquentables par ceux qui se prétendent libéraux (sans l'être toujours vraiment). On a commencé alors à employer une expression qui aurait été scandaleuse, peut-être même obscène, quelques années auparavant : le socialisme libéral.

On peut se demander quelle sera *in fine* la différence entre le « socialisme libéral » et le « libéralisme à visage humain », le nôtre.

Il se peut que ce soient deux appellations volontairement différentes de deux produits identiques. On emploie déjà cette méthode pour la télévision, les robes et les parfums.

Mais l'emballage est important, paraît-il, rose ou bleu, même pour des produits vite détectés comme identiques, car il comporte une symbolique chargée d'histoire.

C'est vrai que le libéralisme lui-même a été parfois dévoyé et on connaît des pseudo-libéraux prêts à imposer « leur » libéralisme par la force, à faire trancher des options par telle commission ou tel fonctionnaire, à remplacer les décisions de justice par des décisions administratives.

C'est vrai qu'il existe encore un libéralisme qu'on peut appeler doctrinaire qui se rapproche du constructivisme dénoncé par Hayek, et qui peut constituer à la limite une sorte de tyrannie de la majorité sur les minorités.

C'est vrai qu'il existe aussi un libéralisme autoritaire qui se rapproche, lui, du « despotisme éclairé » du XVIIIe siècle, comme le souligne Octave Gélinier, et qui peut sévir dans l'Administration comme chez les « patrons de choc ».

Mais notre libéralisme à nous, c'est le libéralisme participatif, pragmatique, tempéré et à visage humain. En toutes circonstances il fait confiance à l'homme dans le cadre de la loi et de la justice. Il est déléguant, écoutant, pluraliste, direct et responsabilisant.

On n'a pas assez dit, au milieu de toutes ses théories économiques parfaitement exactes, que le libéralisme, c'st avant tout l'homme et que les problèmes sociaux ne peuvent être considérés comme de vagues sous-produits des problèmes économiques.

Nous savons mieux que personne, nous chefs d'entreprise, qu'il n'y aura jamais de progrès social sans succès économique. Mais pour autant avons-nous suffisamment affirmé que l'harmonie sociale conditionne, elle aussi, le succès économique ?

Finalement, ces deux mots « économique » et « social », qui sont si souvent associés et qui figurent dans la raison sociale elle-même de la troisième assemblée de notre pays, représentent un peu la vieille séparation « droite-gauche » que beaucoup de Français n'ont jamais très bien comprise. Ce clivage historique s'estompera d'autant plus que la « gauche » s'intéressera à l'économie (et les progrès effectués depuis 1983-1984 ont été historiques) et que la « droite » se montrera vraiment désireuse de solidarité (mot dont la noblesse est, paraît-il, entachée par une pseudo-connotation politique), et soucieuse de résoudre ou d'améliorer les problèmes sociaux, en particulier ceux des plus déshérités, qui ne sont pas les meilleurs agents économiques bien sûr, mais qu'un pays moderne a honneur de secourir même au prix de sacrifices « économiques ».

Et pourtant qui oserait contester que les différentes composantes de la communauté-entreprise sont étroitement solidaires entre elles, solidaires du résultat, solidaires du progrès, solidaires de la croissance et solidaires de l'harmonie sociale ?

Nous l'avons dit, il ne s'agit pas là d'un problème de cœur, ce dernier étant, j'en suis sûr, également partagé entre toutes les catégories de Français. Il s'agit plutôt d'une hiérarchie des priorités et des urgences, qui crée entre les deux tendances historiques une guerre de religion.

Une fois de plus l'entreprise, par son caractère transpolitique, constitue un modèle tout à fait honorable de cette double préoccupation : elle ne se demande plus aujourd'hui si elle peut, dans son obsession d'excellence économique, laisser simplement tomber quelques miettes de ses profits à l'ensemble de son personnel. Non, elle sait que son propre succès vient de la qualité de ses hommes et de leurs motivations, c'est-à-dire de leur niveau de satisfaction dans leur travail. L'entreprise, entité économico-sociale majeure, n'est tournée ni vers la droite ni vers la gauche, mais vers l'expansion, vers la réussite par les hommes, nous l'avons dit dès le début de ce livre.

Le classement des facteurs clés de réussite des meilleures entreprises est éloquent sur ce point : le facteur « hommes » est placé à stricte égalité avec les facteurs de gestion. Il n'y a plus d'autre priorité entre économique et social que le classement alphabétique dans le dictionnaire.

Certains s'affligent du désintérêt de beaucoup de nos compatriotes, des chefs d'entreprise, des jeunes, pour les batailles politiciennes. Est-ce de l'indifférence ou au contraire de la lucidité pour une réconciliation, déjà pratiquée à la base pour une réelle efficacité?

C'est la prise de conscience de toutes les parties prenantes pour des actions positives et non plus négatives ou destructrices.

L'énergie dépensée, comme par effet Joule sous forme de dissipation de chaleur, par des oppositions politiciennes ancestrales n'est pas utilisable pour la production, la compétitivité et la bataille économique mondiale dont le résultat fixera, qu'on le veuille ou non, le rang des nations de demain. Les jeunes l'ont instinctivement compris, eux. Les responsables économiques peuvent et doivent donner l'exemple. Et alors la voie sera ouverte vers une coalition des énergies pour des actions innombrables à réaliser ensemble, certaines pour le progrès économique, d'autres pour le progrès social, sans retranchement dans deux camps stupidement fortifiés.

MON OPTIMISME POUR DEMAIN

On m'a traité longtemps d'optimiste pathologique car, dans les périodes difficiles de l'économie française, je conservais un espoir qui semblait déraisonnable dans la capacité de sursaut des Français de toutes catégories.

Même lorsque je me suis battu, bec et ongles, pour défendre l'entreprise menacée de 1981 à 1983, défense que je n'avais jamais pratiquée auparavant puisque je m'étais exclusivement consacré à la promotion de l'entreprise, j'ai conservé un bon espoir de redressement de nos entreprises et de notre économie.

Par contre, je le reconnais, j'ai semblé curieusement pessimiste au moment où tout le monde devenait béatement optimiste en 1986-1987 car l'activité semblait bonne, mais j'étais frappé par nos pertes de compétitivité sur les marchés extérieurs, par nos déficits croissants non seulement commerciaux, mais également industriels qui étaient auparavant des excédents substantiels.

On ne peut sous-estimer les handicaps de la France de notre époque: son vieillissement démographique face aux pays neufs, ses dépenses sociales exponentielles dont j'ai tenté d'expliquer l'explosion dans la première partie de ce livre, ses prélèvements obligatoires d'apparence incompressible sur les contribuables et sur les entreprises, son sous-investissement productif depuis plusieurs années, ses hésitations, ses rebroussements, mais on peut apprécier en revanche la redécouverte de ses valeurs traditionnelles, de ses principes spirituels et de sa mémoire nationale.

J'ai beaucoup parlé du recul industriel de la France. Certains encore plus pessimistes que moi parlaient même de « déclin », vocable largement excessif pour un pays qui venait de sortir de la mentalité laxiste et suicidaire héritée de 1968. Nous étions simplement à un tournant abrupt, et nous nous demandions si nous saurions le négocier sans tomber dans le ravin.

Mais nos freins étaient bons et notre moteur aussi. Les bons conducteurs savent d'ailleurs que le problème des virages, c'est l'utilisation de la puissance du moteur au bon moment. Ce n'est pas l'entrée du virage qui compte mais la sortie où le moteur est plus important que les freins.

Aujourd'hui, en 1988, avons-nous le droit d'être optimistes à moyen terme ? Certainement. Et pour plusieurs raisons.

Tout d'abord, nous n'avons pas le temps d'être pessimistes. Nous sommes trop pressés d'agir, de grandir, de réussir, trop pressés d'être utiles, comme disait Pasteur.

Et puis, nous l'avons dit, les jeunes se sont métamorphosés, tournés vers l'effort, le risque, les responsabilités, l'engagement personnel, amoureux de l'aventure, avides de réussite, ambitieux, même s'ils affectent un non-respect pour l'ancienneté et pour l'expérience.

Ils sont conscients, et nous pensons sans modestie y être un peu pour quelque chose, que leur réussite dépendra de leurs efforts, de leur capacité à apprendre chaque jour, de leur connaissance des langues, de leur capacité à savoir vendre (oui, tout se vend dans la vie, surtout les convictions profondes), de leur aptitude à s'adapter à d'autres pays et à d'autres mentalités que celles de leurs parents.

Ils sont imprégnés enfin de cette notion inévitable d'adaptation permanente, de « flexibilité », pour employer un mot qui m'est si cher. Et le fait que cette jeunesse, porteuse de nos espoirs pour les décennies à venir, présente de telles qualités pour représenter nos couleurs sur les terrains de sport économiques mondiaux doit nous rendre confiants à moyen terme.

Autre raison de mon optimisme pour demain, la prise de conscience des Français. Nous touchons là le vrai problème de fond de notre pays. La France est laxiste dans le bien-être et acharnée dans les difficultés.

Le pseudo-déclin que certains ont cru décerner dans le comportement des Français depuis quelques années n'est que la séquelle de la fin de cette période bénie abusivement appelée les « Trente Glorieuses » et dont j'ai expliqué que la décennie 70-80 n'était que la caricature, la « décadence triomphante ».

Nous nous sommes mollement complu dans le confort après vingt années d'effort et d'esprit de conquête.

Il est vrai que les coureurs sont obligés de s'arrêter un peu au bord du chemin pour souffler et récupérer, mais ils risquent, si l'herbe est confortable, de s'assoupir à l'ombre et de ne plus se réveiller du tout. L'espoir que les meilleurs guerriers mondiaux actuels, les Extrême-Orientaux, puissent avoir un jour envie de souffler eux aussi ne peut rassurer les autres combattants économiques. Déposer les armes pour un temps court, c'est normal. Le faire sans remobilisation, c'est le renoncement, certains disent la décadence.

Nous vivons dangereusement dans un monde de concurrence féroce, de compétition acharnée. L'emploi et le niveau de vie de nos compatriotes dépendront de leur volonté de se battre. Le confort, la qualité de vie, le temps libre et la redistribution de richesses pas encore acquises relèvent de l'utopie dangereuse.

Le vrai problème des années 70 commence à être compris avec retard : les Français n'ont plus manifesté le sens de l'effort et de la croissance. Ils aspiraient plutôt au repos, à la distribution des « richesses accumulées ». Ils voulaient en quelque sorte profiter de leur travail précédent.

Nous avions remonté la France. C'était vrai.

Nous étions riches, très riches. C'était faux.

Et notre pays a commencé à vivre au-dessus de ses moyens, de nos moyens.

Les vraies difficultés économiques furent occultées par les deux chocs pétroliers, rendus facilement responsables de tous nos maux.

Et l'intelligentsia de réclamer une répartition de ces fameuses richesses sans prononcer jamais le mot de « production » de richesses. Répartition, distribution, sécurisation, protection, égalitarisme.

La mobilisation des esprits vers l'effort et la croissance avait fait place à une recherche de distribution et, disons-le, de justice, ou tout au moins de ce que certains prétendaient de bonne foi être justice.

Il a fallu l'expérience socialiste de 1981 pour nous ouvrir les yeux. Elle fut salutaire au pays. Non pas, comme le croyaient naïvement certains, par sa lucidité, mais au contraire par ses erreurs : celles des années précédentes furent multipliées de façon explosive. Nous sommes passés près. La leçon fut sévère et les dégâts importants : déficit commercial immense, déficit budgétaire, endettement massif, chute du franc, naufrages d'entreprises, montée du chômage.

Et là le miracle de la dure leçon eut lieu. Les moins bons élèves de la classe d'économie comprirent brutalement. Cette conversion de leur part était autrement exemplaire que les avertissements des chefs d'entreprise ou ceux, solennels, du « patron des patrons ».

Les socialistes une fois convertis à l'économie vraie, les syndicats ne pouvaient plus casser « la machine à faire des sous » qu'ils avaient tant décriée pendant des décennies. Ils se tinrent tranquilles.

Quant aux salariés, ils avaient compris depuis longtemps que leur entreprise était leur gagne-pain et, lorsque l'excitation syndicale à la révolte s'atténua, ils travaillèrent avec la conscience qu'on leur reconnaît partout.

Cette métamorphose des mentalités françaises peut être située vers les années 83-84, encore qu'il soit difficile de dater des changements aussi profonds qui ne se traduisirent pas toujours par des actes précis. Et les jeunes, dont nous avons tant parlé, ont fait leur mutation en même temps que tous les Français.

Mais cette conversion accomplie dans les esprits, les conséquences de notre inconséquence n'apparurent que peu à peu.

Ce n'est qu'en 1987, et malgré les mesures économiques opportunes du gouvernement, que se firent sentir les effets de nos sous-investissements sur la balance des échanges industriels. Les déficits industriels de 1987 ont été une surprise. La France traditionnellement exportatrice de matériel manufacturé de qualité devenait importatrice.

Nos produits étaient-ils encore bons? Si oui, étaient-ils adaptés aux marchés mondiaux? Nos entreprises savaient-elles vendre au loin? Nos ingénieurs parlaient-ils suffisamment l'anglais et aimaient-ils assez les voyages? Finalement, nos patrons étaient-ils à la hauteur des patrons étrangers?

Le choc fut profond. Et salutaire. Je l'ai dit, les Français sont les meilleurs dans les périodes difficiles, mais encore doivent-ils être convaincus que la période est telle.

En 1988, je crois constater cette prise de conscience. Les chefs d'entreprise français que j'ai la chance de bien connaître me disent tous que leur activité actuelle risque de se ralentir et que, s'ils sont optimistes à court terme, ils sont finalement pessimistes à moyen terme. C'est une sorte de formule sanguine inversée, preuve de maladie sournoise.

En effet, un chef d'entreprise doit être un optimiste inquiet: inquiet et vigilant à court terme pour assurer la réussite à moyen terme.

L'inquiétude pour le moyen et le long terme de l'économie française peut surprendre. Elle me rassure plutôt. Qu'elle descende dans toutes les classes de la société, qu'elle arrive aux politiques, aux syndicalistes, aux fonctionnaires, souvent éloignés des réalités économiques du terrain, et cette osmose modifiera l'attitude de tous face à l'effort à accomplir, effort immense qu'il serait coupable de sous-estimer.

Déjà l'ambition de la croissance et la comparaison affligeante des résultats économiques avec nos voisins, l'échéance capitale de l'Europe 93, l'exemple excitant du Japon, l'émergence inquiétante des quatre dragons orientaux, Corée, Taiwan, Hong Kong et Singapour, sont des motivations profondes pour l'effort et la croissance. Je ne pense pas être trop optimiste en constatant que la mentalité générale de nos compatriotes est une appréciation réaliste de notre position de faiblesse, voire de recul si nous ne remontons pas nos manches.

Et tous, sans exception, du manager au salarié, du fonctionnaire à l'artisan, doivent participer sans états d'âme à cet effort. Cette solidarité de l'équipage d'un même navire n'est plus contestée. C'est déjà une mutation profonde des esprits.

Cette nouvelle solidarité des Français unis dans l'effort, considérée aujourd'hui comme inévitable, est la source principale de mon optimisme pour demain.

Quand les mentalités ont changé, le progrès est déjà assuré. Aucun régime politique n'y pourra rien car les lois ne peuvent pas être votées contre le gré de l'ensemble des Français. Le vrai combat était bien de convaincre ceux-ci.

La France profonde a changé, qui en douterait ? Qu'elle continue à travailler pour rattraper les meilleurs, qu'elle mette en œuvre une politique de solidarité digne de ses traditions, et elle y arrivera. J'en suis persuadé.

Elle en a les moyens, surtout par ses ressources humaines et par la qualité exceptionnelle de ses jeunes. Ce n'est plus de l'optimisme de ma part, mais un simple réalisme.

ANNEXES

Annexe I

Février 1976

Mouvement des entreprises de taille humaine
industrielles et commerciales ETHIC

2e APPEL
AUX MOYENNES ENTREPRISES FRANÇAISES

**ENTREPRENEURS,
VOUS ÊTES COUPABLES!**

Entrepreneurs, vous déplorez votre sort

Vous estimez que l'entreprise est mal comprise des pouvoirs publics, méconnue du public et souvent mal aimée.

Mais que faites-vous en dehors de la gestion de votre affaire elle-même, pour revaloriser les entreprises françaises dont vous faites partie intégrante?

Pensez-vous que le sort de nos entreprises ne mérite pas que vous consacriez un peu de temps et un peu d'argent pour les promouvoir et les faire connaître?

Ne sentez-vous pas que nous sommes actuellement à un tournant de l'histoire de la société libérale et que les E.T.H. (Entreprises à Taille Humaine) — les meilleures — doivent donner l'exemple de l'entreprise de demain et démontrer qu'il y a d'autres solutions économiques que les systèmes totalitaires, dirigistes et bureaucratisés?

Croyez-vous que le système «pleurnichard» soit digne des hommes d'action et de décision que vous êtes quotidiennement et qu'il n'y a pas mieux à faire que de se lamenter sans agir?

Votre entreprise vous accapare totalement, dites-vous, et malgré votre bonne volonté, vous n'avez pas de temps à consacrer à d'autres missions. Vous n'êtes pas honnêtes avec vous-mêmes, car, avouez-le, vous avez bien d'autres activités que celle de votre entreprise; mais chacun fait ce qui lui paraît le plus important ou ce qui l'intéresse le plus.

Or, si vous ne prenez pas conscience de votre devoir de vous préoccuper de l'avenir de l'Entreprise française, votre vision à court terme des affaires vous condamnera prochainement et irrémédiablement.

Prenez-y garde; la myopie collective est un des plus graves défauts de l'entrepreneur français, pour qui la vie publique, la politique, les rapports avec les pouvoirs publics et le public lui-même ne semblent pas ressortir à sa vocation.

Erreur funeste qui risque de sonner le glas des entrepreneurs indépendants, enfermés dans leurs petites affaires comme les moines de Byzance, pendant que leur cité risque de disparaître.

Annexe II

ETHIC :
Charte et Vocation du Mouvement

Les membres ETHIC s'engagent à respecter et à promouvoir la morale d'Entreprise définie dans leur **Charte** et en particulier les principes-clés suivants :

- **Hiérarchie fondée sur les seules qualités des Hommes**
- **Sincérité des comptes fiscaux et sociaux**
- **Impératif de rentabilité**
- **Responsabilité personnelle à tous les niveaux**
- **Recherche permanente de l'harmonie sociale**
- **Prise en compte de l'intérêt général**

ETHIC s'attache à :

- **Répandre l'esprit ETHIC** parmi les Dirigeants et Chefs d'Entreprises
- **Promouvoir une meilleure connaissance** de l'Entreprise auprès des jeunes et des publics généralement mal informés (enseignement, magistrature, administrations, syndicats...), par la pratique du "Décitemps".
- Mettre en œuvre les moyens concrets pour favoriser le **développement des ETH,** et assurer leur **pérennité.**
- Constituer en France un **Centre de réflexion** de l'Entreprise de Taille Humaine et multiplier les expériences individuelles exemplaires des **Moyennes Entreprises** par une animation régionale intense.

Pour favoriser une véritable "**Economie d'Initiatives et de Responsabilités",** ETHIC a mis en place des groupes d'action et différents modes d'assistance pour ses adhérents :

1. Survie de la Moyenne Entreprise et succession de l'Entrepreneur : groupe **"Pérennité-Succession"**
2. Consensus Social : groupe **"Stratégie Humaine"**
3. Financement des Moyennes Entreprises : groupe **"Fonds propres - Fiscalité"**
4. Ouverture de la **M.E.** sur les marchés extérieurs, groupe **"ETHIC et les Relations Internationales"**
5. Innovation et Création d'entreprises, source des emplois de demain : groupe **"Innovations dans l'Entreprise"**
6. Relations des **ETH** avec l'Enseignement et l'Environnement : groupe **" ETHIC, le Décitemps et l'Enseignement"**
7. Propositions aux Pouvoirs Publics : **"Bureau d'Etudes Législatives"**
8. Informatisation des Moyennes Entreprises : groupe **"Informatique dans l'Entreprise"**

Annexe III

« Vous ne pouvez pas créer la prospérité en décourageant l'épargne. Vous ne pouvez pas donner la force au faible en affaiblissant le fort.

Vous ne pouvez pas aider le salarié en anéantissant l'employeur. Vous ne pouvez pas favoriser la fraternité humaine en encourageant la lutte des classes. Vous ne pouvez pas forger le caractère et le courage en décourageant l'initiative et l'indépendance.

Vous ne pouvez pas aider les hommes continuellement en faisant pour eux ce qu'ils pourraient et devraient faire eux-mêmes. »

Abraham LINCOLN
*(Président des Etats-Unis,
19 novembre 1863)*

Annexe IV

« Il n'y a de classe dirigeante que courageuse.

Dirige celui qui risque ce que les dirigés ne veulent pas risquer. Est un chef celui qui procure aux autres la sécurité en prenant pour soi les dangers.

Le courage, pour l'entrepreneur, c'est l'esprit de l'entreprise et le refus de recourir à l'Etat ; pour le technicien, c'est le refus de transiger avec la qualité ; pour le directeur du personnel ou le directeur d'usine, c'est la défense de l'autorité et, avec elle, celle de la discipline et de l'ordre.

Dans la moyenne industrie, il y a beaucoup de patrons qui sont à eux-mêmes, au moins dans une large mesure, leur caissier, leur comptable, leur dessinateur, leur contremaître ; et ils ont, avec la fatigue du corps, le souci de l'esprit que les ouvriers n'ont que par intervalles.

En vérité, le patronat, tel que la société actuelle le fait, n'est pas une condition enviable. »

Jean JAURÈS
(La Dépêche de Toulouse,
28 mai 1890)

Annexe V

ÉTATS GÉNÉRAUX
DES ENTREPRISES
AU SERVICE DE LA NATION

14 décembre 1982

HUIT PROPOSITIONS
POUR LA SURVIE DES ENTREPRISES,
LA COMPÉTITIVITÉ, L'INVESTISSEMENT, L'EMPLOI

Des chefs d'entreprise réunis
en états généraux des entreprises
au service de la nation

Aux pouvoirs publics

1 — *Allégez des charges sociales devenues insupportables:*

— *diminuez* le taux des *charges sociales* des entreprises de 10 points en 5 ans soit *2 points par an* sans alourdissement de charges, fiscales ou autres, en contrepartie.

2 — *Faites respecter le droit et la loi*

— proscrivez toutes les violences;
— faites appliquer les décisions de justice;
— assurez le respect de la *liberté du travail* et du *droit de propriété.*

3 — *Délivrez les entreprises des contraintes paralysantes:*

— libérez définitivement les prix et abrogez l'ordonnance de 1945;
— renoncez à l'extension *forcée* du pouvoir syndical dans l'entreprise;
— simplifiez et allégez les réglementations administratives.

4 — *Laissez à l'entreprise les ressources nécessaires au financement de l'investissement*

— en permettant le renouvellement réel des équipements par une réévaluation de leur amortissement;

— en autorisant une provision fiscale pour les créances acquises par les salariés (congés payés, indemnités de départ en retraite ou de licenciement...);

— en autorisant le report des pertes sur les 3 exercices précédents;

— en exonérant *totalement* de l'impôt sur la fortune l'épargne investie dans l'activité économique: sans épargne, pas d'outils de travail!

— en supprimant la taxe professionnelle qui, aujourd'hui, pénalise ceux qui embauchent, investissent et exportent.

Aux pouvoirs publics et aux chefs d'entreprise

5 — *Mobilisons-nous contre le chômage et tout particulièrement contre le chômage des jeunes Français.*

— Les entreprises s'engagent à embaucher tous les *jeunes* sortant de l'école ou de l'Université (600000) ou à les accueillir pour un essai professionnel dont les modalités peuvent être proposées très rapidement aux pouvoirs publics.

— Les entreprises s'engagent à proposer, à des conditions à déterminer avec les pouvoirs publics, un essai professionnel aux chômeurs de longue durée (150000) qui veulent se remettre au travail.

— Les entreprises s'engagent à créer des emplois à temps partiel si la législation sur le travail à temps partiel est réformée.

— Enfin, pour susciter une vague d'embauches supplémentaires, les entreprises demandent aux pouvoirs publics:

- *de réformer les ordonnances* sur le travail intérimaire et sur le travail à durée déterminée qui se sont révélées, *à l'expérience,* destructrices d'emplois;
- *d'assouplir, au moins à titre expérimental,* les règles d'embauche et de licenciement, ainsi que la réglementation des seuils.

Aux chefs d'entreprise:
comptons d'abord sur nos propres forces

6 — *Développons la participation de tous dans l'entreprise.*

— Accentuons pour tous les salariés notre effort de *formation* économique pour leur permettre de mieux s'associer à la vie de leur entreprise;

— Généralisons, avec l'encadrement, une gestion participative à tous les niveaux de l'entreprise, ainsi que les *formules d'expression directe* des salariés;

— Défendons les régimes complémentaires de retraite, fruits d'une efficace politique contractuelle;

— Associons l'encadrement aux décisions, notamment celles qui concernent l'emploi, les investissements et la promotion commerciale;

— Affirmons la responsabilité et la mission de l'encadrement en tant que moteurs du dialogue social;

— Développons, au moins dans les entreprises grandes et moyennes, une participation facultative et volontaire des cadres *au capital*, ce qui exige une réforme de la législation; élargissons, à cette occasion, leur présence dans les *Conseils d'Administration.*

7 — *Développons une France marchande et exportatrice par la promotion de l'innovation et de la qualité françaises et par l'active coopération de notre commerce et de notre industrie.*

— Revalorisons tout d'abord la fonction commerciale et, en particulier, la fonction exportatrice.

— Mettons en place, avec le soutien de l'ensemble des organisations patronales, une campagne systématique de promotion

- de l'innovation,
- de la qualité,
- de l'exportation.

— Engageons les entreprises déjà présentes sur les marchés étrangers à soutenir l'effort d'exportation des autres.

8 — *Faisons comprendre aux Français que les entreprises, par leur réussite, servent la Nation.*

— Montrons que les entreprises respectent l'intérêt général.

— Expliquons que sans profit il n'y a ni progrès économique, ni progrès social.

— Elargissons le champ de notre solidarité interentreprise pour une meilleure efficacité.

— Suscitons la création d'entreprises nouvelles.

— Engageons-nous pour 1983 — *«l'Année de l'entreprise»* — à faire connaître chacune de nos entreprises à nos concitoyens.

— Militons ensemble pour la défense et la promotion de la liberté d'entreprendre.

La photocomposition de cet ouvrage
a été réalisée par
GRAPHIC HAINAUT SARL
59690 Vieux-Condé
☎ 27.25.04.64

Achevé d'imprimer en avril 1989
sur les presses de l'Imprimerie Carlo Descamps
à Condé-sur-l'Escaut

Dépôt légal: avril 1989
N° d'édition: 31830
N° d'impression: 5753
Imprimé en France